实用技术经济学教程

（第 2 版）

主　编　徐向阳

副主编　倪广顺　汪兆宇

东南大学出版社
SOUTHEAST UNIVERSITY PRESS
·南京·

内 容 提 要

技术经济学是一门技术科学与经济科学相结合的交叉学科，正成为各级政府、企业界和投资咨询部门进行项目决策分析与评价的工具。本书共分十二章，系统地阐述了技术经济学的基础理论与方法，紧密联系了我国技术经济评价与项目咨询论证的实际。可作为高等院校经济管理专业、工程经济专业和工程技术专业研究生与本科生学习的教材，对于从事规划咨询、设计研究、金融投资、建设管理、生产经营的管理与技术人员，也是一本有益的实用参考书。

图书在版编目(CIP)数据

实用技术经济学教程 / 徐向阳主编. —2 版. —南京：东南大学出版社，2019.8
ISBN 978-7-5641-8499-5

Ⅰ.①实… Ⅱ.①徐… Ⅲ.①技术经济学—高等学校—教材 Ⅳ.①F062.4

中国版本图书馆 CIP 数据核字(2019)第 159097 号

实用技术经济学教程(第 2 版)　**Shiyong jishu jingjixue jiaocheng(Di-er Ban)**

主　　编　徐向阳
出版发行　东南大学出版社
社　　址　南京市四牌楼 2 号　邮编：210096
出 版 人　江建中
网　　址　http://www.seupress.com
电子邮箱　press@seupress.com
经　　销　全国各地新华书店
印　　刷　南京工大印务有限公司
版　　次　2019 年 8 月第 1 版
印　　次　2019 年 8 月第 1 次印刷
开　　本　787 mm×1092 mm　1/16
印　　张　17.25
字　　数　431 千
书　　号　ISBN　978-7-5641-8499-5
定　　价　39.00 元

本社图书若有印装质量问题，请直接与营销部联系。电话(传真)：025-83791830

第 2 版前言

自 2013 年 1 月《实用技术经济学教程》(修订版)出版发行以来,我国社会主义市场经济的运行发生了诸多变革。伴随着投融资体制的变化和促进我国创新型经济发展的需要,2016 年 5 月起我国全面推开了营业税改征增值税,并对原有的增值税税率进行了调整,以降低企业的税负。与此相适应,2017 年、2019 年出版的《项目决策分析与评价》、《现代咨询方法与实务》等都注入了更新的内容,以满足各级政府、企业界和工程咨询业对工程技术与投资项目进行经济评价与投资决策的需要。相对于这些变革,原先出版发行的《实用技术经济学教程》(修订版)就显得落后于经济形势的变化,对原修订版的再修订就成为迫在眉睫的事情。

经过近一年的酝酿和努力,第 2 版终于在各位同仁的合作下完成了。与原修订版本相比,第 2 版更加突出了知识的时效性与应用性特征,使学生和读者在学习理论的同时,提高了动手操作能力和分析案例能力。为了适应经济变革的需要,突出知识的实用性,第 2 版对某些过时陈旧的、没有应用价值的内容进行了删减,并参照 2019 年我国注册咨询工程师(投资)执业资格考试的培训内容,按照营改增新的税率,修订了经济评价案例,详细介绍了工程项目财务评价报表的编制过程。相信第 2 版能为大专院校在校学生、工程咨询业界、政府和企业有关人员从事投资咨询和进行项目投资决策分析与评价提供有益的知识支持和分析论证工具。

第 2 版的主编者都是从事技术经济学教学与科研、从事工程项目咨询实务多年的具有高级职称的教师与专家,丰富的教学科研经验和严谨的工作作风使本书的内容体系和编写风格更贴近市场经济与社会实践。

第 2 版由徐向阳担任主编,倪广顺、汪兆宇担任副主编。徐向阳编写第一、二、三、八、九和十一章,倪广顺编写第四、五和十二章,汪兆宇编写第六、七和十章。

在第 2 版的编写过程中,引用了专家、学者的文著,在此表示感谢。由于编者水平有限,恳请有关专家、学者、教师、学生和其他读者对本书提出宝贵意见。

编　者

2019 年 4 月

目 录

第一章　绪　论

第一节　技术经济学的产生与发展

技术经济学是一门自然科学与社会科学、技术科学与经济科学相互交叉渗透而形成的新兴边缘性学科，是一门研究技术和经济辩证统一关系及其发展变化规律的学科。它是随着现代化生产迅速发展和科学技术水平不断提高而产生与发展起来的，是当代技术发展和社会经济发展相结合的必然产物。

我国的技术经济学与西方国家的技术经济分析、工程经济学以及苏联的技术经济论证有着借鉴、传承和创新的关系。

技术经济分析起源于美、英、法等西方工业发达国家。1886 年，美国的亨利·汤恩(Henley Town)发表了《作为经济学家的工程师》，提出要把对经济问题的关注提高到与技术同等重要的地位。1887 年，美国铁路工程师亚瑟·姆·威灵顿(A. M. Wellington)在其所著《铁路选线的经济理论》一书中第一次把项目投资同经济分析结合起来。1911 年，美国的泰勒(F. W. Taylor)编写了《科学管理原理》，提出要用科学的方法来测定和研究解决工厂中的技术经济和管理问题。1920 年，戈得曼(O. B. Goldman)在《财务工程》一书中，第一次提出把复利公式应用于投资方案评价，并且批评了当时研究工程技术问题不考虑成本、不讲究节约的错误倾向。1930 年，美国的格兰特(E. L. Grant)教授把技术问题和经济问题结合起来研究，出版了《工程经济学原理》一书，被西方称为工程经济学的创始人。工程经济学以复利计算为基础，对固定资产投资经济评价的原理做了阐述，初步奠定了学科的理论体系，成为帮助决策人在分配稀缺资源、稀缺资金中，寻求获取最大利润途径的一种定量工具。此后，技术经济分析的原理被广泛应用于生产建设中。1951 年迪安(J. Dean)在《投资预算》一书中具体阐述了折现法(即动态经济评价法)以及合理分配资金的某些方法在技术经济分析中的应用。20 世纪 50 年代“经济性分析”或“经济性工学”在日本兴起，主要研究工程项目的经济效果评价、新设备选择以及企业现有设备利用的经济性等问题，包括了投资分析、盈亏分析和敏感性分析等内容。此外，英国的“业绩分析”和法国的“经济计算”以及苏联的“部门经济学(如化学工业经济、建筑工业经济)”等内容都相似于美国的工程经济学，涉及经济评价、分析论证等方面的问题。

我国早在 20 世纪 50 年代初就引进了当时苏联的技术经济论证方法，在第一个五年计划期间，对各项重点建设工程进行了技术经济论证。就当时的水平而言，这些项目基本上达到了技术先进、经济合理的要求。但由于种种原因，这种技术经济论证没有坚持下去，致使不少项目实施后问题很多。到了 60 年代初，在中央有关领导的支持下，一些经济学家开始研究技术经济学的有关理论和体系问题，著名的经济学家孙冶方、于光远等学者发表了大量关于经济效果问题的论述。当时，经济学界普遍认为，技术经济学是生产力经济学的派生学科。而生产力经济学是研究生产力发展史、生产力各要素之间的关系，以及与其他社会因素之间的关系和如何合理组织生产力的学科。其研究成果集中体现在把技术经济学作为一门新兴学科正式命名,把有关内容正式列入我国第二部科技发展规划《1963—1972年科学技术发展规划纲要》中,并在实践中有所应用。

我国在1978年成立了中国技术经济研究会,1980年出版发行了我国第一部技术经济学专著——徐寿波的《技术经济学概论》。1981年我国成立了国务院技术经济研究中心,各省市也相继建立了研究会的分支机构。随着我国经济工作重心的转移,技术经济学有了进一步发展。在总结过去成功经验和失败教训的基础上,理论界学习和借鉴西方国家有关学科的理论方法,结合中国的实际,进行了深入的研究,使技术经济学应用更加广泛,在经济建设中显示出越来越大的作用,也促进了这门学科迅速发展并日趋成熟和完善。

近30年来,技术经济学在广泛吸取自然科学、数量经济学等最新研究成果的基础上,运用系统分析、数理统计、投入产出分析、运筹学等现代化方法,建立经济数学模型,并运用电子计算机对复杂的多目标技术经济问题进行了动态的、定量的分析、计算、模拟和决策,使技术经济分析不仅在理论上有了很大发展,而且在应用上也获得了相当程度的普及。1997年度诺贝尔经济学奖授予两位美国经济学家迈伦·斯科尔斯和罗伯特·默顿以来,布莱克-斯科尔斯(Black-Scholes)期权定价公式受到了世人关注。期权定价理论及其在金融衍生产品投资、矿山投资、企业战略投资等领域内的成功运用,使得在不确定性情况下的项目投资决策有了采用新的评价方法的可能,也给技术经济评价理论和方法注入了新的内容。

由上所述,技术经济学的产生与发展不是偶然的,它是科学技术和社会经济发展的客观需要,是人类社会发展的必然。无论是一般的生产经营企业、工程承包公司、工程咨询公司,还是专业的投资公司、金融贷款机构,大都配备有专门人员或设有专门机构从事技术经济分析工作。2004年4月以来,国家人事部每年组织的全国注册咨询工程师(投资)执业资格考试,其核心内容就是技术经济评价理论与方法。

第二节　技术经济学的定义和特点

有关技术经济学的英文翻译国内主要有两种,一种是Technoeconomics,是Technology和Economics的合成词;另一种是Technical Economics。从字面上看,无论哪种译法,似乎都涉及技术与经济两个方面。那么是否就认为技术经济学就是一门既讲技术又讲经济的学科呢?如果这样认为,就太表面化了。要认识技术经济学的学科本质,就要从技术与经济的内涵以及它们之间的相互关系说起。

一、技术与经济的关系

“技术”这个词最早的定义是由18世纪法国启蒙思想家、唯物主义者狄德罗给出的,他认为“技术是为某种目的的共同协作组成的各种工具和规则的体系”,后人对这种定义给出了不同的诠释。日本科学界对技术的定义有两种观点:一种认为技术是从实践中产生的方法体系,包括劳动技能与经验,另一种则认为技术是科学理论的应用。苏联学者则普遍认为技术是社会生产体系中的劳动手段,主要是指劳动工具。

在我国,技术一般被理解为根据生产实践经验和自然科学原理发展而成的各种工艺操作方法和技能,如电工技术、激光技术、热管技术、自动化技术、电子计算机技术、航天航空技术等。广义地理解,技术还包括了相应的生产工具和其他物资设备以及生产工艺过程或作业程序方法。

技术经济学研究对象中的技术涵义较广,是指满足社会需要的各种活动中人类的全部知识和技能。其中既包括满足社会物质需要活动中人们的知识和技能,也包括满足文化、教育、卫生需要活动中人们的知识和技能,主要是指包括自然技术、科学技术、生产技术、管理技术、经济技术和社会技术在内的应用技术。

总之,科技是第一生产力。技术作为一种社会力量,伴随着人类的出现和进步而产生、发展起来,影响着人类的过去、现在和未来。随着生产实践和科学的不断进步,技术的内涵将不断丰富和扩展。

"经济"一词在古汉语中是"经世济民",即"治理国家、拯救庶民"的意思。19 世纪后半叶,日本学者在翻译西方著作中的"Economy"一词时,借用了古汉语中的这个词,后来,在我国的语言中也沿用下来。现在所使用的"经济"一词大致有以下几个不同的意思:

(1) 在马克思主义理论中,它是指生产关系的总和或社会经济制度,是社会上层建筑赖以建立的基础,如经济基础。

(2) 在一般情况下,它是指物质资料的生产、交换、分配和消费等方面的活动,如国民经济、工业经济、农业经济、家庭经济、中国经济、美国经济等。

(3) 在日常生活中,它指的是节约、节省,如经济实惠、经济小吃等。

技术经济学研究范围内的"经济"主要是指节约、节省的意思。

技术和经济是人类社会物质文明和精神文明建设所不可缺少的两个方面,它们之间的关系是一种辩证关系。一方面,技术与经济相互依存、相互促进,技术的进步大大地促进了经济的发展,经济上的需要又是技术的起因;另一方面,技术与经济相互制约、相互矛盾,经济条件的限制制约了先进技术的推广和应用,技术的使用也会在某种程度上给经济乃至社会带来危害。这两者中经济是矛盾的主要方面,经济既是技术进步的起因,又是技术应用的归宿,因此要从经济的角度研究各种技术。只有那些对经济和社会有促进作用的技术才应大力推广和应用,相反就应该加以限制和阻止。

二、技术经济问题的普遍性

随着新技术的不断产生和发展,人们为了达到一定的社会目的可以进行不同的技术选择。当某项技术的应用会对经济及社会产生一定的负面影响时,为了消除或减轻这种影响,就要付出代价,就要耗费一定的资源。因此人们可能会选择其他无负面影响的技术,使技术的应用与经济效果达到统一。这就形成了一类问题,即技术经济问题。所谓技术经济问题就是从具体的技术问题抽象出来的满足经济上最节约的原则,从而达到技术上先进与经济上合理相统一的问题。

技术经济问题是普遍存在的。例如化学工业中流体输送的管径设计和设备保温层的厚度确定,我国"南水北调"工程中调水线路的选择,交通运输中的行程安排,房地产业中的居室与绿地布局等等,都包含了深刻的技术经济问题。从技术上来说,上述例子中都不存在任何"技术"问题,都有多种技术可供选择,但是如何进行选择和确定是值得研究的。研判的标准就是技术的选择应能取得尽可能好的经济效果,包括正面的经济产出尽可能大、负面的经济影响尽可能小。

三、技术经济学的定义

技术经济学是一门研究技术与经济之间辩证关系的新兴学科。它研究社会生产和劳动领域里技术和经济这两个方面的统一关系及其发展变化的规律,从而揭示技术经济问题内在的客观规律。技术经济学既涉及技术科学又涉及经济科学,它要求为满足社会需求合理组织和利用技术,在创造同一使用价值时所占用和消耗的劳动尽可能少。

至于技术经济学具体的研究对象则存在着不同的说法:

(1)“效果论”。认为技术经济学主要研究技术领域(包括技术政策、技术方案和技术措施)的经济效果问题,即技术的可行性和经济的合理性问题。

(2)“关系论”。认为技术经济学是研究技术和经济之间的矛盾关系及其发展变化的学科。它通过对各种实践的技术分析、经济比较和效益评价,寻求技术与经济的最佳结合,确定技术先进与经济合理的最优经济界限。

(3)“因素论”。认为技术经济学研究技术与经济诸因素的内在联系,它通过对经济效果的计算与评价,从而选择出技术上先进、经济上合理的最佳方案。

(4)“增长论”。认为技术经济学是一门研究如何最有效地利用技术资源促进经济增长规律的学科。

(5)“创新论”。认为技术经济学是研究技术创新、促进技术进步的学科。也就是说,技术经济学除了研究技术资源优化配置外,还应研究技术资源的创造和开发,不断推动技术创新和创新的扩散,从而实现技术进步。

(6)“系统论”。认为技术经济学是研究技术—经济—生态—社会—价值(文化)系统的要素、结构、运行、功能及其规律性。

2003年傅家骥等人在《技术经济学前沿问题研究》一书中指出,技术经济学科的研究对象应界定为三个领域、四个层次、三个方面。三个领域是指技术领域中的经济活动规律、经济领域的技术发展规律及技术发展的内在规律;四个层次是指工程(项目)层面、企业层面、产业层面及国家层面;三个方面是指技术经济学科的基础理论、技术经济的学科方法及技术经济学科基础理论、基本方法在现实技术经济活动中的应用问题。

综合上述诸多观点不难看出,技术经济学涉及的研究领域基本上是一致的,都涉及技术和经济两者的有机结合问题。当然,不同观点所研究的重点及深刻程度是有差别的。

任何事物的性质主要是由取得支配地位的矛盾的主要方面所决定的。由于在技术和经济这一对矛盾中,经济是矛盾的主要方面,所以学界比较多地倾向于从“效果论”的观点来定义技术经济学:

技术经济学是研究在一定的社会再生产条件下,对达到某种预定的目的而可能采用的各种技术政策、技术方案和技术措施的经济效果,进行计算、分析、比较和评价,从而寻求技术与经济的最佳结合,使技术的应用取得最佳的经济效果,为选择最优技术提供决策依据。

在定义中,技术政策一般是指具有宏观意义的、为合理应用技术因素以满足社会发展需要和经济建设任务而制定的行动准则。例如与人直接相关的技术政策有技术研发政策、专利转让政策等;与物相关的技术政策有能源政策、引进政策等。技术方案是指各种类型的新建、改扩建工程项目的技术性方案,例如不同场址、不同规模、不同原料路线等。技术措施是指为实现某种具体经济目标所采用的解决各种具体问题的方法,如企业技术改造、设备更新等。

定义中的经济效果就是对人们为达到某一目的而进行的实践活动所作的关于劳动占用或劳动消耗的节约程度的评价。评价的对象是能达到同一目的的不同方案，评价的内容是劳动占用和消耗的多少或节约程度。经济效果是经济活动中消耗的劳动量(包括活劳动与物化劳动)同取得的有效劳动成果之间的比较。

经济效果一般有两种表达形式：

第一种是有效劳动成果与劳动消耗量(或产出与投入，或所得与所费)的比值，即：

经济效果＝有效劳动成果÷劳动消耗量

第二种是指两者之差，即：

经济效果＝有效劳动成果－劳动消耗量

四、技术经济学的特点

1. 渗透性与交叉性

技术经济学是在现代科学技术和社会经济发展的基础上，逐渐地由自然科学和社会科学交叉渗透形成和发展起来的一门综合性的边缘学科。任何一个部门的技术经济学研究必然涉及该部门的生产工艺、过程与设备等技术学科的内容，又要涉及部门经济学、企业管理学、投资与成本等经济学科所研究的对象范围。它们相互渗透，却又不能彼此替代，为此必须掌握多方面的科学知识。

2. 系统性与综合性

技术经济分析的对象，一般都是由若干个相互联系、相互影响的单元组成的整体。任何一项技术的应用都是在一定的客观环境中进行的，都要受到社会、政治、经济等客观条件和自然环境条件的限制。因此，必须用系统的观点和系统分析的思维、工作方法进行研究，并且注意分析系统中各部分(子系统)之间的关系和影响，研究其有利和不利条件，提出多种改进和提高经济效果的措施。

技术经济学的综合性主要反映在两个方面：一是技术经济学的理论和方法是在综合多学科的基本理论的基础上形成的；二是在进行技术经济分析时，必须进行全面的、综合的论证。既要考虑技术的先进性、适用性，又要考虑经济上的可行性、合理性。例如，在对某工程项目进行技术经济论证时，不仅要考虑项目本身的直接经济效果，还要考虑与其相关的项目的间接经济效果；不仅要研究项目带给企业的经济效益，还要研究项目对国家和社会带来的社会效益和环境效益。

3. 定量性与动态性

定量性是技术经济学和数学、数量经济学相互渗透的结果。没有对技术政策、技术方案和技术措施的量化研究，就无法进行质的研判、评选和决策。对于难以量化的社会和环境效果问题，可利用打分法、概率法转化为可计量的评选指标，以进行各种方案的比较和决策。技术经济学还要求利用现代数学和电子计算机把影响经济目标的各种技术因素，通过数学变量关系、投入产出关系以及排列组合等方法进行量的计算和数学模拟。

在技术经济分析中，始终强调最基本的、极其重要的资金的时间价值这一概念，这就是常说的动态分析法。尤其对于一些重大工程项目，因其投资大、工期长，就更应重视时间因素对经济效果的影响。

4. 实用性与选优性

技术经济学属于解决实际问题的应用性学科。它既区别于纯经济研究,又不同于纯技术研究,而是基于生产力经济学和经济效果学的理论基础,对可行的应用技术问题进行经济合理性的研究和论证。这就要求从实际出发,密切结合本国、本地区的具体条件。所需资料和数据,大量地来自生产实践、社会实践和科学试验,技术经济分析的结果也将受到未来实践的检验。

在进行技术经济分析时,通常都有多个可行的方案供选择,且各有利弊。必须用系统观点对每个方案作全面综合分析,从中选优。从一定意义上说,技术经济分析的全部研究过程就是一个选优的过程。

5. 预测性与风险性

技术经济学所研究的都是未来的经济活动,是在投资决策之前进行预先的分析和评价。这种预测性分析力求充分掌握必要的信息资料,尽可能准确地预见事物发展的趋势和前景,这就需要采取科学的预测技术和方法,力求减少盲目性。但是在客观上总是存在一些不确定因素和随机因素,这就给技术的实施带来了未来的风险性。所以,需要进行不确定性分析和风险分析,以尽可能提高技术实施的可靠性和经济的可兑现性。

第三节　技术经济学的研究范围与研究方法

一、研究范围

技术经济学研究的范围极为广泛。从宏观到微观,凡是有技术活动的地方,都有经济效果(或社会效果)问题,都属于技术经济学的研究对象。我们可以从横向和纵向两个方面来考察技术经济学所涉及的范围。

1. 从横向划分

(1) 按国民经济各部门划分

社会再生产过程中的生产、分配、交换、消费各环节,以及文教、卫生、生活等各方面都有技术经济效果问题,因而相应的有工业技术经济学、农业技术经济学、交通运输技术经济学、商业技术经济学、环境保护技术经济学、国防建设技术经济学、科学研究技术经济学等等。工业技术经济学又可进一步分为:冶金、化工、纺织、机械、石油、煤炭、建材、轻工、食品等技术经济学科。

(2) 按项目建设与运行阶段划分

可以有基本建设技术经济学、科学试验技术经济学、勘探技术经济学、规划设计技术经济学、施工技术经济学、生产运行技术经济学等等。

(3) 按研究问题的不同方面来划分

对某些跨部门的技术经济问题的研究,可分为能源技术经济学、综合运输技术经济学、资源利用技术经济学、消费技术经济学、城市建设技术经济学等等。

2. 从纵向划分

(1) 宏观技术经济问题

涉及世界范围内的人口增长、能源危机、资源消耗、生态恶化、环境污染等方面的问题都属于宏观技术经济问题。对一个国家来说,涉及国民经济全局问题,如国民经济发展的速度、比例,国家投资的规模、结构、方向,生产力的合理布局,能源的生产和供应,技术引进的方式,外资的利用和偿还等,也是宏观技术经济问题。

(2) 中观技术经济问题

所谓中观技术经济问题是指涉及范围或领域(例如规模、投资、地域等)有限,但对整个国民经济有极大作用和意义的研究问题。如某大型骨干项目建设工程的技术经济论证、城镇居民供燃气问题、粉煤灰及煤矸石的综合利用问题等。另外,一个工业部门范围内的工业发展速度、投资结构与方向、生产力布局等也属于中观技术经济问题。

(3) 微观技术经济问题

主要涉及局部性的某个建设项目或企业经营、科学研究项目中某些技术方案的经济效果问题。如工程项目的产品方案、合理规模、原料路线、场址选择、设备选型、协作配套条件以及更新改造、技术进步、新产品开发等的技术经济问题。

宏观、中观和微观的技术经济问题不是绝对孤立和一成不变的,而是相互渗透、相互影响的。宏观或中观的问题往往包含了微观的问题,它对具体问题的解决起着决定性的影响;而微观的具体技术经济问题的解决又是搞好中观、宏观技术经济问题研究的基础。

二、研究方法

技术经济学的研究方法可概括为以下几类:

1. 调查法

技术经济学研究问题都是立足过去、面对现在、研究未来。因而需要占有较多的资料和信息,必须对过去和现在的状况进行调查。常用的调查法有:询问法、观察法、抽样调查法、专家座谈法、德尔菲法、指标体系法等。

2. 推断法

技术经济学的研究以事前研究为主,具有预见性特点,很多都是对未来结果的推断,主要包括技术预测和经济预测。常用的推断方法有:回归分析法、指数平滑法、时间序列分析法、投入产出法、系统动力学法、目标预测法、包络曲线法、相关产品法,以及估算投资的单位生产能力估算法、生产规模指数法、工程概算法、估算成本的费用要素法等。

3. 创造法

技术经济学研究的问题具有选优性特点。对比选优的前提是首先能创造出参加比较的技术方案,所以技术经济的研究过程也就是创新过程,创造新方案是关键。常用的方案创造法有:专家会议法、哥顿法(也称提喻法)、检核表法、优缺点列举法、类比创造法、联想创造法、综合调和组合法等。

4. 评价法

在技术经济分析中,对有关方案的经济效果或某种特性都要进行评价。其特点是把两个以上相关联的量进行对比分析,并按一定的标准进行评价。常用的评价方法有:投资回收期法、净现值法、内部收益率法、费用效益分析法、ABC 分析法、功能评价系数法、最合适区域法等。

5. 选优法

技术经济分析中要进行方案比较、选优或者进行方案优劣排序。常用的方案选优方法有:净现值法、差额投资内部收益率法、费用现值法、差额投资回收期法、决策树法、数学规划法、最小平均费用法、低劣化数值法、目标排序法、逐步淘汰法、两两对比法等。

6. 分析法

在技术经济分析中,有时要把各种影响因素的作用大小和程度分析出来。尤其是某些不确定性因素变动对经济效果带来的影响涉及投资风险,都要进行因素分析。常用的分析方法有:盈亏平衡分析法、敏感性分析法、概率分析法、蒙特卡罗法、系统仿真法等。

7. 综合法

技术经济学研究中要把各种要素及多方面的效果结合在一起,进行系统性的综合分析论证。常用的综合法有:综合评分法、模糊评价法、层次分析法、多目标规划法等。

第四节 学习技术经济学的重要性

人类社会的发展是以经济发展为标志的。经济的发展依赖于技术的进步,任何技术的采用都必然占用和消耗人力、物力、财力、时间等各种自然资源和无形资源。为了保护人类的生态环境,使经济持续、健康地发展,并用有限的资源来满足人类需求,我们必须依靠科学的发展观,放眼全球,立足长远,进行资源的合理配置和做出科学的决策。宏观上要求最有效地使用有限资金和现有资源,微观上则更要合理安排人、财、物等生产要素,以期"人尽其才,物尽其用,财赢其利,货畅其流"。这就进一步体现了学习和普及技术经济学知识与方法对经济建设、对社会发展和人类文明的重要性和迫切性。

一、技术经济学是科学决策的基础,是社会主义现代化建设的重要手段

过去一些重大工程项目(包括重大引进项目)不能很好地进行可行性研究和技术经济论证,对项目运行的经济效果未做全面的科学分析,就盲目决策,仓促上马,造成了严重的后果。有的项目建成开工后,动力、原料短缺;有的项目前后不配套,生产能力不能发挥,甚至"工艺本身先天不足",造成的困难难以克服,这种臆断决策很少有不失误的。

现代化建设要靠科学,靠科学方法、科学程序,更要靠尊重科学规律。正确的决策源于正确的评价,正确的评价源于可靠的技术经济论证和可行性研究。我国资源储量较丰富,但人均资源少,开采资金也不足。因此,对每一项利用资源、使用资金的技术实践活动都要认真进行技术经济分析论证,选择最优方案,充分发挥其作用,创造出尽可能多的物质财富。我国从1981年起就将可行性研究工作纳入了基本建设程序,凡是没有经过可行性研究和技术经济论证的项目,一律不得仓促上马。即使在投融资体制发生重大变化的今天,即使是企业自己投资进行的项目建设,也要经有关部门的核准或备案,其中技术经济论证是必需的内容。由此可见,技术经济学是实现社会主义现代化建设的重要手段,是科学决策的基础。

二、运用技术经济学可使技术先进性与经济合理性融为一体

在现代化建设中,一个极其重要的问题就是选择什么样的技术。从技术经济学的观点,就是技术上先进、可行,经济上有利、合理。也就是说,不仅要了解技术本身的性能、结构、流程、配方以及图纸资料等,同时还要了解采用该技术后的产品成本高低、利润大小、原料综合利用状况、能源消耗状况以及投资回收期、贷款偿还能力等等。不能因片面追求技术上的

“高、精、尖”而不顾经济上是否合理，所以在技术的选择尤其是引进技术的选择中应遵循技术先进性与经济合理性相统一的原则。

三、技术经济学为现代经济管理人员和工程技术人员提供必备的知识

现代科学的发展使各学科相互渗透、相互影响、相互促进。一个工程项目的建设，一项新产品的开发，一项技术措施的实施，都需要多学科的综合知识。一个好的企业管理人员或工程技术人员，无论是进行管理方案选择还是进行工程设计，都必须掌握技术经济评价的原理和方法，以取得良好的经济效果。只有这样，才能成为既懂技术又懂经济，既能搞生产技术、科研设计，又能科学地做出方案对比与正确决策的新型工程师与企业家。

美国《工程经济》的著者调查了美国 85 家公司的总工程师和负责工程事务的副董事长，当问及这些公司的年轻工程师在毕业后的头 5 年是否要做目标方案的经济研究时，97%以上的人回答“要做的”，80%的人还说“常常做”，75%的人认为，工程经济应该是大学全部工程课中的一门必修课。由此看来，与工程经济一脉相传的技术经济学应该成为经济管理类以及各种工程技术类专业的必修课，它为现代经济管理人员和工程技术人员提供了必备的知识。

值得指出的是，早在 1983 年，原国家高教部就正式发文要求对理工科学生进行技术经济和管理知识的教育，明确了技术经济学科在高等教育中的地位。中国社会科学院研究生院、清华大学、中国人民大学、西安交通大学等著名高校在 1980 年以后相继成为技术经济博士学位和硕士学位授予单位，徐寿波、傅家骥等知名技术经济学者成为博士生导师，为我国培养了众多高层次的技术经济专业人才。

习 题

1. 怎样理解“技术”“经济”的涵义及其之间的辩证统一关系？举例说明。
2. 技术经济学的研究对象是什么？如何理解其研究范围的广泛性？
3. 经济效果的含义是什么？
4. 技术经济学的特点有哪些？
5. 技术经济学的研究方法一般有哪几大类？
6. 如何体会学习技术经济学的重要意义？

第二章　基本概念和基本原理

第一节　常用的基本概念

一、固定资产与折旧

（一）固定资产

1. 固定资产的条件

固定资产是指同时具有下列特征的有形资产：为生产商品、提供劳务、出租或经营管理而持有的；使用寿命超过一个会计年度。

2. 固定资产的计价方法

（1）按原始价值计算。指在建造、购置固定资产时实际支付的费用以及使固定资产达到预期使用状态前发生的费用，原始价值也称原值。

（2）按重估值计算。指在新的再生产条件下，重新建造、购置固定资产的全部支出。

（3）按折余价值计算。指固定资产原值减去已提折旧后的余额，折余价值又称净值。

注意在不同场合下使用不同的计价依据。通常新建造、新购置的固定资产按原始价值计价；企业发生并购、合作、上市、资产交易等行为，固定资产按重估价值计价；企业管理固定资产或清算家底，对已使用过的固定资产按折余价值计价。

（二）折旧

1. 折旧的概念

固定资产在其使用过程中，会发生两种类型的磨损，即有形磨损与无形磨损。

有形磨损（物理磨损、物质磨损）是指可以用物理方法度量出来的磨损，它是由于生产因素（例如摩擦、震动、事故等）和自然因素（例如锈蚀、老化、地震等）引起的磨损；无形磨损（功能磨损、精神磨损）是指无法用物理方法度量出来的磨损，它是由于劳动生产率提高、再生产价值降低和科学技术发展、新型设备出现而引起的原有固定资产的贬值。

无论是有形磨损还是无形磨损，都会使固定资产产生价值的损耗，这种转移到商品或费用中的价值损耗就是折旧。把折旧计入产品的成本，并从营业收入中收回称为提取折旧。所提取的折旧费形成企业的基本折旧基金，用以更新、改造或修理磨损的固定资产，使价值的损耗得到补偿。从权责发生制的角度看，固定资产作为生产商品或提供服务的资本，提取折旧的过程实质上就是把固定资产的投入价值在其使用期限内进行回收。

2. 折旧的计算方法

（1）年限平均法

这种方法是把应提折旧的固定资产总额按规定的折旧年限平均分摊求得每年的折旧额。其公式如下：

$$D=\frac{K_0-L}{N} \tag{2-1}$$

$$\alpha=\frac{1-f}{N} \tag{2-2}$$

$$L_n=K_0-nD \tag{2-3}$$

式中，D——年折旧额；

K_0——固定资产原值，指固定资产在投入使用之前的一切费用，包括购置费、运输费、安装费、试运转费等；

L——固定资产预计净残值，指固定资产在折旧终了年限(扣除了清理费后)的净残值；

N——折旧年限；

α——年折旧率；

f——预计净残值率，指预计净残值占固定资产原值的百分率；

L_n——固定资产第 n 年末的折余价值。

【例 2-1】 某设备原值为 12 000 元，折旧年限为 10 年，预计净残值 600 元。用年限平均法计算第 6 年的折旧额、折余价值和折旧率各为多少？

解：$D_6=\frac{K_0-L}{N}=\frac{12\ 000-600}{10}=1\ 140$(元)

$L_6=K_0-nD=12\ 000-6\times1\ 140=5\ 160$(元)

$f=\frac{L}{K_0}\times100\%=\frac{600}{12\ 000}\times100\%=5\%$

$\alpha_6=\frac{1-f}{N}=\frac{1-5\%}{10}=9.5\%$

年限平均法具有计算简便的特点，是一种常用的计算方法。它的不足之处是不能将固定资产的使用效用与其转移到产品成本中的价值(折旧额)对应起来。

(2) 双倍余额递减法

这种方法是在上年末折余价值的基础上乘以折旧率(常数)求得本年折旧额，公式如下：

$$\alpha=\frac{2}{N}\times100\% \tag{2-4}$$

$$D_n=L_{n-1}\alpha \tag{2-5}$$

$$L_n=K_0(1-\alpha)^n \tag{2-6}$$

推导：$L_1=K_0-K_0\alpha=K_0(1-\alpha)$

$L_2=L_1-L_1\alpha=L_1(1-\alpha)=K_0(1-\alpha)^2$

以此类推：$L_n=K_0(1-\alpha)^n$

可以简单推出：

$$\frac{D_2}{D_1}=\frac{D_3}{D_2}=\cdots=\frac{D_n}{D_{n-1}}=1-\alpha$$

$$\frac{L_2}{L_1}=\frac{L_3}{L_2}=\cdots=\frac{L_n}{L_{n-1}}=1-\alpha$$

可以看出,该方法的年折旧率是年限平均法在不考虑预计净残值时折旧率的两倍,同时该法历年的折旧额和折余价值都不同,以$(1-\alpha)$为公比递减,这正是双倍余额递减法的名称来源和特点所在。

双倍余额递减法的逐年折旧额减少,与固定资产的使用效用相符,但存在“永远折不完”的问题。因此该法规定:应当在其固定资产折旧年限到期前2年内,将固定资产折余价值扣除预计净残值后的净额平均分摊。即在前$N-2$年中采用双倍余额递减法进行折旧(注意此时年折旧率仍为$\frac{2}{N}\times100\%$),后两年用年限平均法折旧。

【例2-2】 用双倍余额递减法对例2-1中的问题求解。

解:$\alpha_6=\frac{2}{N}\times100\%=\frac{2}{10}\times100\%=20\%$

$D_6=L_5\alpha=K_0(1-\alpha)^5\alpha=12\ 000\times(1-20\%)^5\times20\%=786.43$(元)

$L_6=K_0(1-\alpha)^6=12\ 000\times(1-20\%)^6=3\ 145.73$(元)

(3) 年数总和法

这种方法是以应提折旧的固定资产总额为基础,乘以年折旧率得到折旧额。年折旧率是一个与年数总和有关的数值,年数越大,折旧率越小,折旧额也就越小。其计算公式如下:

$$\alpha_n=\frac{N-(n-1)}{N(N+1)\div2}\times100\% \tag{2-7}$$

$$D_n=(K_0-L)\alpha_n \tag{2-8}$$

$$L_n=K_0-\sum_{i=1}^{n}D_i \tag{2-9}$$

【例2-3】 用年数总和法对例2-1中的问题求解。

解:$\alpha_6=\frac{N-(n-1)}{N(N+1)\div2}\times100\%=\frac{10-(6-1)}{10(10+1)\div2}\times100\%=9.1\%$

$D_6=(K_0-L)\alpha_n=(12\ 000-600)\times9.1\%=1\ 037.4$(元)

$$L_6=K_0-\sum_{i=1}^{n}D_i=K_0-(K_0-L)\sum_{i=1}^{6}\alpha_i=12\ 000-(12\ 000-600)\frac{45}{55}$$
$$=2\ 672.7.3\text{(元)}$$

从例2-2和例2-3看出,双倍余额递减法和年数总和法是加速折旧的方法。对于在国民经济中占有重要地位、技术进步快的企业,如电子生产企业、生产“母机”的机械企业、化工生产企业和医药生产企业以及其他经财政部批准的特殊行业的企业,其机器设备可以采用双倍余额递减法或年数总和法折旧。

(4) 工作量法

某些固定资产,例如客货运汽车、大型专用设备等,是非常年使用的,可以用实际工作量作为依据计算折旧。其计算方法如下:

① 按照行驶里程计算

$$\text{单位里程折旧额}=\frac{\text{固定资产原值}\times(1-\text{预计净残值率})}{\text{总行驶里程}} \tag{2-10}$$

$$\text{年折旧额}=\text{单位里程折旧额}\times\text{年行驶里程} \tag{2-11}$$

② 按照工作小时计算

$$每工作小时折旧额=\frac{固定资产原值\times(1-预计净残值率)}{总工作小时} \quad (2\text{-}12)$$

$$年折旧额=每工作小时折旧额\times年工作小时 \quad (2\text{-}13)$$

二、流动资金

流动资金是指为维持正常生产经营活动，支付于劳动对象、职工薪酬及其他生产经营费用所必不可少的周转资金。它用于购买原材料、燃料等，形成生产储备；然后投入生产中，经过加工制成成品；再经过销售收回货币。流动资金就是这样由生产领域进入流通领域，又从流通领域进入生产领域，反复循环，不断周转。

$$流动资金=流动资产-流动负债 \quad (2\text{-}14)$$

$$流动资产=现金+存货+应收账款+预付账款 \quad (2\text{-}15)$$

$$流动负债=应付账款+预收账款 \quad (2\text{-}16)$$

$$流动资金本年增加额=本年流动资金-上年流动资金 \quad (2\text{-}17)$$

流动资产是指在生产经营活动中可以在 1 年内或者超过 1 年的一个营业周期内变现或者耗用的资产，其存在形态随生产经营活动发生变化。

存货包括各种外购原材料、燃料、包装物、低值易耗品、在产品、外购商品、协作件、自制半成品和产成品等。

流动负债是指偿还期在 1 年以内或者超过 1 年的一个营业周期内，需要用流动资产来偿还的各种债务。

三、成本和费用

成本和费用是以货币形式表现的生产经营过程中所消耗的物化劳动和活劳动，是反映生产经营所需物质资料和劳动力消耗的主要指标，是形成产品或劳务价格的主要组成部分。

按照《企业会计准则》对成本和费用的定义，费用是指企业为销售商品、提供劳务等日常活动所发生的经济利益的流出；成本是指企业为生产产品、提供劳务而发生的各种耗费。两者是并行使用的概念，既有联系又有区别。成本是按一定的对象所归集的费用，生产成本是相对于一定的产品而言所发生的费用；费用是资产的耗费，它与一定会计期间相联系，而与生产哪种产品无关。

（一）总成本费用

总成本费用是指在一定时期内（一般为 1 年）为生产和销售产品或提供服务而发生的全部费用，它由生产成本和期间费用两大部分组成。

生产成本包括直接材料费、直接燃料和动力费、直接薪酬、其他直接支出和制造费用；期间费用包括管理费用、财务费用和营业费用。

1. 生产成本（也称制造成本）

（1）直接材料费。指在生产过程中消耗的各种原料、主要材料、辅助材料和包装物等。

（2）直接燃料和动力费。指在生产过程中消耗的固体、液体和气体等各种燃料及水、电、蒸汽等。

(3) 直接薪酬。指企业直接从事产品生产或提供劳务人员的工资、奖金、津贴和补贴，以及住房公积金，医疗保险费、工伤保险费、生育保险费等社会保险费，职工教育经费、职工福利费等。

(4) 制造费用。指为生产产品和提供劳务而发生的各项间接费用。包括生产单位(分厂、车间)管理人员的薪酬，生产和管理用房屋、建筑物、机器设备等折旧费，租赁费(不包括融资租赁费)，修理费，机物料消耗，低值易耗品，取暖费，水电费，办公费，差旅费，运输费，保险费，设计制图费，试验检验费，劳动保护费，季节性修理期间的停工损失以及其他制造费用。

为了简便起见，将制造费用归类为生产单位管理人员薪酬、折旧费、修理费和其他制造费用几部分。

2. 期间费用

(1) 管理费用

管理费用是指企业行政管理部门组织和管理生产经营活动的各项费用。包括公司经费，工会经费，职工教育经费，劳动保险费，待业保险费，董事会费，咨询费，审计费，诉讼费，排污费，绿化费，房产税，车船使用税，土地使用税，印花税，土地使用费(海域使用费)，土地损失补偿费，技术转让费，技术开发费，无形资产摊销，其他资产摊销，业务招待费以及其他管理费用。

公司经费包括工厂总部管理人员薪酬、差旅费、办公费、折旧费、修理费、物料消耗、低值易耗品摊销以及其他公司经费。

技术转让费是指企业使用非专利技术而支付的费用；技术开发费是指企业研究开发新产品、新技术、新工艺所发生的新产品设计费，工艺规程制定费，原材料和半成品的试验费，研究人员的工资，研究设备的折旧，与新产品试制、技术有关的其他经费，委托其他单位进行的科研试制费以及试制失败损失等。

为了简便起见，将管理费用归类为管理人员薪酬、折旧费、修理费、摊销费和其他管理费用。当技术转让和开发费、土地使用税数额较大时，也可将技术转让和开发费、土地使用税单列在其他管理费用外。

(2) 财务费用

财务费用是指为筹集资金而发生的各项费用。包括生产经营期发生的利息支出(减利息收入)和汇兑净损失、调剂外汇手续费、金融机构手续费等其他财务费用。在技术经济财务评价中，一般只考虑利息支出。

(3) 营业费用

营业费用是指在销售产品、自制半成品和提供劳务等过程中发生的各项费用以及专设销售机构的各项经费。包括由企业负担的运输费、装卸费、包装费、保险费、委托代销手续费、广告费、展览费、租赁费(不含融资租赁费)和销售服务费用、销售部门人员薪酬、差旅费、办公费、折旧费、修理费、物料消耗、低值易耗品摊销以及其他经费。

为了简便起见，将营业费用归类为销售人员薪酬、折旧费、修理费和其他营业费用。

在实际应用中，为便于总成本费用的估算，一般按生产要素法对成本费用进行归并。即将薪酬、折旧费、修理费、摊销费进行归并后分别列出，而将制造费用、管理费用和营业费用中扣除以上归并项后的诸费用(即其他制造费、其他管理费和其他营业费)统统并入其他费用中。这样，按生产要素法：

$$\text{总成本费用}=\text{外购原材料费}+\text{外购燃料和动力费}+\text{职工薪酬}+\text{修理费}+\text{折旧费}+\text{摊销费}+\text{财务费(利息支出)}+\text{其他费用} \tag{2-18}$$

(二) 单位产品成本费用

单位产品成本费用是生产和销售单位产品(或提供服务)发生的成本费用。单位产品成本费用的高低，反映了企业生产水平和经营水平的好坏。利用单位产品成本费用，还可以与生产同种产品(或提供同种服务)的企业进行成本费用对比，同历史先进水平对比，同国外同种产品成本费用对比。单位产品成本费用又是制定产品(或服务)价格的主要依据之一。

$$\text{单位产品成本费用}=\text{总成本费用}\div\text{产品产量} \tag{2-19}$$

(三) 经营成本

经营成本是技术经济学中特有的成本，它是总成本费用扣除折旧费、无形资产及其他资产摊销费和利息支出以后的全部费用。

$$\begin{aligned}\text{经营成本}&=\text{总成本费用}-\text{折旧费}-\text{摊销费}-\text{利息支出}\\&=\text{外购原材料费}+\text{外购燃料和动力费}+\text{职工薪酬}+\text{修理费}+\text{其他费用}\end{aligned} \tag{2-20}$$

在经营成本中不包括折旧费、摊销费和利息支出的原因是：

(1) 现金流量反映的是项目在计算期内逐年发生的现金流入和现金流出。由于投资已在其发生的时间作为一次性支出被计入现金流出，所以不能再以折旧和摊销的方式计为现金流出，否则会发生重复计算。因此，作为经常性支出的经营成本中不包括折旧费和摊销费。

(2) 项目投资现金流量表是用于融资前分析的报表，它不考虑融资方案，仅以项目全部投资作为计算基础，因此现金流出中不包括利息支出；而项目资本金现金流量表已将利息支出单列在现金流出中，因此经营成本中就不能再包括利息支出。

(四) 固定成本与可变成本

产品成本按其与产量变化的关系，可分为固定成本和可变成本。

1. 固定成本

固定成本是指在总成本费用中，在一定生产规模限度内，费用与产量变化无关的部分。如职工薪酬(计件薪酬除外)、制造费用、管理费用、财务费用、营业费用等。

2. 可变成本

可变成本是指在总成本费用中，费用随产量变化而变化的部分。它可分为两种情况：一种是随产量变化而呈线性变化的费用，称为比例费用，如原材料费、燃料费。另一种是随产量变化而呈非线性变化的费用，称为半比例费用。如某些动力费、运输费、计时工资的加班费等。必要时，可以将半比例费用进一步分解为可变成本和固定成本，使成本费用最终划分为可变成本和固定成本。

四、营业收入

营业收入是指销售产品或提供服务所取得的收入，通常是项目财务效益的主要部分。

对于销售产品的项目,营业收入即为销售收入。在技术经济评价中,通常假设当年的产品量(实际指商品量)等于当年的销售量。

$$\text{营业收入} = \sum_{i=1}^{n} Q_i P_i \tag{2-21}$$

式中,Q_i——第 i 种产品(或劳务)的销量;

P_i——第 i 种产品(或劳务)的销售单价(不含税);

n——产品(或劳务)品种总数。

五、税金

税金是国家通过制定的法规,按照一定的标准,强制性地对有纳税义务的组织和个人(简称纳税人)所征收的货币。国家通过征收税金参与国民收入的分配,取得财政收入,以保证国民经济建设的需要。

与技术经济评价有关的税种如下:

(一) 进入产品成本和费用的税种

(1) 房产税

对拥有房屋的企业征税。

(2) 车船使用税

对拥有行驶车船的企业征税。

(3) 土地使用税

对使用属于国家所有土地的企业征税。

(4) 印花税

应税凭证应在书立、领受时贴花,实行汇总缴纳的凭证(包括实行代扣、代缴的凭证),按规定缴纳印花税。

上述几种税种通常计入总成本费用中的管理费用。

(二) 与营业收入有关的税种

指由企业销售产品(或提供服务)确认的营业收入所引起的税金及附加和增值税。包括消费税、城市维护建设税、教育费附加和地方教育附加、资源税和增值税等,有些行业还涉及土地增值税。

1. 增值税

凡在中国境内销售货物或提供加工、修理修配劳务,销售服务、无形资产、不动产以及进口货物的单位和个人,都是纳税人。

(1) 税率

自2016年5月1日起我国全面实施“营改增”后,增值税税率分为13%、9%、6%和0%四个档次。

销售或进口货物、有形动产租赁服务以及提供加工、修理修配劳务,税率为13%。

销售粮食、食用植物油,暖气、冷气、热水、煤气、石油液化气、沼气、居民用煤炭制品,饲料、化肥、农药、农机、农膜,音像制品、电子出版物,销售交通运输、邮政、基础电信、建筑等服务,销售不动产以及转让土地使用权等,税率为9%。

销售增值电信、金融、文化体育、鉴证咨询、旅游娱乐、教育医疗、餐饮住宿等现代服务业以及销售(除土地使用权外的)无形资产，税率为 6%。

出口货物及跨境销售国务院规定范围内的服务、无形资产的税率为 0%。

(2) 应纳税额

增值税采用“价外税”方式，分为一般纳税人和小规模纳税人两类。

小规模纳税人是指年销售额在 500 万元(含)以下的纳税人；其余的纳税人称为一般纳税人。

① 一般纳税人：

$$\begin{aligned}应纳税额 &= 当期销项税额 - 当期进项税额 \\ &= 当期销售额 \times 税率 - 当期进项税额\end{aligned} \tag{2-22}$$

当期销项税额小于当期进项税额不足抵扣时，其不足部分可以结转下期继续抵扣。

当期销售额是指纳税人销售货物或者应税劳务时向购买方收取的全部价款和价外费用(指手续费、补贴、基金、集资费、运输装卸费、代收代垫款项及其他价外费用)，但不包括收取的销项税额，即指不含销项税额的销售额(简称不含税销售额)。若售价中含销项税(简称含税销售额)，需把含税销售额还原成不含税的销售额，以便在增值税专用发票上分别记上“销售额”和“税金”。即：

$$(不含税)销售额 = \frac{含税销售额}{1 + 增值税税率} \tag{2-23}$$

当期进项税额只限于已取得的、从销售方开具的增值税专用发票上注明的增值税额和从海关取得的完税凭证上注明的增值税额。

值得指出的是：我国全面实施“营改增”后，允许企业抵扣新增不动产中所含的增值税，这部分增值税称为可抵扣固定资产进项税。

② 小规模纳税人：

$$应纳税额 = 销售额 \times 3\%(注：不得抵扣进项税额) \tag{2-24}$$

式中，销售额意义同一般纳税人。

此外，进口货物的应纳税额＝(关税完税价格＋关税＋消费税)×税率

2. 消费税

某些商品除了征收增值税，还要征收消费税，它是对一些特定消费品和消费行为征收的一种税。凡在中国境内生产、委托加工和进口所规定的应税消费品的单位和个人都是纳税人。

(1) 税率

消费税税率分为 14 类消费品设置：卷烟 36%～56%加 0.003 元/支；酒及酒精 10%～20%或 220～250 元/t；高档化妆品 15%；贵重首饰及珠宝玉石 5%～10%；鞭炮、焰火 15%；成品油(含汽油、柴油、航空煤油、石脑油、溶剂油、润滑油、燃料油等)1.2 元～1.52 元/L；摩托车 3%～10%；小汽车 1%～40%；高尔夫球及球具 10%；高档手表 20%；游艇 10%；木制一次性筷子 5%；实木地板 5%；电池 4%。

(2) 应纳税额

消费税是价内税，是价格的组成部分，实行从价定率法和从量定额法两种计算方法。

① 从价定率法：

从价定率法计税的税基同增值税。

$$应纳税额=销售额\times税率=(含消费税价格\times销售量)\times税率 \tag{2-25}$$

② 从量定额法：

$$应纳税额=销售量\times单位税额 \tag{2-26}$$

$$进口应税消费品的应纳税额=组成计税价格\times消费税税率 \tag{2-27}$$

$$组成计税价格=(关税完税价格+关税)\div(1-消费税税率)$$

3. 城市维护建设税

凡在中国境内缴纳增值税和消费税的单位和个人都是纳税人。

(1) 税率

分为三个档次：市区为7%；县、镇为5%；市区、县、镇以外为1%。

(2) 应纳税额

$$应纳税额=(增值税+消费税)\times税率 \tag{2-28}$$

4. 教育费附加和地方教育附加

教育费附加和地方教育附加是伴随增值税、消费税而附加上缴的税种。

(1) 费率

教育费附加费率为3%，地方教育附加费率为2%。

(2) 应纳税额

$$应纳税额=(增值税+消费税)\times费率 \tag{2-29}$$

5. 资源税

凡在中国境内开采矿产品或生产盐的单位和个人都是纳税人。

(1) 税率

分为7类资源设置：原油5%；天然气5%；煤炭2～4元/t；黑色金属矿原矿3～25元/t；有色金属矿原矿0.4～60元/t；其他非金属矿原矿0.5～20元/t(或元/m^3)；盐3～25元/t。

(2) 应纳税额

$$从价定率法：应纳税额=销售额\times税率 \tag{2-30}$$

$$从量定额法：应纳税额=销售量\times单位税额 \tag{2-31}$$

6. 土地增值税

凡转让房地产(包括转让国有土地使用权、地上的建筑物及其附着物)取得了增值都要缴纳土地增值税。

(1) 税率

土地增值税实行四级超额累进税率，税率范围在30%～60%。

(2) 应纳税额

$$应纳税额=增值额\times适用税率-扣除项目金额\times速算扣除系数 \tag{2-32}$$

应该需要指出的是：上述与营业收入有关的税种中，除了增值税外，其余税种统称为营业税金及附加。

【例2-4】 某项目生产产品A，设计能力为年产量10万t，产品单价1 000元/t(不含税)。项目达产进度为:生产运营期第 1 年达产 70%,第 2 年达产 90%,从第 3 年起达产 100%。达产 100%时年总成本费用中,外购原材料费 5 000 万元,外购燃料和动力费 2 000 万元(均不含税)。若产品销项税率、外购原材料进项税率均为 13%,外购燃料和动力进项税率为 9%,城市维护建设税税率为 7%,教育费附加及地方教育附加合计费率为 5%。已知该项目可抵扣固定资产进项税额为 500 万元,试列表计算投产后的前三年每年的税金及附加和增值税额各为多少万元。

解:营业收入=产量×单价

产品销项税额=营业收入×13%

原材料进项税额=外购原材料费×13%

燃料和动力进项税额=外购燃料和动力费×9%

运营投入进项税额=原材料进项税额+燃料和动力进项税额

应纳增值税=产品销项税额-(运营投入进项税额+抵扣固定资产进项税额)

城市维护建设税=应纳增值税×7%

教育费附加及地方教育附加=应纳增值税×5%

税金及附加=城市维护建设税+教育费附加

根据以上计算公式代入已知数据,可以计算求得各年税金及附加和增值税额,如表 2-1 所示。

表 2-1　各年税金及附加和增值税估算表

序号	项　目	生产运营期		
		1	2	3
	生产负荷	70%	90%	100%
1	营业收入(万元)	7 000	9 000	10 000
	产量(万 t)	7	9	10
	单价(元/t)	1 000	1 000	1 000
2	增值税			
2.1	产品销项税额(万元)	910	1 170	1 300
2.2	运营投入进项税额(万元)	581	747	830
	原材料进项税额(万元)	455	585	650
	燃料和动力进项税额(万元)	126	162	180
2.3	抵扣固定资产进项税额(万元)	329	171	0
2.4	应纳增值税(万元)	0	252	470
3	税金及附加	0	30.24	56.4
3.1	城市维护建设税(万元)	0	17.64	32.9
3.2	教育费附加(万元)	0	12.6	23.5

【例2-5】 某化妆品厂当月销售高档化妆品取得含税收入48万元,收取手续费1.5万元,另取得逾期包装物押金1万元。已知增值税税率为13%,消费税税率为15%。计算该厂当月应缴消费税额是多少?

解:手续费和逾期包装物押金收入属于价外收入,归于含税销售额中,

即:含税销售额 $=48+1.5+1=50.5$(万元)

当月应纳消费税额 $=\dfrac{50.5}{1+13\%}\times 15\%=6.70$(万元)

(三)与利润有关的税种——企业所得税

凡在中国境内的企业(除外商投资企业和外国企业外),其境内外生产、经营所得和其他所得,都要缴纳所得税,即企业所得税。

(1) 税率

企业所得税税率为25%。

(2) 应纳税额

$$应纳税额=应纳税所得额\times 税率 \tag{2-33}$$

$$应纳税所得额=收入总额-准予扣除项目金额$$

式中,收入总额指生产经营收入、财产转让收入、利息收入、租赁收入、特许权使用费收入、股息收入和其他收入;准予扣除项目金额指与纳税人取得收入有关的成本和费用、税 金、损失以及允许的企业单项留利。

另外,国家财政部还对企业所得税规定了若干减免优惠的政策。例如国家批准的高新技术企业,其企业所得税税率为15%;小型微利企业,税率为20%等。

六、利润

利润是劳动者为社会创造的价值,是国家积累(由利润转化为税金)的主要来源。利润分为营业利润和利润总额。

$$营业利润=营业收入-总成本费用-税金及附加 \tag{2-34}$$

$$利润总额=营业利润+营业外净收入 \tag{2-35}$$

应该指出的是:如果营业收入和总成本费用都是以含税价计算的,则营业利润公式的右端需减去增值税。

公式中的营业外净收入指与企业生产经营无直接关系的各项收入减各项支出。

营业外收入包括:固定资产的盘盈和出售净收益、罚款收入、因债权人原因确实无法支付的应付款项、教育费附加返还款等。

营业外支出包括:固定资产盘亏、报废、毁损和出售的净损失,非季节性和非修理期间的停工损失,职工子弟学校经费和技工学校经费,非常损失,公益救济性捐赠,赔偿金,违约金等。

企业在缴纳所得税后的税后利润,除支付盈余公积金外,主要用于还款和向投资者分配利润。

第二节　技术经济评价的可比原理

技术经济评价除了对单个技术方案本身的所得和所费进行评价，以确定其经济效果好坏以外，更重要的是对各个技术方案进行经济比较，以确定方案的优先次序，选出经济效果最好的方案。要进行方案之间的比较，首先就必须建立共同的比较基础，必须具备一定的可比条件和遵循一定的可比原则，以保证比较结论能全面正确地反映各个方案的真实情况。

技术方案的可比原理表现在以下四个方面：

一、满足需要的可比性

任何技术方案都是为了满足某种社会需要。一般情况下，可以从使用功能、数量、质量和品种上来体现需要的可比性。

1. 使用功能的可比性

生产涤纶树脂的方案不能与食品加工方案相比较，因为两者的使用功能不同，不具可比性。同样，开采石油为了满足石油化工生产需要的方案不能同开采煤炭满足民用燃料需要的方案相比。但若两者都是为了火力发电厂燃料之用，则具有使用功能的可比性。

2. 数量的可比性

在使用功能相同时，应使相比较的方案在数量上可比。例如，年产 5 000 t 聚氯乙烯的方案显然不能与年产 1 000 t 聚氯乙烯的方案比较；但若用 5 个年产 1 000 t 聚氯乙烯的方案和 1 个年产 5 000 t 聚氯乙烯的方案相比较，则是可行的。通常，当比较方案的数量不同时，可化为相同数量进行比较。方法有两种：一种是取两方案数量的最小公倍数作为比较产量，另一种是化为单位数量来比较。

3. 质量的可比性

有时比较方案的数量虽然相同，但因其内在品质特性不同，造成了实质性的数量差别。例如合成纤维与棉纤维都能满足人们穿衣的需要，但由于合成纤维使用寿命是棉纤维的 3 倍，因此生产 1 t 合成纤维就不能和生产 1 t 棉纤维的方案相比，而应该与生产 3 t 棉纤维的方案相比，才具有质量的可比性。

4. 品种的可比性

有些技术方案属于综合利用方案，可以满足多方面的需要。例如，石油化工联合企业，可生产多种化工产品和燃料，就应与能满足相应方面需要的联合技术方案相比；若找不到联合技术方案，则可把综合利用方案分成若干个单独方案，把综合利用方案的全部费用及效益进行分摊，然后把单种产品与生产相同产品的另一方案进行比较。

二、消耗费用的可比性

技术经济比较应同时考虑取得的有用成果和消耗的劳动量这两个方面。因此，对比方案除了应符合满足需要的可比性外，还必须符合消耗费用上的可比条件。

考察对比方案的消耗费用，不仅要考虑本部门、本项目的消耗费用，而且要考虑相关部门和相关项目的消耗费用，即从整个社会和国民经济出发，考察全部社会消耗费用。这里着重注意以下两点。

1. 消耗费用的范围一致

国民经济是一个极其复杂的庞大体系,某一部门、某一项目的建设投产,必将和社会其他部门、其他项目发生联系。例如,建设一个大型化工企业,就要在相应的原材料、燃料、动力、交通运输等方面增加耗费。建造一座大型水力发电站,不仅涉及拦河筑坝、建造水力发电机组等本身的费用,还涉及居民搬迁安置、文物古迹处理、农作物损失等多方面的费用。因此存在一个合理的、一致的消耗费用范围问题。范围既不能太大,否则计算复杂,又不能太小,否则不能反映全部社会消耗。

一般地,可将消耗费用分为两类。一类是直接相关部门的消耗费用,应直接计入方案中;另一类是间接相关部门的消耗费用,可不直接计入方案中,而仅反映在这些部门产品或劳务的价格中。

2. 消耗费用的计算方法一致

在具体计算时,应对不同方案采用统一的计算方法。例如计算费用的基准、公式及有关参数等都应一致,才具有消耗费用的可比性。

三、价格的可比性

无论是消耗费用还是劳动成果,都通过价格计算来度量。因此,不同方案比较时,必须具有价格上的可比性。

价格应能反映出部门平均成本的趋势,反映企业长期的供求关系,反映市场的变化,反映价格政策。我国的现行价格体系是根据价格政策逐步调整而形成的。由于历史和其他的原因,价格和价值产生背离,这种背离会对评价带来严重的影响。例如,长期以来煤与电的比价不合理,煤价偏低,电价偏高。因此用煤和用电作动力评价的结果就大不一样。

无论是投入品还是产出品,价格的可比性可从三方面来考虑:

(1) 单位投入品(产出品)的平均社会全部消耗费用;

(2) 投入品(产出品)生产部门的具体数值;

(3) 投入品(产出品)的现行价格。

价格的可比性还体现在必须采用相同的价格指标。例如近期方案采用近期价格,远景方案采用远景价格等。

四、时间的可比性

技术方案的经济效益除了有数量的概念外,还具有时间的概念。技术方案时间的可比性反映在两个方面:一是投资及投产期不一致的可比性;二是由于方案寿命不同而导致计算期不一致的可比性。因此,时间的可比性主要考虑以下两点。

(1) 要从资金的时间价值上考虑投资及投产期不一致的可比性,即把不同时点上的资金活动换算到同一基准时刻进行比较。

(2) 必须要有相同的计算期。

第三节　技术经济评价的原则和步骤

一、技术经济评价的原则

1. 满足国民经济发展和人民生活的需要

社会主义生产的目的是满足人民群众日益增长的物质和文化生活的需要，同时还要保证国民经济稳步协调健康持续地向前发展。在此根本目的下，应首先考虑那些急需解决的、带有基础性和战略性的项目，例如能源、交通运输、农业、邮电通信等部门的重点建设项目。要充分利用有限的资金，发挥中央、地方、集体和社会公众的积极性，鼓励投资少、效益好的技术方案。

2. 从国情出发，讲究实际效果

我国的基本国情从总体上说是人口多、人均自然资源（可耕地、森林、矿山、石油、天然气等）较少，各地经济发展不均衡等。同时，中国又是一个历史悠久、文化灿烂的古国，其地理构造、民俗传统等又是极其宝贵的资源。因此，技术经济评价要从国情出发，根据不同行业、不同部门、不同地区和不同产品在资源、生产、技术、市场等方面的特点进行具体的技术经济分析和全面综合评价，讲究实际效果。例如，“十三五规划”期间，紧密结合“中国制造 2025”战略，坚持走创新驱动发展道路，以网络经济、高端制造、生物经济、绿色低碳和数字创意五大领域为新型支柱产业，实现向创新经济的跨越；轻工业以食品和婴童用品为质量安全突破口；少数民族地区以特色旅游业和民俗文化业为重点等，都是从具体情况出发，充分发挥行业、地区优势的结果。

3. 遵循可比原理，客观公正地评价

对各技术方案进行分析、计算、论证、评价和优选时要遵循可比原理，以保证全面、正确地反映各方案的真实情况。同时，要客观公正地进行技术经济评价，切忌主观性，以保证评价的科学性和真实性。

4. 正确处理几个关系

(1) 经济效果和综合效果的关系

一个技术方案除了必需的经济效果之外，还要考虑其他诸方面的效果，有时其他方面的效果比经济效果更重要。主要体现在以下几方面：政治方面要符合党和国家的方针、政策、法令，体现我国人民的最高利益；技术方面要先进、安全、可靠、适用；社会方面要考虑就业、文化、治安、健康和生态环境的要求。例如，城镇煤气工程、希望工程、环境保护工程等都是从社会效果出发，造福于大众的项目。而制造假冒伪劣产品则是只顾经济效果不顾社会效果的犯罪行为。

(2) 微观经济效果和宏观经济效果的关系

宏观经济效果对于微观经济效果起着指导和主导的作用，微观经济效果则是宏观经济效果的基础。一般情况下，两者是一致的。例如，各企业的经济效果好，则整个部门的经济效果就好。但有时也是有矛盾的，这时应微观服从宏观，局部服从整体，企业经济服从国民经济。国家通过经济手段和必要的行政干预正是为了调解微观和宏观的矛盾，以使国民经济有更大的发展。

例如,能源紧张是一个宏观问题,我国的工业生产能力由于能源短缺而不能完全发挥作用。因此应把有限的能源优先保证能耗低、综合效果好的大中型骨干企业,而对能耗高但有利可图的小企业则应限期改造或进行结构性的调整。同样,关掉一些小水泥厂、小钢铁厂、小造纸厂等,也是从国家的宏观经济效果出发采取的结构性调整措施。

(3) 当前经济效果和长远经济效果的关系

当前经济效果和长远经济效果从根本上是一致的,但也存在矛盾。如果一项技术方案或技术政策当前是可行的,但从长远看是不合理的,那么应服从长远。若当前不可行,而从长远看则是可行的、有利的,那么应积极创造条件,减少或避免当前的损失,必要时眼前利益做出一些牺牲也是应该和值得的。

例如对矿山、森林等资源掠夺式的开发造成了资源的浪费、水土流失、沙漠化严重等恶性后果;企业的短视行为造成了拼设备、拼人力、轻改造、轻管理的不良现象,使企业发展的后劲不足。这些只顾眼前利益不顾长远利益的做法应坚决制止。

(4) 直接经济效果与间接经济效果的关系

国民经济是一个有机整体,各部门、各行业紧密相连,相互制约,互为依存。采用一项技术方案或一项技术措施,不但本企业和部门要消耗一定的费用,还会引起相关部门的投入及消耗;同样,不仅本企业和部门会取得直接经济成果,也会给相关单位带来好处。所以,在进行技术经济评价时,无论是投资、成本,还是收益效果,都不能仅局限在本部门,甚至本企业的范围之内考虑,而要和相关部门的费用和效果结合起来加以考虑。

二、技术经济评价的步骤

技术经济评价一般可分为以下六个步骤。

1. 明确目标

明确目标是技术经济评价的第一步。例如,是新建一个工程项目,还是选择一个设备?目的是什么?要解决什么问题?总之,明确目标是技术经济评价的起点,也是技术经济评价指标拟定的依据。

2. 建立可能的技术方案

为了实现确定的目标,可以采用各种不同的技术方案。应当在建立方案前,对技术方案的内外部条件,例如人才要求、资金数额、技术装备、原材料、能源交通等进行细致的调查研究。在此基础上,提出若干个可能的技术方案,特别是防止遗漏那些具有潜力的方案。

3. 定性分析各方案的优缺点

一般情况下,不同的技术方案具有不同的优缺点。在分析各方案的优缺点时,应忌带主观片面性,要在充分调查研究的基础上,从国民经济整体利益出发,对有严重缺点的方案坚决淘汰。例如,有严重三废污染且难以治理的方案,尽管其经济效益很好,也应予以否决。

4. 对备选的可比方案进行定量经济评价

在定性分析的基础上,可选出几个具有可比性的方案进行经济评价,包括以下几个步骤:

(1) 建立评价指标体系;

(2) 选择评价方法;

(3) 计算指标值;

(4) 比较经济性,确定经济效果最佳的方案。

5. 综合评价

除了对方案进行经济评价外,还要进行社会、环境、安全、资源利用等多方面的综合评价,进一步进行方案的优选。

6. 完善方案

对所选的最佳方案进一步完善,提出技术、经济等方面关键性的问题以及解决的方法,使方案能在实施后达到更好的经济效果和社会效果。

第四节 可行性研究简介

一、可行性研究的概念

1. 可行性研究的含义

可行性研究是指项目投资决策之前,通过对项目(新建项目、改扩建项目、技术改造、设备更新、新产品新工艺的开发项目等)进行市场、技术、工程和经济等方面的调查与研究,对各种可能的建设方案和技术方案进行比较和论证,并对项目建设后的经济效益、社会效益和环境效益进行预测和评价的一种科学分析方法与工作,也是项目建设程序的重要组成部分。通过可行性研究,可以考察项目技术上的先进性和适用性,经济上的盈利性和合理性,建设上的可能性和可行性,从而为投资决策提供依据。

一般地,可行性研究应回答下列问题:

(1) 技术上是否可行?怎样获得技术?

(2) 经济上是否有利可图?是否有竞争能力?风险如何?

(3) 需要多少投资?如何筹集资金?

(4) 需要多少人力、物力?

(5) 资源条件如何?市场需求如何?

(6) 建设周期及生产期多长?

概括起来,应满足三方面的要求:先进适用的技术,销路广阔的市场,令人满意的效果。

2. 可行性研究的产生和发展

“可行性”英文为“feasibility”,意为“可能性、现实性”。自古以来,人们都在自觉或不自觉地对所采取的行动进行着各种可行性研究。但是,可行性研究作为一种科学方法自觉地为人们所运用却是20世纪的事。20世纪30年代,美国在制定田纳西流域开发项目时最早采用这种方法,这种可行性研究又称为“投资项目可行性研究”或“项目可行性研究”。第二次世界大战后,随着科学技术、经济和管理的不断发展,可行性研究逐渐发展起来,形成了一整套比较完整的理论、工作程序和评价方法。1978年,联合国工业发展组织编写了《工业可行性研究编制手册》,1980年,又与阿拉伯国家工业发展中心共同编制了《工业项目评价手册》,对发展中国家应用可行性研究起了推动作用。

我国在第一个五年计划时期,曾对一些投资项目进行过与可行性研究相类似的“技术经济论证”,但做得不普遍,而且往往在决策以后才做。20世纪80年代初,随着对外开放和经济体制改革,西方的可行性研究方法引起了我们的重视。1981年,国务院有关文件规定,将可行性研究列入基本建设程序。在《关于第六个五年计划的报告》中提到:“所有建设项目必须严格按照基本程序办事。事前没有进行可行性研究和技术经济论证的,一律不得列入年度建设计划,更不准仓促开工。”1983年初,国家计委正式颁发《关于建设项目进行可行性研究的试行管理办法》;1987年又编印了《建设项目经济评价方法与参数》,并于1993年和2006年重新修订颁发。近些年来,随着我国投融资体制的改革,我国对不同投资主体的投资项目进行分类管理,相应的可行性研究的决策地位也做了调整:政府投资项目实行审批制,以可行性研究的成果作为立项或决策的依据;企业投资项目实行核准制或备案制,以可行性研究的成果作为内部决策的依据,并编制项目申请书,作为办理核准或备案的依据。这些变革使可行性研究更加紧密联系我国的经济建设实际需要,成为市场经济下投资决策的重要工具。

二、可行性研究的作用

1. 可作为拟建项目投资决策的依据

通过可行性研究,可以预见拟建项目的投资经济效益、社会效果和环境效益,从而判断项目是否具有可行性和合理性,为项目投资决策提供依据。

2. 可作为筹措资金和申请贷款的依据

银行等金融机构通过对可行性研究报告的审查,对建设项目的财务效益和还款能力进行评估,然后做出对项目是否提供贷款的决策,以减少贷款风险的出现。对于权益资金出资人,可行性研究报告不仅是项目决策的依据,也是项目筹资安排的依据。

3. 可作为与有关部门谈判和签订协议或合同的依据

根据可行性研究中确定的产品方案、生产规模等内容,可签订与供应、生产、销售有关的协议或合同。例如原料和燃料供应协议、供水协议、运输协议、产品销售协议、设备制造协议等。

4. 可作为编制初步设计文件的依据

按照我国的项目建设程序,一般只有在可行性研究报告完成后,才能进行初步设计(或基础设计)。初步设计(或基础设计)文件应在可行性研究的基础上,根据审定的可行性研究报告进行编制。

三、可行性研究的重点内容和阶段划分

1. 可行性研究的重点内容

以下三方面是可行性研究中着重研究的内容。

(1) 市场研究

市场研究是解决项目必要性的研究,是可行性研究要考虑的第一个因素,而且也可能是最重要的部分。包括经过市场调查和需求分析确定生产什么产品,其功能和价格如何,服务对象的心理变化及承受能力,产品的生产规模及可能涉及的市场范围等。

市场研究有许多现成的理论与方法,但往往难以解决实际问题,原因是缺少基础统计数据。即使能找到一些,也是“有而不全,全而不真”。因此在实际的市场研究中,往往趋向于“市场分析”,这需要由专门人员来承担。

(2) 技术研究

技术研究是解决项目可行性的研究,是可行性研究的必要条件。技术研究通过对原料

路线、工艺技术路线、主要设备等提出若干比选方案，为进一步研究提供有关费用估算的依据。技术研究中应把选择先进、适用的技术与技术投资规模、现有操作管理水平等因素结合起来考虑。

(3) 经济研究

经济研究是解决项目合理性的研究，或称为多方案的经济优化研究，它贯穿于可行性研究全过程。当前，国外某些大企业、较大的金融机构，均设立了董事会直属的项目评价机构，其中经济方面的专家占绝大多数。

经济研究综合了市场需求分析、厂址方案的选择、工艺技术方案的确定等内容，对拟建工程投入产出的各种经济条件进行调查、研究、预测、计算，直至提交一份详尽的报告。运用定量与定性相结合、动态与静态相结合、宏观与微观相结合的分析方法，比较、推荐出最佳方案供决策参考。

由于可行性研究涉及的内容广、专业性强，因此需各方人员参加。国外经验表明，可行性研究小组成员应包括：工业经济学家（作为负责人）、市场分析专家、精通该工业领域的工艺技术人员、工程师、工业管理与财会专家、机械工程师、土木建筑工程师、工业工程师（公用工程及厂外工程）等各方面专家。此外，在各个时期，如厂址选择和勘察时，还应短期聘请一些有关专家协助工作。

2. 可行性研究的阶段划分

(1) 投资机会研究

投资机会研究也称投资机会鉴别，是可行性研究的第一个阶段。它是通过对市场和资源的调查、研究和分析，捕捉投资方向，为寻找有价值的投资机会所进行的准备性调查研究。

投资机会研究可分为一般投资机会研究和具体项目投资机会研究两类。

一般投资机会研究包括在特定地区、特定产业部门和特定资源的投资机会研究，它是一种全方位的搜索过程，需要进行广泛的调查，收集大量的数据，其重点在于对投资环境的研究与分析。

具体项目投资机会研究则是在一般投资机会研究初步筛选投资方向和投资机会后，进行的具体项目的投资机会研究，是一般投资机会研究的深入和具体化。对于企业而言，除了对具体项目的背景、市场需求、资源条件等环境因素进行研究外，还应结合自身的发展战略和经营目标以及内外部资源（指企业的人力、物力、财力、技术和管理水平以及外部建设条件）等进行研究。

投资机会研究的成果是机会研究报告，它是开展初步可行性研究的依据。由于“机不可失，时不再来”的原因，机会研究所用的时间较短，项目的建设投资和生产成本估算也不宜太精确，一般参照类似项目的数据进行估算。

需要指出的是，在实际操作中，随着产业规划的重要性及其内容的不断加深，无论是区域、行业或者企业，投资机会研究已经逐步被产业规划所替代。

(2) 初步可行性研究

初步可行性研究又称预可行性研究，是可行性研究的第二个阶段。它是在投资机会研究的基础上，对项目方案进行初步的技术、经济分析和社会、环境评价，对项目建设的必要性和可能性进行论证，做出项目是否可行的初步判断。

初步可行性研究的成果是初步可行性研究报告或者项目建议书，两者的区别主要在于对研究成果具体阐述的详略。初步可行性研究报告详尽一些,项目建议书简略一些。按照目前的投资管理体制,对于政府投资项目,项目建议书是立项的必要程序,允许用初步可行性研究报告代替项目建议书。一旦项目建议书得到批准,即为立项,就可以列入项目的前期工作计划,组织开展后续的项目可行性研究工作。对于实行备案制的企业投资项目,允许用初步可行性研究报告作为备案资料提交。

初步可行性研究主要采用近年同行业类似项目及其生产水平的类比方法,匡算出项目的总投资,允许误差在20%左右。经济效益评价以静态分析为主,与动态分析相结合。

需要指出的是,不是所有项目都必须进行初步可行性研究,小型项目或者简单的技术改造项目,在选定投资机会后,可直接进行可行性研究。

(3) 可行性研究

可行性研究又称详细可行性研究,是可行性研究的第三个阶段,也是关键阶段。它是在初步可行性研究或规划的基础上,对投资项目进行更加详尽、更加全面的研究,并最终做出项目可行与否的研究结论。

可行性研究的成果是可行性研究报告。按照我国投资管理的体制,政府投资项目必须编制和报批可行性研究报告。实行核准制的企业投资项目,虽然不再申报项目建议书、可行性研究报告,但必须向政府有关部门提交项目申请书,可行性研究报告是项目申请书的编制基础。

可行性研究按照项目建设方案确定的工程量测算项目的总投资,投资估算的误差不应大于10%。资金筹措应有具体方案,经济效益测算以动态分析为主。

四、可行性研究报告的编制内容

可行性研究的结果以可行性研究报告的书面形式表达出来。它是通过大量的调查研究和科学的预测,用技术经济学原理和方法进行分析、计算、比较、论证,从而总结得出的一份综合性研究报告。它具体论述了建设项目在社会、经济、环境等方面的必要性、经济性、合理性和现实性,完整的可行性研究报告应由专门的工程技术人员、技术经济师、咨询单位协同完成此项工作。

可行性研究报告的编制内容由八个部分组成,可以随项目的不同而有所差别、有所侧重。此处只列出各部分的标题,从中可以看出各部分内容间的逻辑关系,本书将从第四章起对其具体内容展开描述。

可行性研究报告的编制内容(标题)如下:

(1) 总论;(2) 市场预测分析;(3) 建设方案;(4) 投资估算与资金筹措;(5) 财务分析(财务评价);(6) 经济分析(国民经济评价);(7) 风险分析;(8) 研究结论。

习　题

1. 某设备原值为20 000元,使用年限为10年,预计净残值率为5%。用年限平均法进行折旧,求第8年末的设备净值。

2. 某厂购进一台设备,原值为100万元,折旧年限为12年,预计净残值为10万元。用双倍余额递减法进行折旧,求第11年的折旧额和第11年末的设备净值各为多少?

3. 现有一设备，预计使用寿命为 10 年，采用双倍余额递减法折旧，几年后已提折旧为原值的三分之二？

4. 某化工厂 6 年前用64 000元购进一设备，那时预计使用年限为 10 年，净残值为14 000元。假如现在用25 000元将其出售，若用年数总和法进行折旧，那么出售该设备是否合算？

5. 某机械厂有足够的生产能力每年生产产品1 000件。由于市场原因，目前只能生产 500 件。已知生产 500 件时，年固定成本为 100 万元，单位产品的成本费用为4 500元，产品目前售价为5 200元/件。若现有一新用户向该厂订购 500 件/年的产品，但同时提出条件，要求实行优惠价格3 000元/件，你认为该厂是否应接受此项订货。（注：本题不考虑税金的影响）

6. 市区内某电视机厂年产电视机 5 万台，畅销国内市场。电视机售价（不含税）为4 960元/台，年总成本费用构成如下：外购原材料6 840万元，外购燃料及动力1 280万元（均不含税），职工薪酬 400 万元，制造费用 800 万元，管理费用 500 万元，财务费用 120 万元，营业费用 300 万元。若产品销项税率为 13%，外购原材料进项税率为 13%，外购燃料及动力进项税率为 9%，城市维护建设税税率为 7%，教育费附加及地方教育附加费率为 5%，企业所得税率为 25%，求该厂的年营业收入、年税金及附加和增值税、年利润总额和年企业所得税各为多少万元？

7. 可行性研究的作用有哪些？

8. 可行性研究各阶段的研究成果是什么，对投资项目有何实际意义？

第三章 资金的时间价值

第一节 资金的时间价值及其重要意义

一、资金的时间价值概念

在技术经济分析中，一般都要对技术项目或方案进行静态和动态的经济分析，两者的主要区别在于是否引入资金的时间价值。

一笔资金若把它存入银行，经过一段时间后可以获得利息的增值；若把它投资于建设项目，项目建成运行后，经过一定的时间会产生利润，使原有资金得到增值；而同样一笔资金作为贮藏手段保存起来，数年之后仍为数量相等的资金。我们就把资金由于储蓄或进行项目投资而随时间产生的利息或利润的增值称为资金的时间价值。

资金的时间价值来源于劳动者新创造的价值。在商品生产过程中，利用流通交换使货币转换成劳动资料；再经过生产领域，由劳动者加工成新的产品，形成了新的价值；然后这些新的产品再次回到流通领域，从而实现了价值的增值。同样，放弃使用资金而将其存入银行，银行放贷给借款者，经借款者的劳动使资金产生了利润增值；借款者将利润中的一部分用于还贷，从而使存款者得到放弃使用资金的补偿——获得了利息。因此，无论是利润还是利息，都最终来自劳动所创造的价值。

由于资金具有时间价值，因此必须要用动态的而不是静止的观点去看待资金。一定数额的资金，在不同的时点上具有不同的价值，资金必须与时间结合，才能表示出其真正的价值意义。今天的 10 000 元资金与 1 年后的 10 000 元资金虽然数量上相同，但其价值却是不同的。因此，在对工程项目进行经济性计算与比较时，必须对方案的收益与费用进行时间价值的等值变换，即将不同时点上的资金价值换算成相同时点上的价值，才能使它们具有加和性与可比性，这就是资金时间价值等值原理。

在这里需要指出的是：

(1) 资金的时间价值和由通货膨胀引起的货币贬值不同。通货膨胀是一种特定时期的经济现象，是国家为了弥补财政赤字而大量发行纸币，纸币的发行量超过商品流通中的实际需要量所引起货币贬值的现象。而资金的时间价值是一个普遍的现象，只要商品生产存在，资金就具有时间价值。

(2) 银行的利率、利息不完全是资金的时间价值概念。通常利率除包含了时间价值外，还有通货膨胀以及风险价值两个因素。在不考虑通货膨胀的影响以及不存在任何风险的情况下，利率就可以表示为资金的时间价值。例如，国内购买的国家公债，可以看作是在无任何风险，同时又不考虑通货膨胀的情况下所设定的，故也可以以公债利率表示资金的时间价值。

二、资金的时间价值的重要意义

1. 促使合理有效地利用资金

1980 年以前，我国的建设投资一直实行财政拨款、固定资产和流动资金无偿使用的办法。这种投资管理模式助长了各部门、各地区、各企业盲目争投资、争项目的倾向，甚至造成基本建设战线过长，施工项目工期拖延，项目投产后达不到建设预期，国家投资长期得不到回收等现象。

1980 年以后，我国对无偿使用资金的管理模式进行了改革，相当多的财政拨款改为财政贷款。这种改革促使资金使用者必须考虑如何将借用的资金转化成最大的收益，不仅项目需要考虑还本付息，而且还要产生年复一年的新的资金增值。由于项目投资决策者认识到资金具有时间价值，就会自觉地运用资金在生产、流通过程中的增值原理，合理有效地利用资金。在建设过程中尽力缩短建设周期，在生产经营中加速资金的周转，努力降低成本，以取得更大的投资经济效果。

2. 有利于正确的投资决策

任何一个技术方案、技术措施的实施，都必须消耗人力、物力，这些消耗都要以资金的形式表示出来。同时，任何一个技术方案、技术措施从规划到完成都要经过一段时间。尤其是大型工程项目，不仅投资数目大，而且施工周期通常也较长。所以在进行投资决策时，不能不考虑资金的时间价值。例如某一建设项目需投资总额为 1 000 万元，建设期为 3 年。现有两个方案可供选择。甲方案各年需要的投资额为：第 1 年 500 万元，第 2 年 300 万元，第 3 年 200 万元；乙方案各年需要的投资额为：第 1 年 200 万元，第 2 年 300 万元，第 3 年 500 万元。根据静态的分析方法，就会认为这两个方案结果一样，其实不然。假定上述项目为贷款投资，其贷款归还利息大不相同，乙方案显然优于甲方案。

3. 有利于做好利用外资的工作

随着我国对外经济交往的日益扩大，如何合理利用外资已成为一项很重要的课题。国外借贷的任何一种支付利息的方式，都是以复利计算。复利计算的理论依据就是资金的时间价值原理。现在，无论是借贷外资，还是利用国内贷款，都要返本付息。因此，在工程项目的技术经济评价中，必须考虑资金的时间价值，否则便不会得出正确的结论。

第二节 有关的基本概念

一、现金流量与现金流量图

1. 现金流量

在投资建设中，一切投资项目都可以抽象为现金流量系统。现金流量是指某一系统（如某投资项目或方案）在某一定时期（如年）内，向该系统流入或由该系统流出的货币（或现金）。为此，它的具体内容应包括现金流入（cash input）及现金流出（cash output）两个部分。同一时期内，系统的现金流入与现金流出之差称为净现金流量（net cash flow）。净现金流量为正值表示现金流入大于现金流出，为负值则表示现金流入小于现金流出。

以建设项目的经济评价来说，系统就是指项目，在评价时要对其计算期限从建设期、生产运营期直到寿命终了的各年经济活动进行分析。建设投资、流动资金、经营成本、税金等应算作不同年内的现金流出;而营业收入、期末时资产余值(含固定资产余值、无形资产及其他资产余值)回收、流动资金回收等系项目在不同年内所得的收益,故应列为不同年内的现金流入。将每一年现金流入与现金流出相抵即得到项目在该年的净现金流量。如再将每年净现金流量加以累计,则可得累计净现金流量,从而获得项目某种意义上的经济效果值。

为了形象、直观地表达项目在计算期内的现金流量,可以采用现金流量图表示。

2. 现金流量图

现金流量图(也称现金流向图)是某一系统在一定时期内各个时间点(简称时点)现金流量的直观图示方法。应用现金流量图可以全面、形象、直观地将该系统在不同时点的收益与费用清楚地表达出来。

现金流量图的作图方法如图 3-1 所示。

(1) 以横坐标为时间轴,向右延伸表示时间的延续,轴上按时间单位(年、月、日)分段(等分),自左向右为时间的递增。通常时间一般以年为单位,用 0,1,2,3,…,n 表示。在分段点所定的时间通常表示该时点末(通常表示为年末),同时也表示为下一个时点初(下一年的年初),如图 3-1 中时间点“1”表示第 1 年的年末或第 2 年的年初。

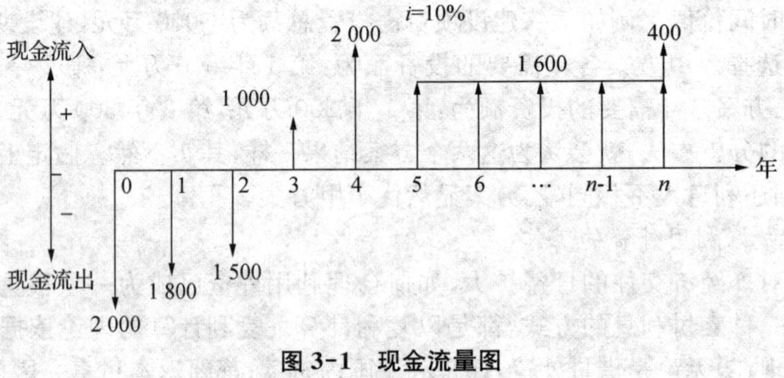

图 3-1 现金流量图

(2) 相对于时间坐标轴的垂直箭杆线代表不同时点上系统所发生的现金流量。其中箭头方向向下表示现金流出(费用),向上则表示现金流入(收益),箭线的相对长度代表发生金额的大小,并在各箭线上方(或下方)注明其现金流量的数额。

(3) 利率标注于水平线上方,一般用年利率表示。

(4) 箭线与时间轴的交点即为现金流量发生的时点。

总之,要正确绘制现金流量图,必须把握好现金流量的大小(现金流量数额)、方向(现金流入或流出)、作用点(现金流量发生的时点)和利率。

【例 3-1】 设有某项贷款为 5 000 元,偿还期为 5 年,年利率为 10%,偿还方式有两种:一是到期本利一次偿还;二是每年付息,到期一次还本。现就这笔借贷资金作现金流量图。

解:从贷款者角度,按照不同偿还方式该系统现金流量图分别如图 3-2(a)、(b)所示。

从借款者角度,现金流量图如图 3-3 所示。

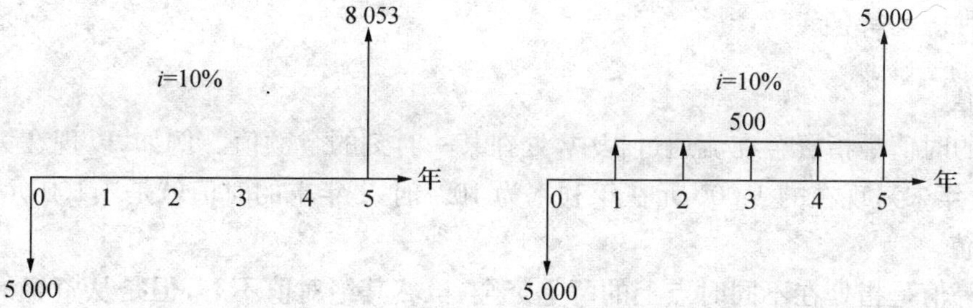

(a) 本利和一次偿还方式　　(b) 每年付息，到期一次还本方式

图 3-2　贷款者现金流量图

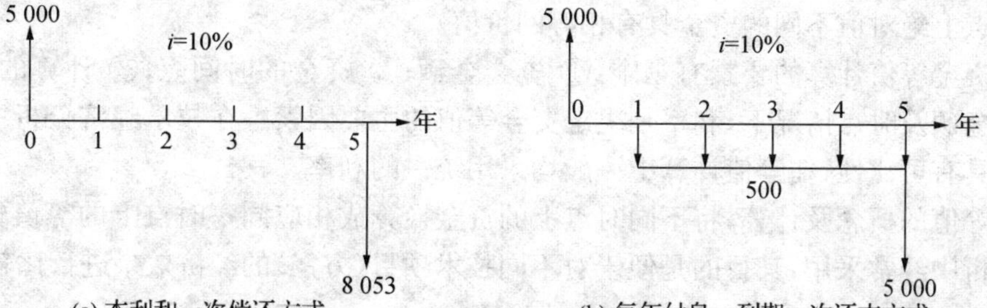

(a) 本利和一次偿还方式　　(b) 每年付息，到期一次还本方式

图 3-3　借款者现金流量图

二、本金与年金

1. 本金

本金是指用于投资或借贷的资金，它是计算投资收益或借贷款利息的基础。本金通常用 P 表示。

2. 年金

年金是指分期连续等额支付的资金，例如每年支付等额的房屋租金、每月得到等额的工资收入、每年用于等额的修理费用等。年金用 A 表示。通常年金有多种支付形式，在技术经济评价中，主要用普通年金，即年金的收支在每期的期末发生。

三、现值与终值

1. 现值

把将来某时点的资金换算成与现在时点（或较早时点）等值的资金，这一换算过程叫做“折现”（或“贴现”），而经换算后的等值的资金价值叫“现值”，折现时所用的利率则称为“折现率”（或“贴现率”）。在技术经济分析中，常常以投资时刻为计算的基准，把项目的各项费用与收益全部折现到基准时刻。现值也用 P 表示。

2. 终值

终值是指将某时点的资金换算成未来时点的等值的资金价值，这一换算过程叫做“终值计算”。终值也可以称为将来值或本利和，它与现值互逆。终值用 F 表示。

四、时值与等值

1. 时值

资金的时值是指资金在流通过程中,处在某一时刻的金额值。例如,以现在为时间计算起点(第0年末),现在的1 000元在年利率为10%时,1年末的时值就是1 100元。

2. 等值

资金等值是指处在不同时点上的两笔资金,虽然其绝对值不等,但是从资金的时间价值上看其价值是相等的,这时就称这两笔资金为等值的资金。例如,今年1 000元的资金与明年1 100元的资金,虽然其绝对值不同,但如果在年利率为10%的条件下,则两者具有相等的价值。因为按照资金的时间价值原理,该笔资金在1年后的本利和为1 100元,故上述两笔不同时点上绝对值不同的资金具有相等的价值。

影响资金等值计算的要素有三个:① 资金金额;② 资金的时间点;③ 计算的利率。在已定的资金额及时点情况下,利率是决定资金等值的主要因素。在技术经济分析中,为使项目或方案具有可比性,在等值计算中一般均采用统一的利率。

利用等值的概念及计算,将不同时点上的资金换算成相应同一时点上的等值资金,在技术经济分析中经常采用,其目的是便于对不同技术项目(方案)的经济效果进行比较。

五、利息与利率

1. 利息

所谓利息,有狭义和广义之分。狭义的利息仅指借贷系统中借款人因占用资金而向贷款人付出的报酬或贷款人因放弃占用资金而向借款人收取的补偿,广义的利息则包含了资金作为投资的资本在生产和流通领域中产生的利润。从资金的时间价值上看,利息与利润的性质是一致的。

2. 利率

与利息相对应,利率也有狭义和广义的概念。狭义的利率即借贷系统中的利息率,它是指在某一特定时间内,所得(或所付)利息金额与所贷出(或借入)金额(均称本金)之比。用来表示利息的大小并进行计息之用,通常是以百分数或千分数来表示。例如:从银行借得本金1 000元,一年后应付出利息90元,则该项借款年利率为9%。广义的利率包括了投资利润率,指获取的利润与投资的比率。在技术经济评价中,常常用到这种广义利率的概念。

利率是各国发展国民经济的重要杠杆之一,利率的高低由以下因素决定:

(1) 利率的高低首先取决于社会平均利润的高低,并随之变动。在通常情况下,社会平均利润是利率的上限。因为如果利率高于利润率,无利可图就不会去贷款。

(2) 在社会平均利润不变的情况下,利率高低取决于金融市场上借贷资本的供求情况。借贷资本供过于求,利率就下降;反之,利率就上升。

(3) 借出资本要承担一定的风险,风险越大,利率就越高。

(4) 通货膨胀对利率的波动有直接影响,资金贬值往往会使利息无形中成为负值。

(5) 借出资本的期限长短也是影响因素之一。贷款期限越长,不可预见因素越多,风险越大,利率就越高;反之利率就越低。

3. 计算方法

(1) 计息周期与付息周期

用来表示计算利息的时间单位称为计息周期。计息周期国外按年、半年、季、月及周为单位。国内目前一般的存款或贷款通常是以月为计息周期，债券则以年为计息周期，其利率则与之相对应，用月利率(‰)或年利率(%)来表示。

以计息周期及相应利率计算该期应付利息。应付利息的时间可以与计息周期相同，也可以与计息周期不同，具体付息的时间单位称为付息周期。如国内一般存、贷款的计息周期为月，而付息周期为季度；普通储蓄存款计息周期为月，而付息周期则有 3 个月、6 个月、9 个月、1 年、3 年等。

(2) 单利与复利

利息的计算分单利和复利两种。

所谓单利是仅考虑原始本金生利。用单利方法计算时，利息额以原始本金作为计息基数，在一定利率下计息额与本金及计息期成正比。例如，以 P 为本金，n 为计息周期数，i 为对应的计息期利率，用单利计算时其利息总额的计算如下式：

$$\text{利息(单利)} = P \cdot n \cdot i$$

如以 F 为本利和，则到 n 期期末应得本利和的计算如下：

$$F = P(1 + n \cdot i) \tag{3-1}$$

单利法表明一笔投资在投入生产时间内，每年以一定的比率向社会提供经济效果(利润)。这种经济效果与时间呈线性关系，且不再在资金周转中发挥作用。因此，单利法实质上仅仅反映了简单的再生产运动，不符合客观的经济发展规律，没有完全反映资金的时间价值。因此，在投资分析中单利使用较少，通常只适用于短期投资或短期贷款。

所谓复利，就是不仅考虑原始本金生利，而且考虑利息生利。用复利方法计算时，每一计息期的利息均以上一个计息期的本利和作为计息的基础，即每一期的利息均将作为下一期的本金来计算，故有“利滚利”的说法。若以 F_1 表示计息 1 期后的本利和，则有：

$$F_1 = P(1 + i)$$

$$F_2 = F_1(1 + i) = P(1 + i)(1 + i) = P\,(1 + i)^2$$

……

计息 n 期的本利和：

$$F = P\,(1 + i)^n \tag{3-2}$$

用复利法计算利息，符合资金时间价值中关于资金在运动过程中增值的客观实际，它反映了扩大再生产运动，在技术经济分析中被广泛采用，具体应用于动态分析法的计算。

(3) 名义利率与有效利率

当计息周期与付息周期不一致时，如按付息周期来换算利率，则有名义利率与有效利率之区别。

$$\text{名义利率} = \text{计息期利率} \times \text{年计息期数}$$

例如，计息期为 1 个月，月利率为 1%，则名义利率就为 12%。这种计息方式常写成“年利率 12%，每月计息 1 次”或“年利率 12%，1 年计息 12 次”。显然，名义利率指的是付息周期为1年的利率。它没有考虑资金的时间因素,是一种单利计算法。

【例3-2】 今借款1 000元,按月利1%计息,每月计息1次,则12个月后应还多少本利和?

解:按月利计:$F_{12}=1\ 000(1+1\%)^{12}=1\ 126.8$元

按年利计:$F_1=1\ 000(1+12\%)=1\ 120$元

两者相差6.8元,到底哪种计算正确呢?显然前一种算法没有错误,后一种算法错在年利率的计算上。12%是名义利率,是一种非有效的利率,应该用有效利率来进行计算。

有效利率是按计息期利率及每年计息期数复利计算所得到的年利率,它与名义利率的关系如下:

设r为名义利率,i为有效利率,m为1年的计息期数,则1年后的本利和应为:

$$F=P\left(1+\frac{r}{m}\right)^m$$

一年后应得利息为:

$$P\left(1+\frac{r}{m}\right)^m-P$$

因此,有效利率应为:

$$i=\frac{F-P}{P}=\frac{P\left(1+\frac{r}{m}\right)^m-P}{P}=\left(1+\frac{r}{m}\right)^m-1 \tag{3-3}$$

由式(3-3),若已知有效利率i,则名义利率应为:

$$r=m\left[(1+i)^{\frac{1}{m}}-1\right] \tag{3-4}$$

显然,当$m>1$时,$i>r$;当$m=1$时,$i=r$;当$m<1$时,$i<r$。

在技术经济分析中,一般动态分析法均以年为付息周期,用复利计算法来计算投资、费用及效益等。而实际发生的计息周期,如贷款、存款的计息周期,则往往不是以年为单位,通常小于1年,有季度、月、天等,即每年要计息4次、12次、365次等。这时,有效利率就大于名义利率。

前例中:

$$i=\left(1+\frac{r}{m}\right)^m-1=\left(1+\frac{12\%}{12}\right)^{12}-1=12.68\%$$

所以,按年利计:$F_1=1\ 000(1+12.68\%)=1\ 126.8$元,与按月利计算的结果相同。

(4) 连续复利

复利法的计算,按计算期划分可分为间断复利法和连续复利法。前者复利计算的计息期按间断期算,如以年、半年、季、月为计息周期;后者则以瞬时作为计息周期。从资金时间价值看,全社会的资金随生产、流通领域运动,时刻都在产生新的价值,因而理论上采用连续复利法更切合资金运动的状况。

从公式(3-3)可以看出,m越大(1年中计息期数越多),有效利率i与名义利率r的差别就越大。当$m\to\infty$时,连续复利公式可以表示为:

$$i=\lim_{m\to\infty}\left[\left(1+\frac{r}{m}\right)^m-1\right]=\lim_{m\to\infty}\left[\left(1+\frac{r}{m}\right)^{\frac{m}{r}}\right]^r-1$$

$$i=e^r-1 \tag{3-5}$$

以名义利率15%为例,将不同计息期下有效利率 i 与名义利率 r 的比较列于表3-1。

表3-1　不同计息期下利率的比较

计息周期	一年内计息期数(m)	名义利率(r)	计息期利率	有效利率(i)
年	1	15.0%	15.00%	15.00%
半年	2	15.0%	7.50%	15.563%
季	4	15.0%	3.75%	15.865%
月	12	15.0%	1.25%	16.075%
周	52	15.0%	0.288 5%	16.161%
日	365	15.0%	0.041 1%	16.182%
连续	∞	15.0%	—	16.183%

从表3-1可以看出,采用间断复利法和连续复利法,其误差还是较小的。由于实际工作中,对某个具体项目而言,其1年计息的期数总是有限次的。因此,在时间价值的计算中一般都应用间断复利法。

第三节　复利法公式

复利法公式是在资金等值的基础上建立起来的。在对资金时间价值进行换算时,要用到各种复利法公式。现结合实际需要,将有关的几个基本公式介绍如下。

一、复利终值公式(也称一次支付终值公式)

复利终值公式是已知现值 P 及年利率 i,求第 n 期末(第 n 年末)终值 F 的公式。其现金流量图如图3-4所示。

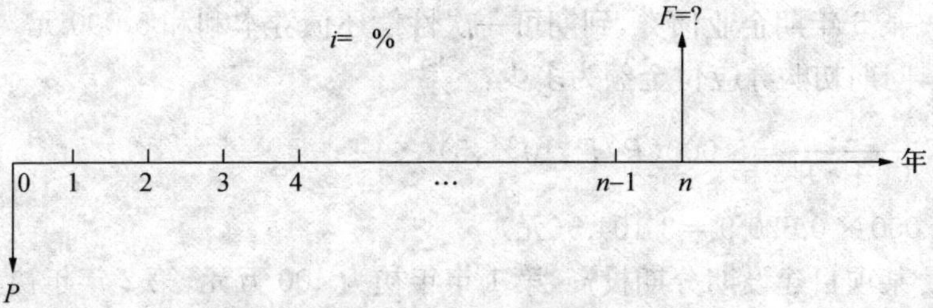

图3-4　现金流量图

由图3-4可得出终值计算公式为:

$$F=P(1+i)^n \tag{3-6}$$

简记为：$F=P(F/P,i,n)$

式中，$(1+i)^n$ 或 $(F/P,i,n)$ 称为复利终值系数，表示已知 P 求 F 的系数，该系数可从复利系数表中查得(见附录附表3)。

【例3-3】 某建设项目期初一次性投资借款金额为2 000万元，年利率为10%，贷款期限5年，到期本利一次偿还，求到期后应偿还金额为多少？

解：$F=P(1+i)^n=P(F/P,i,n)$

$=2\,000(F/P,10\%,5)=2\,000\times1.611$

$=3\,222$(万元)

二、复利现值公式(也称一次支付现值公式)

复利现值公式是已知终值 F 及年利率 i，求其之前 n 期的现值 P，它是技术经济分析中常用的公式。为了对项目和方案进行评价、比较，需要将项目、方案发生于不同时点上的效益、费用进行“折现”处理。其资金流量图如图3-5所示。

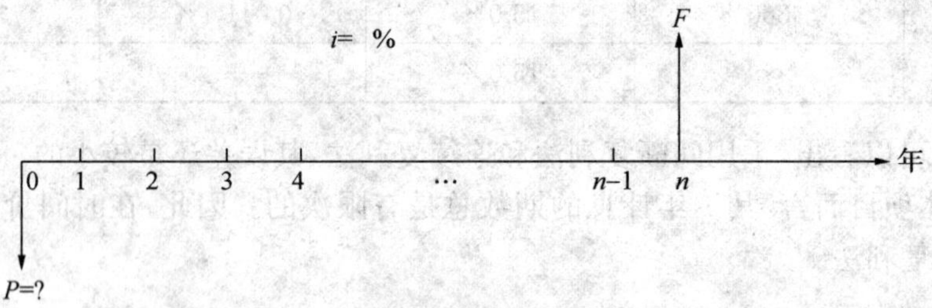

图3-5 现金流量图

将公式(3-6)变换后，即得复利现值公式：

$$P=F\frac{1}{(1+i)^n} \tag{3-7}$$

简记为：$P=F(P/F,i,n)$

式中，$\frac{1}{(1+i)^n}$ 或 $(P/F,i,n)$ 称为复利现值系数，表示已知 F 求 P 的系数，该系数可从复利系数表中查得(见附录附表3)。

【例3-4】 某5年期企业债券，到期可一次性偿还债券本利和5 000元。若要获得年利率10%的收益，问期初购券应付金额为多少？

解：$P=F\frac{1}{(1+i)^n}=5\,000(P/F,10\%,5)$

$=5\,000\times0.620\,9=3\,104.5$(元)

【例3-5】 某项目建设期分期投资，第1年年初为400万元，第2年年初为300万元，第3年年初为200万元，若年利率为8%，则其总投资的现值应为多少？

解：第1年的投资现值 $P_1=400$(万元)

第2年的投资现值 $P_2=300(P/F,8\%,1)$

$=300\times0.925\,9=277.77$(万元)

第 3 年的投资现值　$P_3=200(P/F,8\%,2)$

$=200\times0.8573=171.46$(万元)

总投资的现值　$P=P_1+P_2+P_3=849.23$(万元)

三、年金终值公式（也称等额支付终值公式）

年金终值公式是假定每年年末连续等额地存入(或支出)年金 A,在年利率为 i 的条件下,求第 n 年年末的终值公式。其现金流量图如图 3-6 所示。

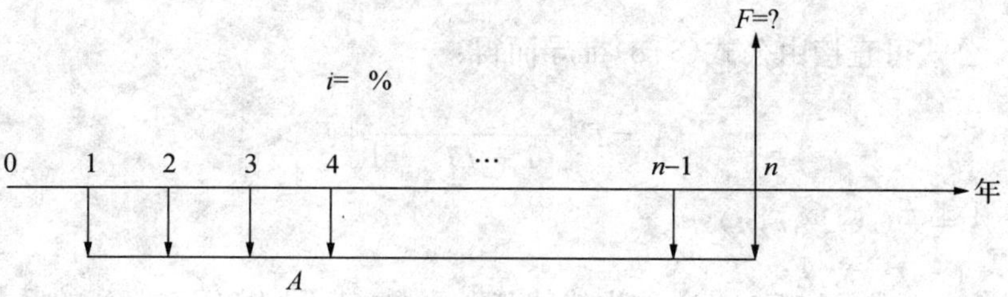

图 3-6　现金流量图

公式推导如下:

$$F=A(1+i)^{n-1}+A(1+i)^{n-2}+\cdots+A(1+i)^1+A(1+i)^0$$
$$=A[1+(1+i)+\cdots+(1+i)^{n-2}+(1+i)^{n-1}]$$

式中,$[1+(1+i)+\cdots+(1+i)^{n-2}+(1+i)^{n-1}]$ 为等比级数和,其公比为$(1+i)$,首项为 1。根据等比级数求和公式 $S_n=\frac{a_1(q^n-1)}{q-1}$(此处,$S_n$——等比级数前 n 项和;a_1——首项;q——公比;n——项数),它等于 $\frac{(1+i)^n-1}{i}$。

即年金终值公式可写成:

$$F=A\left[\frac{(1+i)^n-1}{i}\right] \tag{3-8}$$

简记为:$F=A(F/A,i,n)$

式中,$\frac{(1+i)^n-1}{i}$ 或 $(F/A,i,n)$ 称为年金终值系数,表示已知 A 求 F 的系数,该系数可从复利系数表中查得(见附录附表 3)。

【例 3-6】　某项目向银行贷款 100 万元,每年 20 万元,分 5 年于年末用于项目的补充投资,年利率为 10%,要求 5 年后一次还本付息,求到期(第 5 年末)应付多少本利和?

解:$F=A(F/A,i,n)=20(F/A,10\%,5)=20\times6.105=122.1$(万元)

四、偿债基金公式（也称等额支付偿债基金公式）

偿债基金公式表示:为了偿还第 n 年末的一笔债务资金 F,在年利率为 i 的条件下,求在 n 年内每年末应连续等额建立(存入)的偿债基金数额 A 应为多少?其现金流量图如图 3-7所示。

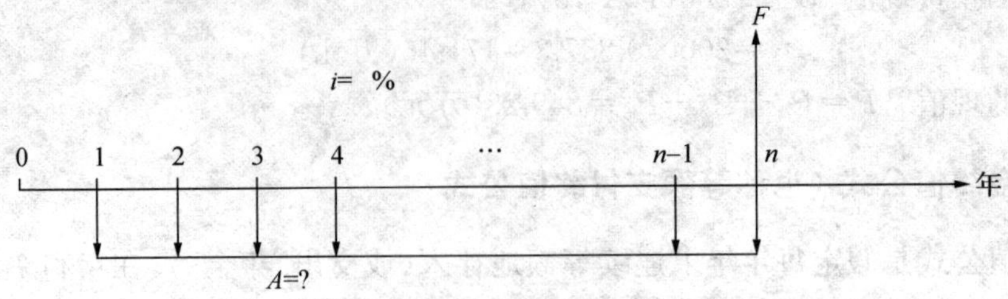

图 3-7 现金流量图

偿债基金公式可直接由公式(3-8)推导而得：

$$A = F\left[\frac{i}{(1+i)^n - 1}\right] \tag{3-9}$$

简记为：$A = F(A/F, i, n)$

式中，$\frac{i}{(1+i)^n - 1}$ 或 $(A/F, i, n)$ 称为偿债基金系数，表示已知 F 求 A 的系数，该系数可从复利系数表中查得(见附录附表 3)。公式(3-9)也可称作基金存储公式，相应的系数称为基金存储系数。

【例 3-7】 某企业要求于 8 年后有一笔 50 万元的用于改建车间的资金，在年利率为 8%的条件下，企业每年末应等额存储多少资金？

解：$A = F(A/F, i, n) = 50(A/F, 8\%, 8)$

$= 50 \times 0.094 = 4.7$(万元)

五、年金现值公式(也称等额支付现值公式)

年金现值公式表示：在年利率为 i 的条件下，为了在 n 年内每年年末取得等额资金 A，现在必须投入多少资金 P？其现金流量图如图 3-8 所示。

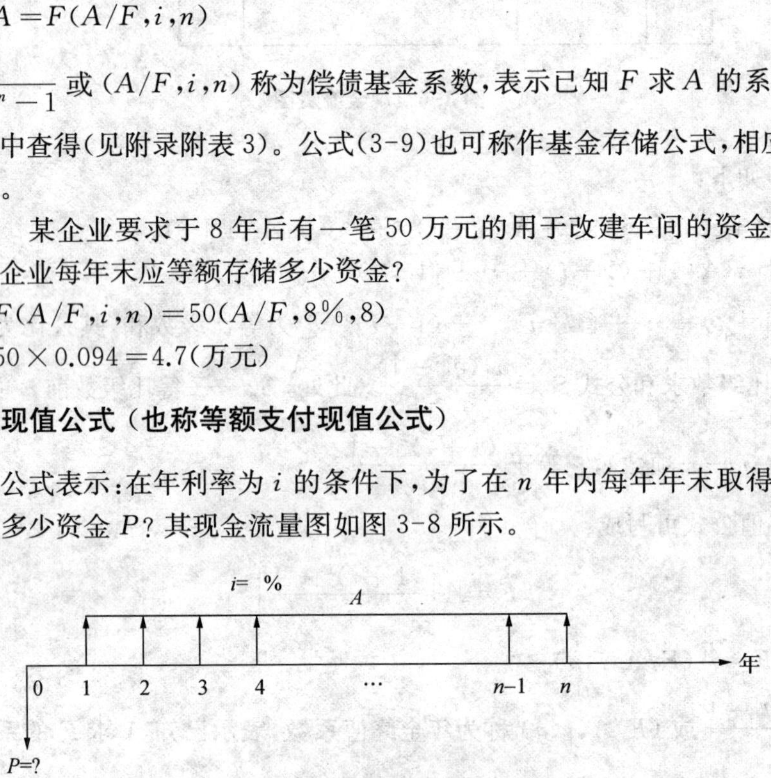

图 3-8 现金流量图

年金现值公式可由公式(3-8)乘以复利现值系数 $\frac{1}{(1+i)^n}$ 而求得：

$$P = A\left[\frac{(1+i)^n - 1}{i(1+i)^n}\right] \tag{3-10}$$

简记为：$P = A(P/A, i, n)$

式中，$\frac{(1+i)^n - 1}{i(1+i)^n}$ 或$(P/A, i, n)$称为年金现值系数，表示已知 A 求 P 的系数，该系

数可从复利系数表中查得(见附录附表 3)。

【例 3-8】 假定预计在未来 10 年内每年年末从银行提取 100 万元，问在年利率 6%的条件下，现在应存入银行多少现金？

解：$P = A\left[\dfrac{(1+i)^n - 1}{i(1+i)^n}\right]$

$= 100\left[\dfrac{(1+6\%)^{10} - 1}{6\%(1+6\%)^{10}}\right] = 736$(万元)

六、资金回收公式（也称等额支付资金回收公式）

资金回收公式表示：若现在投资 P，为了在 n 年内回收全部资金，在年利率为 i 的条件下，每年年末应等额回收多少资金 A？其现金流量图如图 3-9 所示。

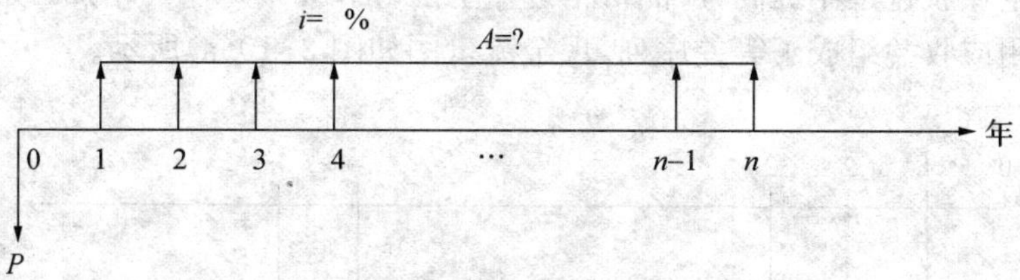

图 3-9　现金流量图

将公式(3-10)变换后，即得资金回收公式：

$$A = P\left[\frac{i(1+i)^n}{(1+i)^n - 1}\right] \tag{3-11}$$

简记为：$A = P(A/P, i, n)$

式中，$\dfrac{i(1+i)^n}{(1+i)^n - 1}$ 或$(A/P, i, n)$称为资金回收系数，表示已知 P 求 A 的系数，该系数可从复利系数表中查得(见附录附表 3)。

【例 3-9】 某厂以 15 万元购买了一台设备，若要在未来 10 年内获得 8%的年收益率，则该厂必须在每年年末获得多少等额收益？

解：$A = P(A/P, i, n) = 150\,000(A/P, 8\%, 10)$

$= 150\,000 \times 0.149 = 22\,355$(元)

为了便于应用，现将上述 6 个普通复利基本计算公式和各自的计算系数列于表 3-2。

表 3-2　普通复利基本公式及其系数表

序号	公式名	已知→求解	公式	系数	系数代号
1	复利终值公式	$P \to F$	$F = P(1+i)^n$	$(1+i)^n$	$(F/P, i, n)$
2	复利现值公式	$F \to P$	$P = F\dfrac{1}{(1+i)^n}$	$\dfrac{1}{(1+i)^n}$	$(P/F, i, n)$
3	年金终值公式	$A \to F$	$F = A\left[\dfrac{(1+i)^n - 1}{i}\right]$	$\dfrac{(1+i)^n - 1}{i}$	$(F/A, i, n)$

(续表)

序号	公式名	已知→求解	公式	系数	系数代号
4	偿债基金公式	$F \rightarrow A$	$A=F\left[\frac{i}{(1+i)^n-1}\right]$	$\frac{i}{(1+i)^n-1}$	$(A/F,i,n)$
5	年金现值公式	$A \rightarrow P$	$P=A\left[\frac{(1+i)^n-1}{i(1+i)^n}\right]$	$\frac{(1+i)^n-1}{i(1+i)^n}$	$(P/A,i,n)$
6	资金回收公式	$P \rightarrow A$	$A=P\left[\frac{i(1+i)^n}{(1+i)^n-1}\right]$	$\frac{i(1+i)^n}{(1+i)^n-1}$	$(A/P,i,n)$

七、等差序列利息公式

在技术经济活动中，有些费用或收益是逐年变化的，例如机器、设备保养维修费可能逐年有所增加，企业收益逐年提高，产品价格逐年上涨等。如果每年的增加(或减少)数额 G 相等，则这些费用或收益组成了等差序列，现金流量图如图 3-10(a)所示。

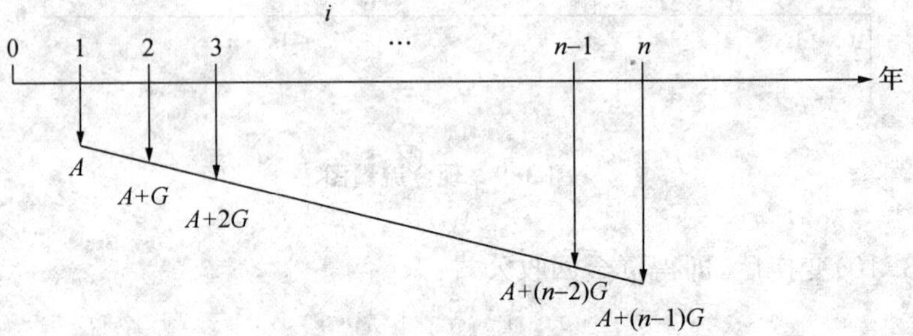

图 3-10(a) 现金流量图

1. 等差序列现值公式

图 3-10(a)可以看成是图 3-10(b)和图 3-10(c)两个图形的叠加。

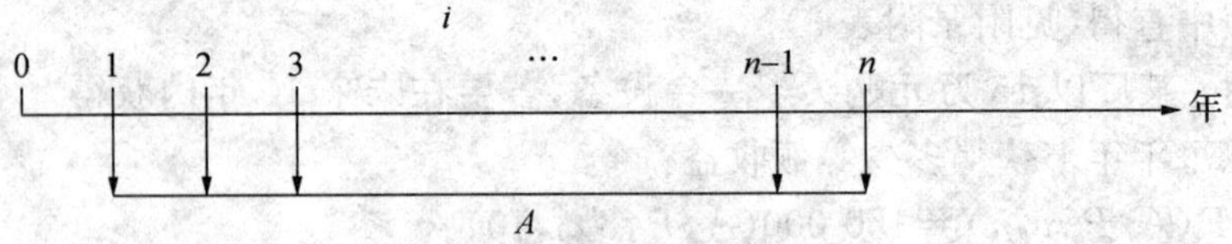

图 3-10(b) 现金流量图

图 3-10(b)表示等额序列资金流向活动，其现值 P_1 可由年金现值公式(3-10)求得：

$$P_1=A\left[\frac{(1+i)^n-1}{i(1+i)^n}\right]$$

图 3-10(c)所示的资金流向活动为等差序列情况。若已知级差 G，年利率 i，该等差序列的现值可以看作是若干不同年份资金全部折算到第 1 年初的现值之和，即：

$$P=\frac{G}{(1+i)^2}+\frac{2G}{(1+i)^3}+\cdots+\frac{(n-2)G}{(1+i)^{n-1}}+\frac{(n-1)G}{(1+i)^n} \qquad (3\text{-}12)$$

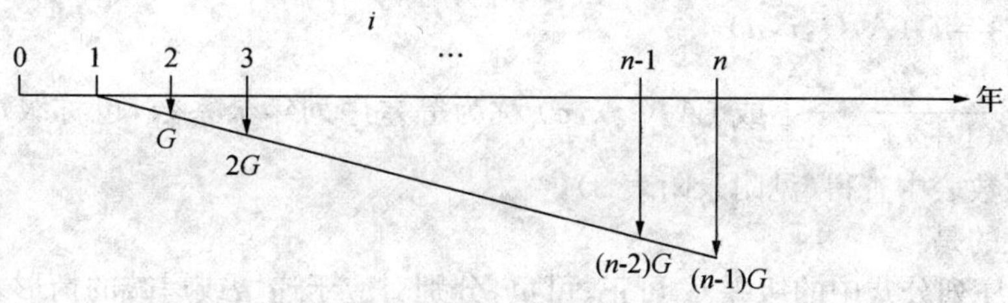

图 3-10(c)　现金流量图

式(3-12)两边同乘以$(1+i)$得：

$$P(1+i)=\frac{G}{(1+i)}+\frac{2G}{(1+i)^2}+\cdots+\frac{(n-2)G}{(1+i)^{n-2}}+\frac{(n-1)G}{(1+i)^{n-1}} \tag{3-13}$$

公式(3-13)减去公式(3-12)得：

$$\begin{aligned}P\cdot i&=\frac{G}{(1+i)}+\frac{G}{(1+i)^2}+\cdots+\frac{G}{(1+i)^{n-1}}-\frac{(n-1)G}{(1+i)^n}\\&=G\left[\frac{1}{(1+i)}+\frac{1}{(1+i)^2}+\cdots+\frac{1}{(1+i)^{n-1}}+\frac{1}{(1+i)^n}\right]-\frac{nG}{(1+i)^n}\\&=G\,\frac{(1+i)^n-1}{i\,(1+i)^n}-\frac{nG}{(1+i)^n}\end{aligned}$$

整理得：

$$P=G\,\frac{1}{i}\left[\frac{(1+i)^n-1}{i\,(1+i)^n}-\frac{n}{(1+i)^n}\right] \tag{3-14}$$

该等差序列现值公式可简记为：$P=G(P/G,i,n)$

式中，$\frac{1}{i}\left[\frac{(1+i)^n-1}{i\,(1+i)^n}-\frac{n}{(1+i)^n}\right]$ 或 $(P/G,i,n)$ 称为等差序列现值系数。该系数可从复利系数表中查得(见附录Ⅰ附表3)。

2. 等差序列终值公式

该等差序列的终值可以看作是若干不同年数的资金同时到期的资金总和。该公式可由公式(3-14)乘以复利终值系数$(1+i)^n$得到：

$$F=G\,\frac{1}{i}\left[\frac{(1+i)^n-1}{i}-n\right] \tag{3-15}$$

简记为：$F=G(F/G,i,n)$

式中，$\frac{1}{i}\left[\frac{(1+i)^n-1}{i}-n\right]$ 或 $(F/G,i,n)$ 称为等差序列终值系数。

3. 等差序列年金公式

该公式是将等差序列(不等额)的资金活动折算成相当的等额系列的资金活动。该公式可由公式(3-15)乘以偿债基金系数 $\frac{i}{(1+i)^n-1}$ 得到：

$$A=G\cdot\frac{1}{i}\left[1-\frac{ni}{(1+i)^n-1}\right] \tag{3-16}$$

简记为：$A=G(A/G,i,n)$

式中，$\frac{1}{i}\left[1-\frac{ni}{(1+i)^n-1}\right]$ 或 $(A/G,i,n)$ 称为等差序列年金系数，也称级增系数。该系数可从复利系数表中查得(见附录附表 3)。

应当注意的是：

(1) 等差序列公式中的级差 G 可正、可负，分别对应于递增或递减的情形。

(2) 公式与图形的对应关系要清楚，如现值之和 P 是取第一个 G 前的两年为基准年，现值和终值公式中的 n 是从第一个 G 前两年数起的。不能简单地套用公式，否则易混淆出错。

例如：

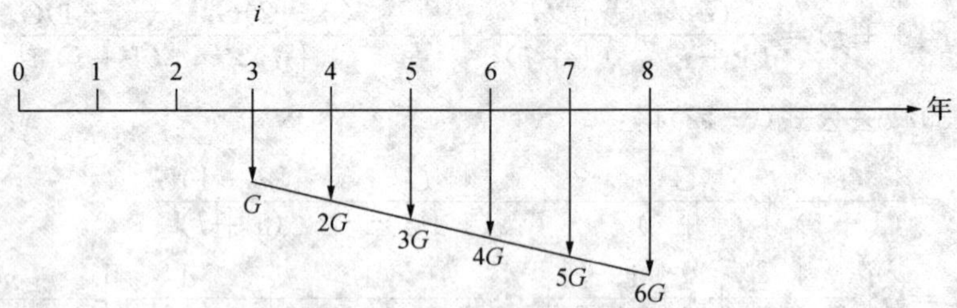

此时套用等差序列现值公式，求得的 P 值是在第 1 年末上，$n=7$(注意，n 既不等于 6，也不等于 8，即 $n\neq6, n\neq8$)。若求第 1 年初的 P 值，则需在上述基础上再折现 1 年。

【例 3-10】 某公司预计新产品销售收入(第 1 年末)可达 10 万元，由于市场竞争的结果，在以后的 8 年中销售收入逐年等额递减直至 0。试在年利率 10%下计算该公司收入的现值为多少?

解：现金流量图如图 3-11(a)。

① 显然其级差 G 为：

$$G=\frac{0-100\ 000}{9-1}=-12\ 500(\text{元})$$

即每年等差递减 12 500(元)。

② 将图 3-11(a)分解成图 3-11(b)和图 3-11(c)

$$\begin{aligned}P&=P_1+P_2\\&=A(P/A,i,n)+G(P/G,i,n)\\&=100\ 000(P/A,10\%,9)-12\ 500(P/G,10\%,9)\\&=100\ 000\times5.759-12\ 500\times19.421=333\ 137.5(\text{元})\end{aligned}$$

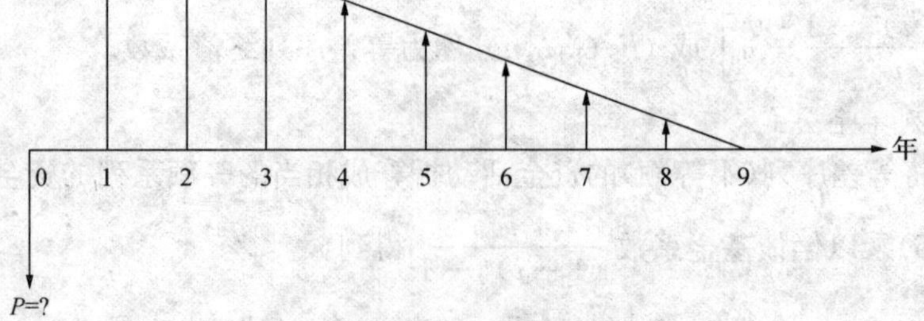

图 3-11(a)　现金流量图

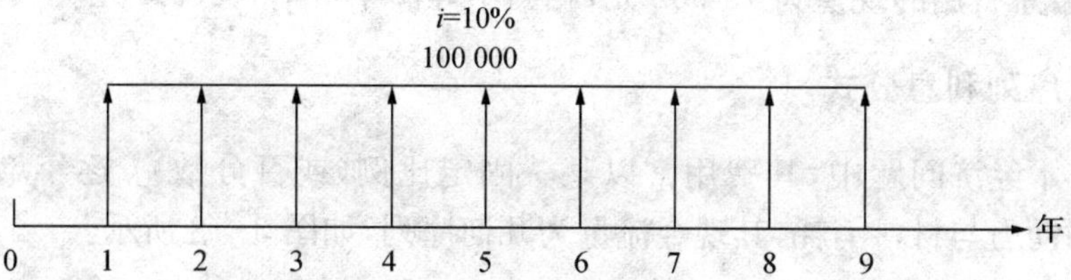

图 3-11(b)　现金流量图

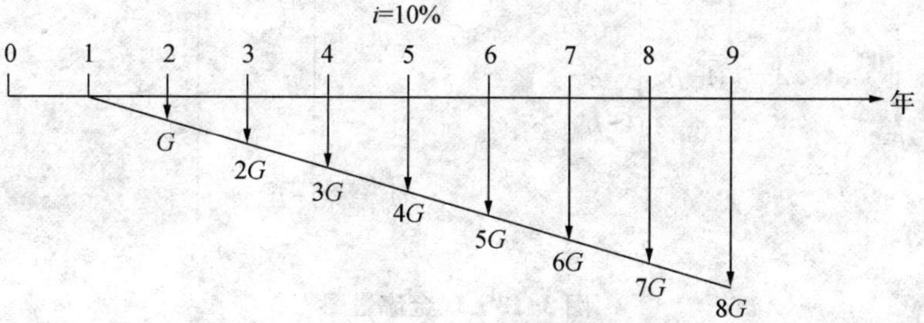

图 3-11(c)　现金流量图

【例 3-11】 某项设备购置及安装费共 6 000 元，估计可使用 6 年，残值忽略不计。使用该设备时，第 1 年维修操作费为 1 500 元，以后每年递增 200 元。如年利率为 12%，问该设备总费用现值为多少？相当于每年等额之费用为多少？

解：现金流量图如图 3-12。

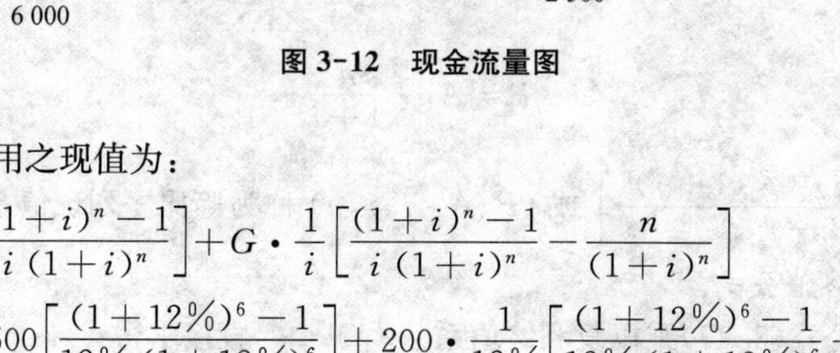

图 3-12　现金流量图

① 设备总费用之现值为：

$$P=P_1+A_1\left[\frac{(1+i)^n-1}{i(1+i)^n}\right]+G\cdot\frac{1}{i}\left[\frac{(1+i)^n-1}{i(1+i)^n}-\frac{n}{(1+i)^n}\right]$$

$$=6\,000+1\,500\left[\frac{(1+12\%)^6-1}{12\%(1+12\%)^6}\right]+200\cdot\frac{1}{12\%}\left[\frac{(1+12\%)^6-1}{12\%(1+12\%)^6}-\frac{6}{(1+12\%)^6}\right]$$

$$=6\,000+6\,166+1\,786=13\,952(\text{元})$$

② 相当于每年的等额年金为：

$$A=P\left[\frac{i(1+i)^n}{(1+i)^n-1}\right]=13\,952\times\left[\frac{12\%(1+12\%)^6}{(1+12\%)^6-1}\right]$$

$$=3\,393.5(\text{元})$$

答：该设备总费用的现值为13 952元，相当于等额年费用3 393.5元。

八、等比序列利息公式

在某些技术经济问题中，其费用常以某一固定比例(或百分数)j逐年增加(或减少)。如某些设备的动力与材料消耗，其现金流量为几何序列，如图3-13所示。

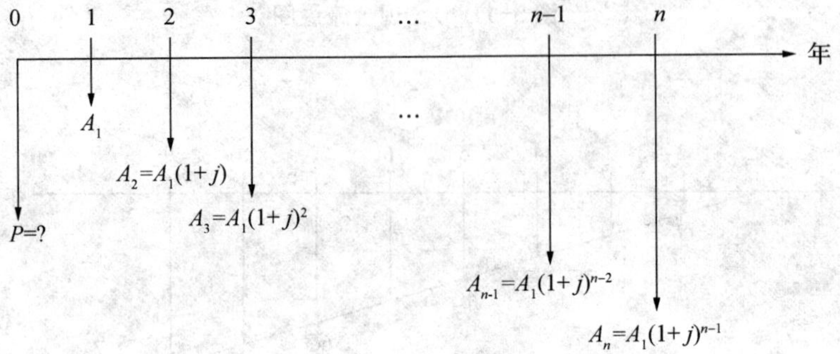

图3-13　现金流量图

1. 等比序列现值公式

其等比序列在第0年的现值之和为：

$$P=\frac{A_1}{1+i}+\frac{A_1(1+j)}{(1+i)^2}+\frac{A_1\ (1+j)^2}{(1+i)^3}+\cdots+\frac{A_1\ (1+j)^{n-1}}{(1+i)^n}$$

$$=\frac{A_1}{1+i}\left[1+\frac{(1+j)}{(1+i)}+\frac{(1+j)^2}{(1+i)^2}+\cdots+\frac{(1+j)^{n-1}}{(1+i)^{n-1}}\right]$$

当$i\neq j$时，

$$P=A_1\left[\frac{1-(1+i)^{-n}\cdot(1+j)^n}{i-j}\right] \tag{3-17}$$

简记为：$P=A_1(P/A_1,i,j,n)$

当$i=j$时，

$$P=A_1\cdot\frac{n}{1+i} \tag{3-18}$$

式中，$\left[\frac{1-(1+i)^{-n}\cdot(1+j)^n}{i-j}\right]$或$(P/A_1,i,j,n)$称为等比序列现值系数。

2. 等比序列终值公式

该公式可由公式(3-17)乘以复利终值系数$(1+i)^n$直接求得：

$$F=A_1\left[\frac{1-(1+i)^{-n}\cdot(1+j)^n}{i-j}\right]\cdot(1+i)^n \tag{3-19}$$

简记为：$F=A_1(F/A_1,i,j,n)$

式中，$\left[\frac{1-(1+i)^{-n}\cdot(1+j)^n}{i-j}\right]\cdot(1+i)^n$或$(F/A_1,i,j,n)$称为等比序列终值系数。

3. 等比序列年金公式

该公式可由公式(3-17)乘以资金回收系数 $\frac{i(1+i)^n}{(1+i)^n-1}$ 直接求得：

$$A=A_1\left[\frac{1-(1+i)^{-n}\cdot(1+j)^n}{i-j}\right]\cdot\frac{i(1+i)^n}{(1+i)^n-1} \tag{3-20}$$

简记为：$A=A_1(A/A_1,i,j,n)$

式中，$\left[\frac{1-(1+i)^{-n}\cdot(1+j)^n}{i-j}\right]\cdot\frac{i(1+i)^n}{(1+i)^n-1}$ 或 $(A/A_1,i,j,n)$ 称为等比序列年金系数。

【例 3-12】 某设备寿命为 10 年，维修费第 1 年为 4 000 元，此后逐年递增 6%，假定资金的年利率为 15%，求该等比序列的现值及等比序列的年金。

解：已知 $A_1=4\,000$ 元，$i=15\%$，$j=6\%$，$n=10$。

① 等比序列的现值：

$$P=A_1\left[\frac{1-(1+i)^{-n}\cdot(1+j)^n}{i-j}\right]$$

$$=4\,000\left[\frac{1-(1+15\%)^{-10}\cdot(1+6\%)^{10}}{15\%-6\%}\right]=24\,770.2(\text{元})$$

② 等比序列的年金：

$$A=P\frac{i(1+i)^n}{(1+i)^n-1}=24\,770.2\times\frac{15\%(1+15\%)^{10}}{(1+15\%)^{10}-1}=4\,936.8(\text{元})$$

九、永续年金

有一些建设项目，比如核电站、大坝、铁路等，投资大，运行期长。要求一次投资后，以后每年取得一定的收入，有点类似年金问题，只不过有无数次支付，这类问题可看作是一种永续年金。若要求每年获得等额资金 A，且无数次获取，在年利率 i 条件下，求一次性投资的现值 P。其现金流量图如图 3-14 所示。

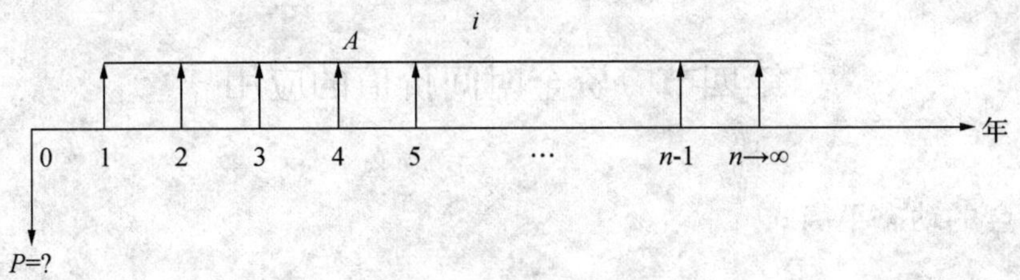

图 3-14　现金流量图

其现值 P 为：$P=A(P/A,i,\infty)$

$$P=A\left[\lim_{n\to\infty}\frac{(1+i)^n-1}{i(1+i)^n}\right]=\frac{A}{i} \tag{3-21}$$

$$A=P\cdot i$$

由此看出，永续年金 A 实际上是投资现值 P 的资本化价值。

在有些情况下,为了永久地维持一项工程,每隔 k 年,需要一笔数额为 x 的资金,用以重置或维持。若有一项基金 P,每年按利率 i 取得永续年金 $A=P\cdot i$。当 k 年末永续年金 A 的本利和恰好等于 x 时,即当 $x=A(F/A,i,,)=P\cdot i(F/A,i,k)$ 时,这项基金的数额为:

$$P=\frac{x}{i}\cdot\frac{1}{(F/A,i,k)}=\frac{x}{i}(A/F,i,k) \tag{3-22}$$

问题的另一种提法是,要求在第 k 年末,基金 P 积累的利息恰好能提供一笔数额为 x 的资金,即:

$$P(F/P,i,k)=x+P$$

$$P=\frac{x}{(F/P,i,k)-1} \tag{3-23}$$

【例 3-13】 某项奖励基金计划每 4 年评奖一次,需奖金 4 000 万元,若年利率为 10%,应存入多少本金?

解:解法①:$P=\frac{x}{i}(A/F,i,k)$

$$=\frac{4\ 000}{10\%}(A/F,10\%,4)=8\ 620(\text{万元})$$

解法②:$P=\frac{x}{(F/P,i,k)-1}$

$$=\frac{4\ 000}{(F/P,10\%,4)-1}=8\ 620(\text{万元})$$

两种解法结论一致,说明求基金 P 的两种方法是一致的。事实上:

$$P=\frac{x}{i}(A/F,i,k)$$

$$=\frac{x}{i}\cdot\frac{i}{(1+i)^k-1}=\frac{x}{(1+i)^k-1}=\frac{x}{(F/P,i,K)-1}$$

所以,这两个公式是等价的。

第四节　资金时间价值的应用

一、资金的动态平衡式

在某一基准时点处,所有的资金流入之和与所有的资金流出之和动态相等,这一换算过程的表达式称为在这一时点处的资金动态平衡式。

【例 3-14】 某现金流量图如图 3-15 所示。已知 A_1,A_2,求在资金平衡情况下,若以第 2 年末为基准年时,$S=$?

解:解法①:先用 $A\to F$,再用 $F\to P$

$$S=A_1\frac{(1+i)^6-1}{i}\cdot\frac{1}{(1+i)^3}+A_2\frac{(1+i)^3-1}{i}\cdot\frac{1}{(1+i)^8}$$

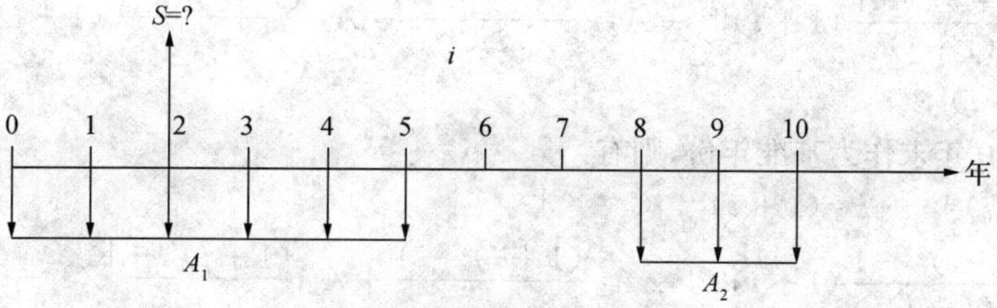

图 3-15　现金流量图

解法②：把 A_1 分为两部分 $\begin{cases} A_1 \to F \\ A_1 \to P, \end{cases}$ A_2 求法同上。

$$S = A_1 \frac{(1+i)^3 - 1}{i} + A_1 \frac{(1+i)^3 - 1}{i(1+i)^3} + A_2 \frac{(1+i)^3 - 1}{i(1+i)^8}$$

解法③：$A_1 \to P \to F, A_2 \to P \to P$

$$S = A_1 \frac{(1+i)^6 - 1}{i(1+i)^6} \cdot (1+i)^3 + A_2 \frac{(1+i)^3 - 1}{i(1+i)^3} \cdot \frac{1}{(1+i)^5}$$

【例 3-15】　参考现金流量图(图 3-16)，在资金的动态平衡式中填上合适的数字。

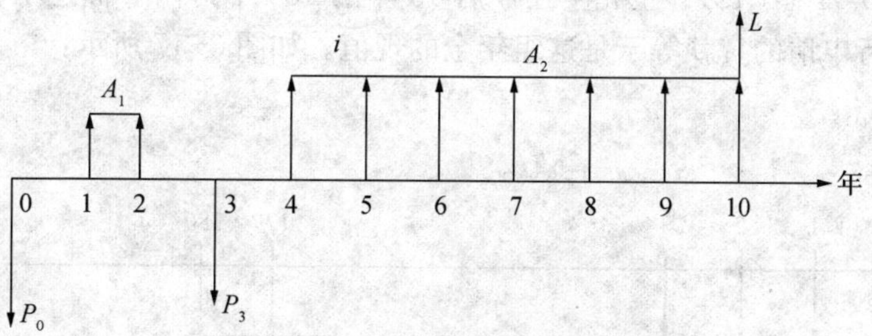

图 3-16　现金流量图

(1) $P_0 + P_3(1+i)^{(\ )}$

$$= A_1 \frac{(1+i)^2 - 1}{i(1+i)^3}(1+i)^{(\ )} + A_2 \frac{(1+i)^7 - 1}{i(1+i)^3}(1+i)^{(\ )} + L(1+i)^{(\ )},$$

(2) $P_0(1+i)^{(\ )} + P_3(1+i)^{(\ )}$

$$= A_1 \frac{(1+i)^2 - 1}{i(1+i)^2}(1+i)^{(\ )} + A_2 \frac{(1+i)^3 - 1}{i} + A_2 \frac{(1+i)^4 - 1}{i}(1+i)^{(\ )} + L \cdot (1+i)^{(\ )}$$

解：(1) 根据 P_0 可以看出第 1 年初为基准年，这样就可以完成资金的动态平衡式：

$P_0 + P_3(1+i)^{(-3)}$

$$= A_1 \frac{(1+i)^2 - 1}{i(1+i)^3}(1+i)^{(1)} + A_2 \frac{(1+i)^7 - 1}{i(1+i)^3}(1+i)^{(-7)} + L(1+i)^{(-10)}$$

(2) 若选第 6 年末作为基准年，则有：

$P_0(1+i)^{(6)} + P_3(1+i)^{(3)}$

$$=A_1\frac{(1+i)^2-1}{i(1+i)^2}(1+i)^{(6)}+A_2\frac{(1+i)^3-1}{i}+A_2\frac{(1+i)^4-1}{i}(1+i)^{(-4)}+$$

$$L(1+i)^{(-4)}$$

若选第10年末作为基准年份,则有:

$$P_0(1+i)^{(10)}+P_3(1+i)^{(7)}$$

$$=A_1\frac{(1+i)^2-1}{i(1+i)^2}(1+i)^{(10)}+A_2\frac{(1+i)^3-1}{i}+A_2\frac{(1+i)^4-1}{i}(1+i)^{(3)}+$$

$$L(1+i)^{(0)}$$

二、分期付款和保险计算

【例3-16】 王先生最近准备结婚,他采用按揭贷款以分期付款的方法购买了一套90 m^2 的"安居工程"住房,房价为5 000元/m^2。王先生向银行贷款房款的70%,付款期为15年,贷款年利率为5.04%(名义利率)。那么王先生在今后15年中每月末应等额支付多少钱给银行?

解:王先生的全部购房款为:5 000×90=450 000(元)

王先生先得预付房款(30%):450 000×30%=135 000(元)

王先生向银行贷款(70%):450 000×70%=315 000(元)

王先生现在向银行申请的贷款年利率为5.04%(名义利率),根据名义利率的定义,月利率为0.42%(即5.04%÷12)。王先生在今后15年的180个月内等额还本付息相当于一组年金,现在向银行申请的贷款等于是这组年金的现值。如图3-17所示:

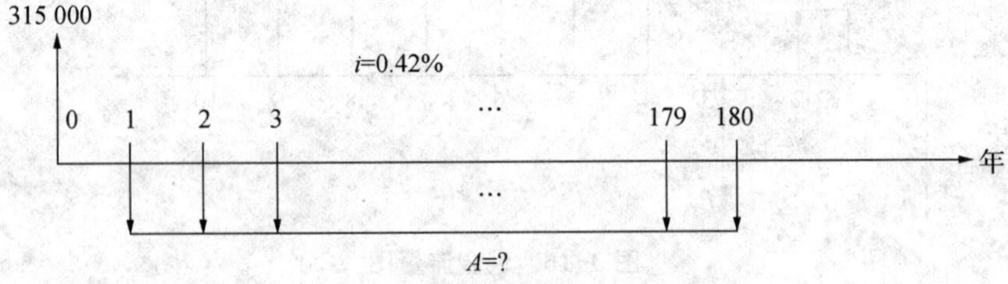

图3-17 按揭方式还本付息图

由年金现值公式 $P=A\frac{(1+i)^n-1}{i(1+i)^n}$,代入数据:

$$315\ 000=A\frac{(1+0.42\%)^{180}-1}{0.42\%(1+0.42\%)^{180}}$$

解得 $A=2\ 497.57$(元)

即王先生在今后15年中每月末应支付2 497.57元给银行。

【例3-17】 翟先生今年35岁,他想购买保险金以备养老。希望在60岁退休后的20年内每年能支取50 000元的养老金,那么,现在翟先生应一次性支付多少钱购买保险(设年利率为5%)?

解:翟先生在35岁(第0年)时存入保险公司一笔钱,到60岁这笔钱将增值。从61岁那年开始,保险公司开始连本带利将增值后的钱以每年末支付的形式归还给翟先生,每次支付50 000元。因此,翟先生所买的保险相当于现在存入一笔钱,在60岁时的终值应等于退休后(20 年的)养老金在 60 岁时的现值。如图 3-18 所示：

翟先生支付保险金的终值为：

$$F = P(1+5\%)^{25} = P \times 3.386\ 4$$

翟先生退休后养老金(年金)的现值为：

$$F = A\frac{(1+i)^n - 1}{i\ (1+i)^n} = 50\ 000\frac{(1+5\%)^{20} - 1}{5\%\ (1+5\%)^{20}}$$

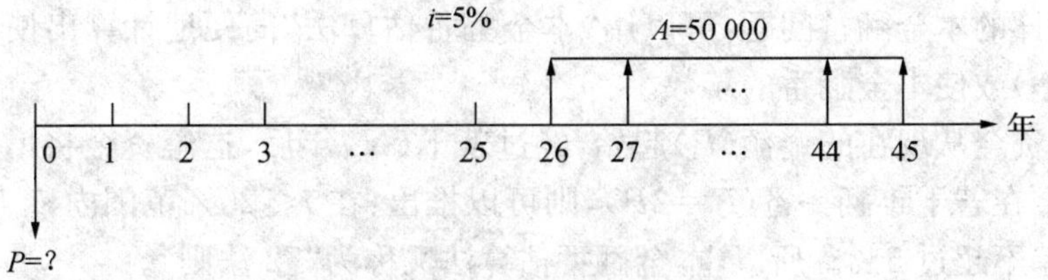

图 3-18　养老金保险支付图

由于支付保险金的终值等于所支付养老金的现值,所以：

$$P \times 3.386\ 4 = 50\ 000\frac{(1+5\%)^{20} - 1}{5\%\ (1+5\%)^{20}}$$

$$P = 184\ 003.66(\text{元})$$

经过计算分析,翟先生在 35 岁时一次性支付 184 003.66 元就能在 60 岁退休后每年得到保险公司支付的养老金 50 000 元至 80 岁。

【例 3-18】 如上例中,将翟先生在 35 岁时一次性支付保险金改为以后每年末支付 1 次保险金(其他不变),则他每年应支付多少钱?

解:在这里,计算的原理和上例是相同的,也是 60 岁前支付的资金的终值(本例为年金的终值)应等于 60 岁后提取的养老金的现值(年金的现值)。

翟先生在退休前支付的保险金的终值(年金终值)为：

$$F = A \times \frac{(1+i)^n - 1}{i}$$

$$= A \times \frac{(1+5\%)^{25} - 1}{5\%} = A \times 47.728$$

翟先生在退休后提取的养老金现值为：

$$P = A \times \frac{(1+i)^n - 1}{i\ (1+i)^n}$$

$$= 50\ 000 \times \frac{(1+5\%)^{20} - 1}{5\%\ (1+5\%)^{20}} = 623\ 110(\text{元})$$

由于支付保险金的终值等于养老金的现值,所以：

$$A \times 47.728 = 623\ 110$$

$$A = 13\ 055.44(\text{元})$$

经过计算分析,翟先生从 35 岁开始需每年末支付保险金 13 055.44 元,就能在 60 岁退休后的20年内每年末提取养老金50 000元。

三、本金翻番估算法("72法则")

1. 本金翻番估算法的原理

在实际工作中,经常会遇到产值或利润或有关其他数据翻番的计算。例如,一笔30万元的投资,5年后增值为60万元,则这笔投资5年间每年平均的收益率为多少?再如,企业有100万元资金,投资于年收益率为9%的项目,则多少年后这笔投资能增到200万元?

类似于这样的本金翻番问题,可以用"本金翻番估算法"简便地计算出使本金翻番的年利率(年收益率)或使本金翻番的年数。

假设一项资金从现在的金额(P)起始,经过若干(N)年后,这笔资金将增加到起始金额的2倍,即资金在若干年翻一番($F=2P$),则可以推出:在$i\leqslant 20\%$范围内,i与N的乘积为72,其计算误差不超过5%。所以,本金翻番估算法又称为"72法则"。

利用本金翻番估算法可以达到以下速算:

当年利率(年收益率)i确定时,使本金翻番的年数(N)满足下式:

$$N=\frac{72}{i}$$

其中,i为年利率的百分数,如年利率为10%,i即为10。

当资金翻番的年数(N)限定时,使本金翻番所需要的年利率(年收益率)i满足下式:

$$i=\frac{72}{N}$$

因此,上述30万元的投资,5年后增值为60万元,这笔投资的平均年收益率约为:

$$\frac{72}{5}=14.4(\%)$$

上述100万元资金,投资于年收益率为9%的项目,这笔资金翻番所需年数约为:

$$\frac{72}{9}=8(年)$$

2. 本金翻番估算法在企业理财决策中的应用

本金翻番估算法在企业理财中有着广泛的应用空间,无论是筹资决策还是投资决策都可以使用本金翻番估算法。

例如,企业接受某投资者400万元的投资,投资者要求在6年内使其投资额增值到800万元。企业预计使用资金的年投资收益率为15%,则该筹资项目是否可行?

显然由于投资者要求其资金在6年内翻番,即投资者要求的年收益率为:72/6=12(%),也就是企业的筹资成本为12%。由于企业使用资金的年投资收益率为15%,大于12%,所以该筹资项目是可行的。

又如,某企业准备接受职工的内部集资100万元,职工普遍要求在8年内使他们的资金增值1倍,即企业在8年后要归还200万元。目前企业从银行借款的年利率为7.42%,则企业应该是向银行借款还是使用内部集资?

按本金翻番估算法,企业内部集资的年利率为:72/8=9(%),这个利率大于银行借款的利率，因此企业应选择从银行借款而不是内部集资。

3. 使用本金翻番估算法的条件

本金翻番估算法是财务管理人员在长期的实践中总结出来的，该法计算简单、快捷，尤其在理财人员不能随身带着计算器，或在某些场合下不便使用计算器时，该法显得十分有用。但使用时应注意以下几个条件：

(1) 只有在资金翻番的情形下才能使用这种算法，若资金增值为本金的 3 倍、5 倍等就不能使用该法速算。

(2) 只有在资金以复利增长的方式才能使用该算法，若以单利计算就不适用。

(3) 本金翻番估算法计算的结果只是一个近似的估计值，在年利率（年收益率）$i>20\%$ 时计算误差将超过 5%。

四、多方案选择

根据资金等值原理，为满足工程项目经济活动需要，可采用不同的方案偿还银行一笔贷款资金。

【例 3-19】 某工程项目贷款 10 000 万元，在 5 年内必须还清，已知年利率 $i=6\%$，现可以采用以下四种方式归还：

方案Ⅰ：在每年年底只还利息，到第 5 年末连本带利一并还清。

方案Ⅱ：每年还本金 2 000 万元，再还当年应计的利息。

方案Ⅲ：将本金加上 5 年的利息总和，等额分摊到各年年末归还。

方案Ⅳ：在第 5 年末，本利和一次还清。

试评价上述四种还款方案。

解：将各年归还贷款的金额列于表 3-3 中，由表合计项中可看出，方案Ⅱ还款数最少，似乎方案Ⅱ较优，但其实不然。考虑到资金的时间价值，上述四个方案的各年偿还金额不能简单地相加，而应采用动态相加处理。其结果是，上述四个归还方案在 $i=6\%$ 的情况下是等值的，只要借贷双方对 6% 的年利率认可，四个方案中以任一种方案还款皆可。若银行认为 $i=6\%$ 偏低，则会要求以第Ⅱ种方式还款，而借款人则希望以第Ⅳ种方式归还贷款。

* 在方案Ⅲ中，每年等额还款数额：

$$A=P\frac{i(1+i)^n}{(1+i)^n-1}=10\,000\frac{6\%(1+6\%)^5}{(1+6\%)^5-1}=2\,373.96(\text{万元})$$

第五节　通货膨胀下的资金时间价值

在通货膨胀的情况下，价格水平上升，货币购买力下降，必然会对资金的时间价值计算带来影响。为了准确地计算投资项目的支出、收入和经济效果，必须考虑通货膨胀因素。

若用 i 表示利率，f 表示通货膨胀率，那么，n 年末的通货将来值为：

$$F=P[(1+i)(1+f)]^n \tag{3-24}$$

若用 i_c 表示考虑了利率和通货膨胀率的综合利率，则 n 年末的将来值为：

$$F=P(1+i_c)^n$$

表 3-3　各方案每年归还贷款数额

单位:万元

方案	Ⅰ				Ⅱ				Ⅲ				Ⅳ			
年份	当年利息	到期			当年利息	到期			当年利息	到期			当年利息	到期		
		前欠	偿还	后欠		前欠	偿还	后欠		前欠	偿还	后欠		前欠	偿还	后欠
0				10 000				10 000				10 000.00				10 000.00
1	600	10 600	600	10 000	600	10 600	2 600	8 000	600.00	10 600.00	2 373.96	8 226.04	600.00	10 600	0	10 600.00
2	600	10 600	600	10 000	480	8 480	2 480	6 000	493.56	8 719.60	2 373.96	6 345.64	636.00	11 236	0	11 236.00
3	600	10 600	600	10 000	360	6 360	2 360	4 000	380.74	6 726.38	2 373.96	4 352.42	674.16	11 910.16	0	11 910.16
4	600	10 600	600	10 000	240	4 240	2 240	2 000	261.15	4 613.57	2 373.96	2 239.60	714.61	12 624.77	0	12 624.77
5	600	10 600	10 600	0	120	2 120	2 120	0	134.38	2 373.96	2 373.96	0	757.49	13 382.26	13 382.26	0

因此：

$$P(1+i_c)^n = P[(1+i)(1+f)]^n$$

$$\begin{aligned} i_c &= (1+i)(1+f)-1 \\ &= i+f+if \end{aligned} \tag{3-25}$$

当 i 和 f 都很小时，可忽略 if 的影响，这时有综合利率：

$$i_c \approx i+f \tag{3-26}$$

在通货膨胀的情况下，只要用综合利率 i_c 代替利率 i，就能利用复利法公式正确地进行不同时点资金的价值换算。

【例 3-20】 一个项目初始投资为 10 000 元，项目寿命期 3 年，第 1～3 年的净现金流量分别为 3 000 元、4 000元和 6 000 元，年利率为 10%，通货膨胀率为 5%，求该项目的净现值，并判断该投资是否可行。

解：综合利率 $i_c = 10\% + 5\% + 10\% \times 5\% = 15.5\%$

净现值 $= 3\,000(P/F, 15.5\%, 1) + 4\,000(P/F, 15.5\%, 2) + 6\,000(P/F, 15.5\%, 3) - 10\,000$

$= 3\,000 \times 0.867 + 4\,000 \times 0.745 + 6\,000 \times 0.649 - 10\,000$

$= -520(\text{元}) < 0$

所以该投资不可行。

习　题

1. 下列各图中，水平线表示企业经济活动年限，利用各种复利系数，由已知项表示未知项。

题图 1(a)：

(1) 已知 L_1、L_2、A，求 P。

(2) 已知 L_1、L_2、P，求 A。

题图 1(b)

(1) 已知 A_1、A_2，求 T。

(2) 已知 T、A_2，求 A_1。

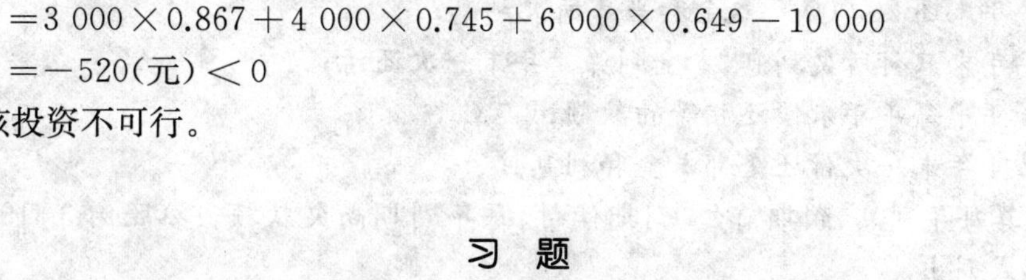

题图 1(a)　现金流量图

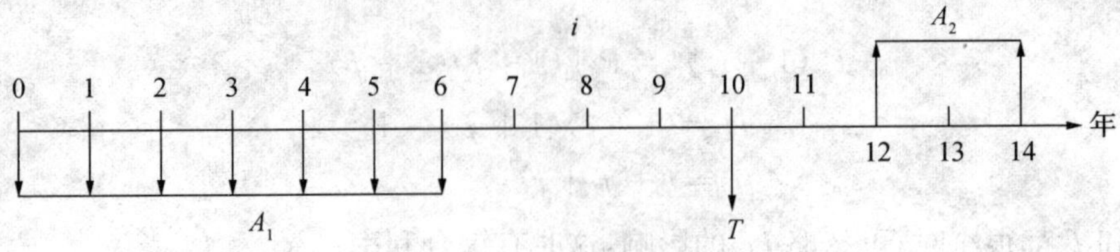

题图1(b)　现金流量图

2. 名义利率为7.2%,每月计息1次,其有效利率为多少?

3. 如果有效利率为8.2%,每年计息4次,其名义利率为多少?

4. 甲贷款机构年利率为16%,1年计息1次;乙贷款机构年利率为15.5%,但每月计息1次,假定贷款额和时间相同,问应该向哪个贷款机构贷款较适合?

5. 有一笔资金1 000元,在年利率12%、每月计息1次的条件下存入银行。问3年后应得多少资金?

6. 某企业获得80 000元贷款,偿还期为4年,按照10%的年利率计息,现有四种还款方式:

① 每年年末还20 000元本金和当年所欠利息;

② 每年年末只付所欠利息,本金到第4年末一次还清;

③ 在4年中每年年末偿还相等的款额;

④ 在第4年末一次付还全部本金和利息。

分别计算每年利息、到期前欠、到期偿付、每年到期尚欠款额。参照例3-19,计算结果以表3-3形式列出。

7. 某套装置投资为8万元,前3年每年保养费为1万元,以后每年均为1.5万元;每年还需付出工资2万元,第10年累计收益为50万元。画出现金流量图。当年利率$i=5\%$时,此投资是否可行?

8. 某人在第1年末存入银行10 000元,在第5年末存入20 000元,且在第10年末从银行中提出10 000元,在年利率为8%时,求第20年末他能从银行提出多少金额?

9. 某公司为偿还30年后一张面值1 000 000元的抵押债券,每年年末应在银行存入多少钱(假定年利率为8%)?

10. 某项工程当年投资1 000万元,1年后又投资1 500万元,过了两年又投入2 000万元。投资确定由一银行贷款,年利率为8%。贷款从第3年开始偿还,到第10年还清。那么每年末应等额偿还给银行多少万元?

11. 10年前开始每年年末存入10 000元,年利率为3%,两年前利率增到5%,仍每年存10 000元,一直到今天,问今天一共能得多少钱?

12. 某企业欲建立一笔专用基金,从第1年年末起每年将一笔等额款项存入银行,连续10年,自第10年末起,连续3年各提20万元,恰好提完,试画出现金流量图。如果银行存款利率为4%,那么10年中每年应等额存入银行多少元?

13. 某工厂现在从银行贷款1 200万元,每年末可以偿还250万元,在6%的年利率下,大约需要多少年才能还清?

14. 已知本金为10 000元,年利率为10%,试计算计息次数$m=1$,$m=2$,$m=6$,$m=12$

和 $m=\infty$ 时 1 年的本利和 F，并以计息次数 m 为横坐标，本利和 F 为纵坐标，画出 $m-F$ 曲线。

15. 某种机器现值为 60 000 元，估计可用 6 年，残值不计。第 3 年支付了包括保险、保养、燃料及润滑等费用 10 000 元，以后每年递增 2 000 元，如按年利率 12%计算，其总费用现值为多少？

16. 若某企业设备之维修费第 1 年末为 5 000 元，此后 8 年内，逐年递增 6%，又假定该企业资金的贴现率为 15%，求该等比序列的现值、将来值和等额序列年金各为多少？

17. 租用建筑物的合同期为 8 年，第 1 年末支付 20 000 元，以后每年末按 1 500 元逐年递增。问第 1 年初应付多少款额才能和 8 年的租金总额等值？（假定贴现率 $i=8\%$）。

18. 设备 A 安装投产以后，前 2 年不用检修，以后每年检修费以 1 000 元递增，假定年利率为 10%，问到第 7 年末时，这 7 年所付的等额年金检修费是多少？

19. 通货膨胀的基本特征就是货币贬值。若年平均通货膨胀率为 5%，问 100 元钱经过多少年后贬到它的一半价值？

20. 假定某人在 21 岁时开始为其退休后的生活准备一笔钱，每年存入银行 10 000 元，年利率为 8%，问到此人 60 岁时，这笔钱有多少？假设 40 年内平均每年通货膨胀率为 5%，那么到 60 岁时，这笔钱相当于现在的多少元？若此人 60 岁退休后，均匀使用 20 年，年利率为 10%，问每年可支取多少？

第四章　市 场 分 析

第一节　市场分析概述

市场分析是项目决策与评价的基础和前提。一方面为确定项目目标市场、建设规模和产品方案提供依据，另一方面也为项目建成后的市场开拓打下基础。

一、市场分析的作用

市场分析是对现在市场和潜在市场各个方面情况的研究和评价，其目的在于收集市场信息，了解市场动态，把握市场的现状和发展趋势，发现市场机会，为企业投资决策提供科学依据。

一般讲，市场分析有以下几种功能：

(1) 发现和寻求市场需要的新产品；

(2) 发掘新产品和现有产品的新用途；

(3) 明确在什么地方有多大的市场；

(4) 发现顾客和竞争者的动向；

(5) 预测市场的增长率；

(6) 为市场战略计划进行参谋；

(7) 帮助公司发现经营与销售存在的问题并找出解决办法。

为了能及时地反映消费者需求的多样化和竞争者的动向，20 世纪 70 年代以来，各国都十分重视市场分析。

二、市场分析研究人员的要求与组成

一般来说，市场分析人员应具有以下几方面的知识和能力：

(1) 具有生产技术、原料和产品方面的知识；

(2) 了解相关工业的情况和动向；

(3) 熟悉市场分析的方法和费用估算的方法；

(4) 了解产品流动的方法和费用计算；

(5) 熟悉有关工业情报的来源；

(6) 掌握预测技术。

除此之外，还要求市场分析人员具备从各类信息和公开的文献中获得情报的能力、分析整理的能力以及独立思考和表达的能力等等。

以国外某咨询研究所的化工中心为例。他们有市场分析和研究人员数十人，这些人大都是化学工程师和化学家，很多人在化工厂工作了多年，有较丰富的实践经验。他们具有多方面的专业知识，经常阅读大量的科技书刊，同时还经常和一些工业专家、工业评论家、市场

研究专家以及大公司的经理、销售人员等接触，进行调查和讨论。总之，他们认为市场调研人员在很大程度上是靠人的主观能动性和经验工作的。据该所观察，许多企业之所以不能正常运转，最普遍的原因是由于销售价格的确定、市场规模的预测以及市场交易战略失当所致。因而，市场分析是使企业计划成功的钥匙。

三、市场分析的程序和内容

市场分析的过程分成七个步骤，如图 4-1 所示。也可简单分成四个阶段：分析问题、明确目标，收集情报资料，分析调查资料和提出分析报告。

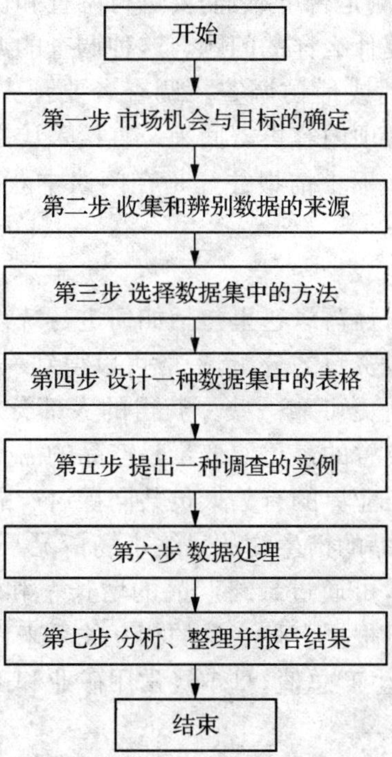

图 4-1　市场分析的步骤

1. 分析问题、明确目标

分析问题是市场分析的关键步骤，如果目的不明，调查就无意义。例如，某一种产品的销售量在某地区有下降的趋势，就要找出下降的原因，包括销售政策方面的原因及内在的原因。这样明确了问题，才能作出正确的决定。又如，销售量下降可能是由于竞争者有了新的动向，或者是产品的质量有问题，或者是出现了新的替代品，或者是广告宣传效果不好等等。要找出根本原因所在，首先要进行现状分析，要查阅文献，向有关人员调查，初步掌握问题的焦点。然后，市场分析人员要作出详细的调查计划，包括问题的内容、调查的目的和方法、调查的时间和费用等。

2. 收集情报资料

这意味着调查的开始。一般来讲，情报有两个来源：一是利用已有的各种统计资料；二是通过采访、发寄调查函件等方法获得的当前的情报。最大限度地利用现有资料是市场分析的第一步，也是最节约时间和费用的。所以，市场分析人员在日常工作中要注意积累情报资料,开辟情报来源,以便一旦确定调查项目,就迅速地选择最好的情报来源,并努力做好报表。一般可利用以下一些资料:政府公布的各种统计资料;部门、行业或学会的统计资料和调查报告;本企业的历史统计资料和目前资料;新闻、广播、广告以及各行各业的报纸和杂志等。

收集到的有关资料要加以整理汇编。完全依靠历史资料来作预测和判断,往往是不充分的,也是不完整的。例如化工行业,品种多、变化大、发展快、新产品不断涌现,因此根据历史统计资料作出的市场分析往往是不准确的。但在作趋势预测时,则可以历史统计资料为基础。为了获得公开出版的刊物以外的资料,或者为了确认已获得的资料是否正确以及根据历史统计资料做出的趋势预测是否可靠,需要进行调查和访问。在这种调查行动前,首先要选定向什么人作调查,具体提什么样的问题。这种调查的方法可以是直接采访有关人员,提出各种问题,也可以通过电话或信访调查。调查者要预先做好征询意见书,寄送被调查者,请他们按要求填好询问的各项内容再寄回来。直接采访是很重要的,它要求市场调查人员的知识面广、技术水平较高。不少情报往往是在闲谈中获得的。所以有深度的采访所花费的时间和精力也比较多。

3. 分析调查资料

市场人员要对情报资料进行解释,这里包括如何进行统计数据的分析和预测,如何使用修正系数,如何判断等。通过对资料的分析,一般可以得到一些修正因素。把这些修正因素加到原来的预测中去,预测值就更可靠一些。获得的大部分资料主要用来判断各种因素对预测的影响。例如,影响一个装置的最重要变量是产品的需要量和价格。因此,对需要量和价格要进行预测,同时必须和工业界的有关人员共同探讨产品未来的需要趋势,以及影响需要量的主要因素。还要了解产品的衍生物的最终市场情况。这样可以做出数学模型来加以分析。当产品处于发展阶段时,可通过最终产品的增长率和新产品的增长关系来预测。当某种产品没有任何资料时,也可根据多种变量的相互关系来做出比较客观的预测。例如,很多国家经常使用的变量是国民生产总值,日本经常用矿业和工业生产指数等,然后再和其他的调查进行比较。

在这个阶段中,市场分析人员的经验和成熟程度是非常重要的。他们的分析和判断必须是客观的,不应受任何部门的影响。

4. 提出分析报告

一般分析报告应包括下列一些内容:①现状与展望;②工业生产方法调查;③目前生产厂商情况(包括地址及能力);④近年来的生产量和销售量;⑤各种衍生物的消费量;⑥价格和销售额;⑦进出口情况;⑧国际市场情况;⑨参考文献。

有些产品不仅要作国内市场的分析,而且还要研究国外市场。国外市场是影响一个地区需求的主要因素。

首先,要了解能使用这种产品的人数。一般来讲,低档产品与总人口数有密切关系,而高档产品则与总人口数关系不大。需要收集各种收入水平的人的组成情况,以便了解对哪种生活水平的人适销哪种价格的产品。

其次,要了解有关国家的风俗习惯。如电冰箱,首先要了解人们能否得到电力供应,同时要了解人们保存食物的方式以及对冷饮的习惯爱好等。还要了解有效的需求,如有一批人确实需要而且买得起,但对产品的性能和特点不了解而暂时不买,这样也不能构成有效需求。

另外，还要了解目前的供需情况以及有哪些竞争者目前在供应，并对本公司进入市场的可能性，包括包装和运输的方式、价格进行研究。

总之，市场分析的内容和方法，会随产品的不同（老产品或新产品、生产资料或消费资料）而有些差别，但基本内容是差不多的。

四、市场预测的基本方法

市场预测的方法很多，目前国外已有 150 种左右，其中最常用的有几十种。预测方法可以大致地分为两类：定性预测和定量预测两大类（见图 4-2）。

定性预测在很大程度上是一种直觉的预测，主要依靠专家个人和群体的经验、知识，通过市场调查人员或通过调查表而收集到的意见为基础，对市场未来的趋势、规律、状态做出主观的判断和描述。定性预测方法可以分为直观判断法和集合意见法两大类，前者主要包括类推预测法，后者主要包括专家会议法和德尔菲法等。

定量预测是以市场历史和现在的统计数据资料，选择或建立合适的数学模型，分析研究其发展变化规律并对未来做出预测，可归纳为因果分析法、时间序列分析法和其他定量分析方法等。

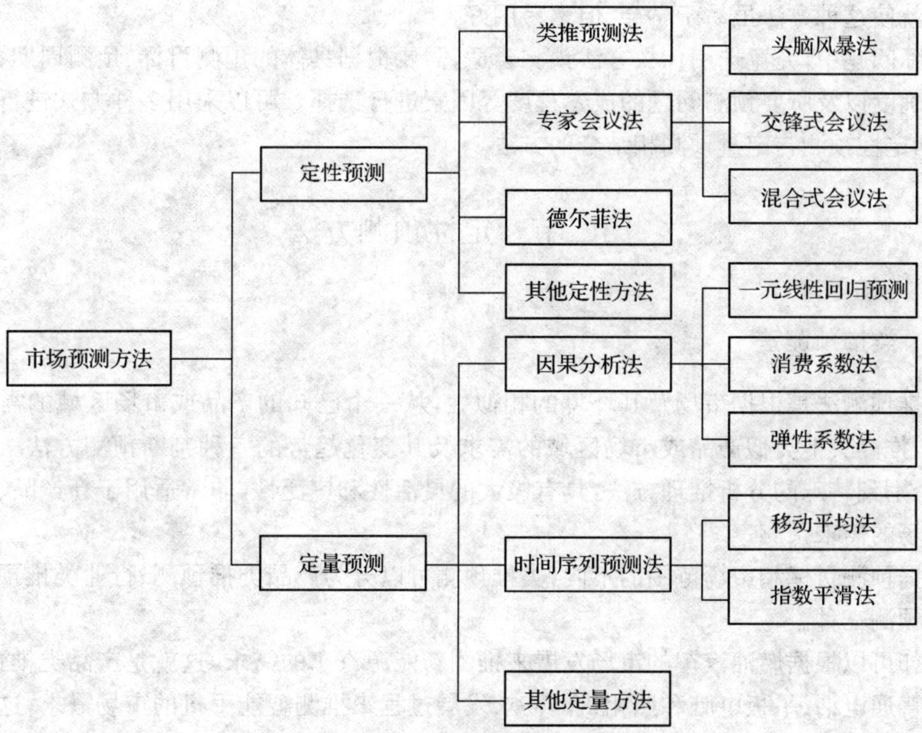

图 4-2 市场预测方法体系

几种预测方法的特点比较如下：

(1) 类推预测法、专家会议法和德尔菲法属于定性预测方法，主要靠主观和经验判断进行预测。虽然其预测的精确度不够高，但是它比其他任何定量预测方法考虑的影响因素都全面,综合性也强。所以,这种方法更适用于长期预测或数据资料不足、采用其他定量方法预测误差较大或不能采用定量预测方法的情况。

(2) 因果分析法属于定量预测方法,强调变量之间的因果关系,包括回归分析法、消费系数法和弹性系数法。这类方法预测的精确度高,适用范围比较广泛,适于短期和中长期预测。但这类方法也有一定的局限性:回归分析法往往只局限于考虑一个或几个因素,而社会经济现象的关系却是千变万化的,因此在实际应用中还要考虑多方面因素的影响;消费系数法可以先从局部进行预测,然后再汇总得到总量预测值,但消费系数的获取需要大量的统计数据,操作中可能因为样本的疏漏而使消费系数产生偏差;弹性系数法计算弹性或作分析时,只能考虑两个变量之间的关系,而忽略了其他相关变量所能产生的影响,且弹性系数可能随着时间的推移而变化,以历史数据测算出的弹性系数来预测未来可能不准确,许多时候需要分析弹性系数的变动趋势,对弹性系数进行修正。

(3) 时间序列分析法也属于定量预测方法,它强调预测对象与时间的关联性,包括移动平均法和指数平滑法。这类方法计算简单,预测精确度较高,适用于近期或短期预测。简单移动平均法对当前数据和历史数据的处理是同等对待的,因而在处理水平型历史数据时效果更好;而指数平滑法则认为发生时间越近的数据越重要,这比较符合实际情况。但该法的不足之处在于加权系数 α 是根据经验确定的,用起来困难大一些,可能造成的误差也大一些。这就使这种方法虽易于学会,但不易用好。

实际问题中,究竟选用什么方法预测合适,需要根据具体的预测目标、预测周期、要求预测的准确度以及所要预测问题的成熟程度等因素进行选择。可以采用多种方式进行组合预测,包括定性预测与定量预测相结合的方法。

第二节　定性预测方法

一、类推预测法

类推预测法是根据市场及其环境的相似性,从一个已知的产品或市场区域的需求和演变情况,推测其他类似产品或市场区域的需求及其变化趋势的一种判断预测方法。它是由局部、个别到特殊的分析推理方法,具有极大的灵活性和广泛性,非常适用于新产品、新行业和新市场的需求预测。

根据预测目标和市场范围的不同,类推预测可以分为产品类推预测、行业类推预测和地区类推预测三种。

例如可以根据燃油汽车的市场发展来推测新能源汽车的需求,这就是产品类推预测;可以参照普通电话、平板电脑和照相机的需求发展过程来推测智能手机的市场需求,这就是行业类推预测;可以从沿海城市的服装需求变化推测内地城市的服装市场需求,这就是地区类推预测。

类推结果存在非必然性,运用类推预测法需要注意类别对象之间的差异性,特别是地区类推时,要充分考虑不同地区政治、社会、文化、民族和生活方面的差异,并加以修正,才能使预测结果更接近实际。

二、专家会议法

专家会议法是一种通过会议讨论形式，依靠专家们集体的智慧和经验，对产品的市场发展前景进行分析预测，然后在专家判断的基础上，综合专家意见，得出市场预测结论。

专家会议预测法包括三种形式：

1. 头脑风暴法

这种方法也称非交锋式会议，其特点是鼓励专家无拘无束地发表独立的意见，没有批评或评论，以激发灵感，产生创造性思维。

2. 交锋式会议法

这种方法是在专家发表各自意见的基础上，进行充分的讨论，以达成共识，取得比较一致的预测结论。

3. 混合式会议法

这种方法也称质疑式头脑风暴法，是对头脑风暴法的改进。会议分两个阶段举行，第一阶段是非交锋式会议，产生各种思路和预测方案；第二阶段是交锋式会议，对第一阶段提出的各种设想进行质疑和讨论，也可提出新的设想。经过相互间的不断启发，最后取得一致的预测结论。

三、德尔菲法

德尔菲(Delphi)原是古希腊一座城市的名字。德尔菲以拥有太阳神庙宇而闻名，是传说中预告未来的神谕之地。现在，人们把它作为一种预测方法的名称。

德尔菲法最早出现在20世纪50年代，当时美国为了预测其在遭受原子弹轰炸后可能出现的结果而创造了这一方法。1964年，美国的兰德公司在编制《长远预测研究报告》中，首次将德尔菲法用于技术预测，以后在世界许多国家得到迅速应用，应用范围也逐步扩大到各个领域。

1. 德尔菲法预测的程序

德尔菲法采用匿名函询调查的方式，向所预测问题有关领域的专家分别提出问题，而后将他们答复的意见进行综合、整理、归纳，再次匿名反馈给各个专家征求意见。然后再综合、再反馈，如此反复，直到得出比较一致的意见为止。

德尔菲法一般包括五个步骤：

① 建立预测工作组。工作组成员应能正确认识并理解德尔菲法的实质，并具备必要的专业知识和数理统计知识，熟悉计算机统计软件，能进行必要的统计和数据处理。

② 选择专家。选择的专家要与市场预测的专业领域相关，不仅要有行业的学术权威，也要有来自生产一线的从事具体工作的专家。专家组包括技术专家、宏观经济专家、企业管理者、行业管理者等，人数一般在20人左右，可根据预测问题的规模和重要程度进行调整。

③ 设计调查表。调查表设计的质量直接影响预测的结果。调查表没有统一格式，但基本要求是：所提问题应明确，回答方式应简单，便于对调查结果进行汇总和整理。常见的调查表有：预测某事件发生的时间和概率，请专家进行选择性预测，即从多方案中择优选择，或是进行排序性预测，即从多种方案中进行优先排序。

④ 组织调查实施。一般调查要经过2～3轮。第一轮将预测主体和相应预测时间表发

给专家，给专家较大的空间自由发挥。第二轮将经过统计和修正的第一轮调查结果发给专家，让专家对较为集中的预测事件评价、判断，提出进一步的意见，经预测工作组整理统计后形成初步意见。如有必要，可再依据第二轮的预测结果制定调查表，进行第三轮预测。

⑤ 汇总处理调查结果。将调查结果汇总，进行进一步的统计分析和数据处理。有关研究表明，专家应答意见的概率分布一般接近或符合正态分布，这是对专家意见进行数理统计处理的理论依据。一般计算专家估计值的平均数、中位数、众数以及平均主观概率等指标。

2. 德尔菲法的利弊

德尔菲法有较为突出的优点：

① 便于独立思考和判断。由于是匿名调查，使专家能够排除权威和情感因素的干扰进行独立的思考和作出预测判断。

② 低成本实现集思广益。由于采用信函方式，又广泛邀请各方面专家，因此费用低、收集意见广。

③ 有利于探索性解决问题。由于采用多轮征询意见，允许专家修改和完善自己的意见，且在各轮之间通过反馈了解到不同意见的理由，因此可使专家受到启发，有利于探索性地解决问题。

④ 应用范围广泛。德尔菲法在缺乏足够的历史资料、影响预测事件的因数较多、主观因素对预测事件的影响较大以及进行长远规划或大趋势预测时，更能体现该法的效果。

德尔菲法也存在一些不足：

① 缺乏思想沟通交流。德尔菲法采用背靠背的匿名方式，因此专家之间没有见面交流和讨论的机会，使预测难以见到相互启发的思想火花。

② 存在组织者的主观影响。德尔菲法的多轮反馈都是在组织者归纳整理专家们的意见后，经过自己的处理反馈给各位专家的，因此难免存在组织者的主观意见，甚至会出现忽视少数人意见的现象。

【例4-1】 20名专家根据某厂提供的劳动生产率的历史及现状情况，对该厂2018年(相对于2017年)的劳动生产率平均提高程度做出预测，结果如下：

专家提出的预测数字	9%	8%	7%	6%	5%
相应意见的专家人数	4	6	4	4	2

解：根据上面的结果，我们可以求出对应于劳动生产率提高9%，8%，7%，6%，5%等各事件发生的主观概率分别是：4/20，6/20，4/20，4/20，2/20。有了主观概率值，我们还可以进一步求出2018年(相对2017年)该厂劳动生产率平均提高程度的期望预测值为：

$$
\begin{aligned}
&9\%\times\frac{4}{20}+8\%\times\frac{6}{20}+7\%\times\frac{4}{20}+6\%\,\frac{4}{20}+5\%\times\frac{2}{20}\\
&=1.8\%+2.4\%+1.4\%+1.2\%+0.5\%\\
&=7.3\%
\end{aligned}
$$

在未来发生的各事件之间，如果彼此没有影响(也就是独立事件)时，可以用上面的主观概率来处理。然而，实际中未来发生的事件，彼此之间往往是有相互联系和相互影响的，在这样的情况下考虑问题，要用条件概率来讨论，这里不作进一步的介绍。

四、其他定性预测方法

其他定性预测方法，诸如征兆指标法、点面联想法、领先指标法等，读者可自行研究，此处不再一一赘述。

第三节 定量预测方法

定量预测方法可以归纳为因果分析法、时间序列分析法和其他定量分析方法等。其中，因果分析法包括回归分析法、消费系数法和弹性系数法等；时间序列分析法（也称延伸预测法）包括移动平均法、指数平滑法、趋势外推法和季节波动模型等；其他定量分析方法包括投入产出法、系统动力学模型、计量经济模型、马尔科夫链、BP 神经网络、模糊分析法等。本节将选择性地介绍因果分析法和时间序列分析法。

一、因果分析法

因果分析预测方法是通过寻找变量之间的因果关系，分析自变量对因变量的影响程度，进而对未来进行预测的方法。由于篇幅的关系，本节只介绍其中常用的一元线性回归法、消费系数法和弹性系数法。

1. 一元线性回归预测

(1) 一元线性回归模型

一元线性回归所研究的问题中，只有 x、y 两个变量，如果 y 和 x 之间存在线性趋势，则用一元线性回归分析就可以解决所要预测的问题。

一元线性回归预测模型为：

$$\hat{y}=a+bx \tag{4-1}$$

式中，x——自变量未来发生值；

$\hat{y}$——由预测模型计算的因变量值；

a、b——回归系数。

如果得到的是一组 $y \sim x$ 线性数据，那么就可以根据下列公式计算出回归系数 a、b：

$$b=\frac{\sum_{i=1}^{n}(x_i-\bar{x})(y_i-\bar{y})}{\sum_{i=1}^{n}(x_i-\bar{x})^2}$$

$$a=\bar{y}-b\bar{x} \tag{4-2}$$

根据已知 n 组数据，可以求出 x、y 的算术平均值：

$$\bar{x}=\frac{\sum_{i=1}^{n}x_i}{n},\quad \bar{y}=\frac{\sum_{i=1}^{n}y_i}{n} \tag{4-3}$$

(2) 相关检验

在确定了回归方程后,还须对其进行相关检验,以便知道 x 与 y 是否线性相关及相关程度如何。相关程度可以用相关系数来表示。所谓相关系数是用来度量变量之间线性相关程度高低的一个统计量,一般用 r 表示,其计算公式为:

$$r=\sqrt{1-\frac{\sum_{i=1}^{n}(y_i-\hat{y}_i)^2}{\sum_{i=1}^{n}(y_i-\overline{y}_i)^2}} \tag{4-4}$$

或:

$$r=\frac{\sum_{i=1}^{n}(x_i-\overline{x})(y_i-\overline{y})}{\sqrt{\sum_{i=1}^{n}(x_i-\overline{x})^2\sum_{i=1}^{n}(y_i-\overline{y})^2}} \tag{4-5}$$

r 的取值范围在±1之间,即 $|r|\leqslant 1$。如果 $|r|$ 较大,说明变量间线性相关程度较高,当 $|r|=1$ 时,则变量间完全线性相关;如果 $|r|$ 较小,说明变量间线性相关程度较低,当 $|r|=0$ 时,则变量间没有线性关系。一般要求相关系数 r 要大于一个临界值,相关系数临界值 $r_{临界}$(或 r_{cr})是由数据组数 n 和置信度 $(1-\alpha)$ 两个参数决定的。在自由度 $n-2$ 和显著性水平 α(一般取值为0.05)下,通过查表(参见附录附表1)可得到 r_{cr},只有当 $|r|>r_{cr}$ 时,所得到的预测模型(回归方程)在统计范围内才具有显著性,用回归直线来描述 y 和 x 关系才有意义。

(3) 点预测与区间预测

点预测是在给定了自变量的未来值 $x=x_0$ 后,利用回归模型求出因变量的回归估计值 $\hat{y}_0=a+bx_0$,也称为点估计。

通常点预测的实际意义并不大,因为现实情况会受到各种环境因素的影响,因此未来的实际值总会与预测值产生或大或小的偏移,如果仅根据一点的回归就做出预测结论,将是荒谬的。因此预测不仅要得出点预测值,还要得出可能偏离的范围。于是,以一定的概率 $1-\alpha$ 预测的 y 在 $\hat{y}_0$ 附近变动的范围,称为区间预测。

在小样本(样本组数 $n<30$)统计下,置信水平为 $100(1-\alpha)\%$ 的预测区间为:

$$\hat{y}_0\pm t(\alpha/2,n-2)\cdot S(y) \tag{4-6}$$

式中,$\hat{y}_0$——y_0 的点估计值;

$S(y)$——标准离差;

$t(\alpha/2,n-2)$——对标准离差 $S(y)$ 的修正,可查 t 检验表(参见附录附表2)得出,通常 $\alpha=0.05$。

标准离差 $S(y)$ 可由下式求得:

$$S(y)=\sqrt{\frac{\sum_{i=1}^{n}(y_i-\hat{y}_i)^2}{n-2}\cdot\left[1+\frac{1}{n}+\frac{(x_0-\overline{x})^2}{\sum_{i=1}^{n}(x_i-\overline{x})^2}\right]} \tag{4-7}$$

如果统计样本数 n 很大时,根据概率中的 3σ 原则,可以采用简便的预测区间近似解法。

当置信度为 68.2%、95.4%和 99.7%的情况下，预测区间分别为：$\hat{y}_0 \pm S(y)$、$\hat{y}_0 \pm 2S(y)$ 和 $\hat{y}_0 \pm 3S(y)$。这时，标准离差 $S(y)$ 可由下式近似求出：

$$S(y)=\sqrt{\frac{\sum_{i=1}^{n}(y_i-\hat{y}_i)^2}{n-2}} \tag{4-8}$$

到此，预测结果才比较完整。

可以看出，回归预测基本可分为三大步：一是统计数据的规律化；二是进行相关检验，确立预测模型；三是利用预测模型进行点预测和区间预测。

【例 4-2】 某工厂预计 2018 年产值将达到 240 万元。现在需要根据过去 5 年该厂主要产品 A 的实际销售额和该厂工业产值之间的因果关系，来预测一下 2019 年产品 A 将达到的实际销售额。数据如下：

观察期	2012 年	2013 年	2014 年	2015 年	2016 年
y(A 产品实际销售额，万元)	34.3	38.0	39.5	41.0	43.5
x(工业产值，万元)	100	129	142	161	183

解：(1) 先在坐标系中画出 y-x 数据散点图，见图 4-3。由图 4-3 分析，可以看到 y-x 大致是线性相关关系，并且没有大的异常数据。

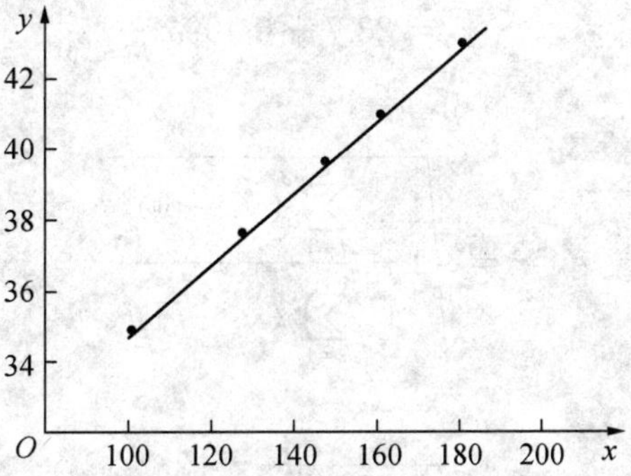

图 4-3　散点图

(2) 确定预测模型

$$\hat{y}=a+bx$$

列表求回归系数 a 和 b，见表 4-1。

表 4-1　一元线性回归系数 a、b 计算表

n	x_i	y_i	$(x_i-\bar{x})$	$(y_i-\bar{y})$	$(x_i-\bar{x})^2$	$(x_i-\bar{x})(y_i-\bar{y})$
1	100	34.3	−43	−4.96	1849	213.23
2	129	38.0	−14	−1.26	196	17.64
3	142	39.5	−1	0.24	1	−0.24
4	161	41.0	18	1.74	324	31.32

(续表)

n	x_i	y_i	$(x_i-\bar{x})$	$(y_i-\bar{y})$	$(x_i-\bar{x})^2$	$(x_i-\bar{x})(y_i-\bar{y})$
5	183	43.5	40	4.24	1600	169.6
$\sum$	715	196.3	—	—	3 970	431.6

$$\bar{x}=\frac{\sum_{i=1}^{5}x_i}{n}=\frac{715}{5}=143$$

$$\bar{y}=\frac{\sum_{i=1}^{5}y_i}{n}=\frac{196.3}{5}=39.26$$

将表中各项值分别代入求回归系数的公式,求出 a,b:

$$b=\frac{\sum_{i=1}^{n}(x_i-\bar{x})(y_i-\bar{y})}{\sum_{i=1}^{n}(x_i-\bar{x})^2}=\frac{431.6}{3\ 970}=0.109$$

$$a=\bar{y}-b\bar{x}=39.26-0.109\times 143=23.7$$

写出预测模型为

$$\hat{y}_0=23.7+0.109x$$

(3) 进行相关检验

$$r=\sqrt{1-\frac{\sum_{i=1}^{5}(y_i-\hat{y})^2}{\sum_{i=1}^{5}(y_i-\bar{y})^2}}$$

列表计算,见表4-2。

$$r=\sqrt{1-\frac{0.27}{47.26}}=0.997\ 1$$

现 $n=5$,取 $\alpha=0.05$(即置信度为95%),由附录可查得:$r_{临界}=0.878\ 3$。由于 $r>r_{临界}$,所以回归模型是具有显著性的。

表4-2 相关系数计算表

n	x_i	y_i	$\hat{y}_i$	$(y_i-\hat{y}_i)^2$	$(y_i-\bar{y}_i)^2$
1	100	34.3	34.6	0.09	24.60
2	129	38.0	37.8	0.04	1.59
3	142	39.5	39.2	0.09	0.06
4	161	41.0	41.2	0.04	3.03
5	183	43.5	43.6	0.01	17.98
$\sum$	—	—	—	0.27	47.26

(4) 点预测与区间预测

已知 $x_0=240$ 万元,根据预测模型进行点预测:

$$\hat{y}_0=23.7+0.109x=23.7+0.109\times 240$$
$$=49.8(\text{万元}),$$

$$S(y)=\sqrt{\frac{\sum_{i=1}^{n}(y_i-\hat{y}_i)^2}{n-2}\left[1+\frac{1}{n}+\frac{(x_0-\bar{x})^2}{\sum_{i=1}^{n}(x_i-\bar{x})^2}\right]}$$

$$=\sqrt{\frac{0.27}{5-2}\left[1+\frac{1}{5}+\frac{(240-143)^2}{3970}\right]}=0.57$$

因为 $n=5$,设 $\alpha=0.05$(即 $\alpha/2=0.025$),查 t 分布表得:

$$t(\alpha/2,n-2)=3.182\,4$$

所以区间预测结果为:

$$\hat{y}\pm t(\alpha/2,n-2)\cdot S(y)=49.8\pm 1.8(\text{万元})$$

即有 95%的可能性在(51.6,48.0)的区间内。

2. 消费系数法

消费系数是指某种产品在各个行业(或部门、地区、人口、群体等)的单位消费量。采用消费系数法进行预测,是对某种产品在各个行业的消费数量进行分析,在了解各个行业规划产量的基础上,汇总各个行业的需求量,从而得出该产品的总需求量。

(1) 分析产品 A 的所有消费部门或行业,包括现存的和潜在的市场。有时产品的消费部门众多,则需要筛选出主要的消费部门;

(2) 分析产品 A 在各部门或行业的消费量 X_i 与各行业产品产量 Y_i,确定在各部门或行业的消费系数;

某部门的消费系数 e_i=某部门产品消费量 X_i/该部门产量 Y_i

(3) 确定各部门或行业的规划产量,预测各部门或行业的消费需求量;

部门需求量 X_i'=部门规划生产规模 $Y_i'\times$该部门消费系数 e_i

(4) 汇总各部门的消费需求量。

部门需求量 $X'=\sum$ 各部门的需求量 X_i'

【例 4-3】 2018 年某地区各类机动车消耗汽油 121.02 万 t。其具体消耗见表 4-3,预计 2021 年当地各类车保有量分别是:私人轿车 20 万辆,出租车 5 万辆,商务用车 7 万辆,小型摩托车 0.5 万辆,其他车 2 万辆。假定各类车辆年消耗汽油不变,请用消费系数法预测 2021 年车用汽油需求量。

表 4-3 2018 年某地区车用汽油消耗量

机动车分类	私人轿车	出租车	商务用车	小型摩托车	其他车
车辆保有量(万辆)	6.21	3.34	5.73	0.24	1.22
年消耗汽油(万 t)	19.62	29.66	64.86	0.03	6.85

解:(1) 首先计算各类机动车年汽油消耗量。

每辆私人轿车年汽油消耗量=2018年私人轿车年汽油消耗量/私人轿车保有量

=19.62万t/6.21万辆=3.16t/(辆·年)

类似,每辆出租车年汽油消耗量=8.88吨/(辆·年)

每辆商务车年汽油消耗量=11.32吨/(辆·年)

每辆小型摩托车年汽油消耗量=0.13吨/(辆·年)

每辆其他车年汽油消耗量=5.6吨/(辆·年)

(2) 计算各类车2021年年汽油消耗量。

私人轿车年汽油消耗量=2021年私人轿车保有量×私人轿车年汽油消耗量

=20万辆×3.16t/辆=63.2万t

类似,2021年出租车年汽油消耗量=44.4万t

2021年商务车年汽油消耗量=79.24万t

2021年小型摩托车年汽油消耗量=0.07万t

2021年其他车年汽油消耗量=11.20万t

(3) 汇总各类车辆汽油需求量,于是2021年车用汽油需求量为198.11万t。

3. 弹性系数法

弹性系数亦称弹性,弹性是一个相对量,它衡量某一变量的改变所引起的另一变量的相对变化。弹性总是针对两个变量而言的,例如需求的价格弹性系数所考察的两个变量是某一特定商品的价格和需求量,而能源弹性则是考察经济总量指标与能源消费量之间的关系。

一般来说,两个变量之间的关系越密切,相应的弹性值就越大;两个变量越是不相关,相应的弹性值就越小。

(1) 收入弹性

收入弹性就是商品价格保持不变时,该商品购买量变化率与消费者收入的变化率之比。因此可以把收入弹性表示为:收入弹性=购买量变化率/收入变化率

设:$Q_1,Q_2,\cdots,Q_n$为时期$1,2,\cdots,n$的商品购买量;$I_1,I_2,\cdots,I_n$为时期$1,2,\cdots,n$的收入水平;ΔQ与ΔI分别为相应的改变量。则可按以下公式计算收入弹性ε_I:

$$\varepsilon_I=(\Delta Q/Q)/(\Delta I/I) \tag{4-9}$$

在计算收入弹性时,应根据所研究的问题来决定采用什么收入变量,收入水平的衡量既可以用国民收入,也可用人均收入或其他收入变量。一般来说,收入弹性为正数,即收入增加,需求量上升;反之,收入减少,需求量下降。

【例4-4】 某地区年单反相机销售量和人均年收入如表4-4,预计到2020年人均收入较2015年增加86%,人口增长控制在0.4%。请用收入弹性预测2020年单反相机需求量。

表4-4 某地区2010—2015年单反相机消费量和人均年收入

年份	人均收入(元/年)	人口(万人)	照相机销售量(万台)
2010	2 820	680	3.22
2011	3 640	684	3.56
2012	4 640	688	3.99

（续表）

年份	人均收入(元/年)	人口(万人)	照相机销售量(万台)
2013	5 978	692	4.36
2014	7 585	696	4.81
2015	9 198	701	5.18

解:(1) 计算单反相机收入弹性系数如表 4-5 所示。

表 4-5　某地区 2010—2015 年单反相机消费收入弹性系数表

年份	较上年收入增长(%)	每万人单反相机消费(台/万人)	每万人单反相机消费增长率(%)	收入弹性系数
2010		47		
2011	29.1%	52	10.6%	0.36
2012	27.5%	58	11.5%	0.42
2013	28.8%	63	8.6%	0.30
2014	26.9%	69	9.5%	0.35
2015	21.3%	74	7.2%	0.34

从表 4-5 可以看出,2010—2015 年单反相机消费收入弹性系数为 0.30～0.42,平均为 0.35,因此取 2020 年的弹性系数为 0.35。

(2) 计算 2020 年单反相机需求量

以 2015 年为基数,2020 年人均年收入增长 86%,则:

每万人单反相机消费增长率＝收入增长率×收入弹性系数＝86%×0.35＝30.1%

2020 年每万人单反相机需求＝2015 年每万人单反相机消费量×每万人单反相机消费增长率

＝74×(1＋30.1%)＝96(台/万人)

2020 年当地人口＝2015 年人口数×$(1+\text{年人口增长速度})^5$

＝$701\times(1+0.4\%)^5$＝715 万人

则,2020 年当地单反相机需求量＝715 万人×96 台/万人＝6.86 万台

(2) 价格弹性

价格弹性就是商品需求的价格弹性。某个商品需求的价格弹性是指当收入水平保持不变时该商品购买量变化率与价格变化率之比。因此可以把价格弹性表示为:

价格弹性＝购买量变化率/价格变化率

设 $P_1,P_2,\cdots,P_n$ 为时期 $1,2,\cdots,n$ 的商品价格;$Q_1,Q_2,\cdots,Q_n$ 为时期 $1,2,\cdots,n$ 的购买量;ΔQ 与 ΔP 为相应的改变量;就可以得出价格弹性 ε_P 的计算公式:

$$\varepsilon_P=(\Delta Q/Q)/(\Delta P/P) \tag{4-10}$$

一般来说,价格弹性为负数。反映了价格的变动方向与需求量变动方向的不一致性。价格上升,需求量就会下降;价格下降,需求量就会上升。

【例 4-5】　2012—2018 年某地空调消费量和平均销售价格如表 4-6,如果 2019 年空调

价格下降到2 000元/台,请用价格弹性系数法预测2019年空调需求量。

表4-6　某地区2012—2018年空调消费量与价格

年份	空调价格(元/台)	空调消费量(万台)
2012	4 996	32
2013	4 547	35
2014	4 012	39
2015	3 580	44
2016	3 198	49
2017	2 820	54
2018	2 450	62

解:(1) 计算各年的空调价格弹性系数,见表4-7。

表4-7　某地区2012—2018年空调价格弹性系数

年份	空调价格(元/台)	价格较上年增长(%)	空调消费量(万台)	空调消费较上年增长(%)	价格弹性系数
2012	4 996		32		
2013	4 547	−9.0	35	9.4	−1.04
2014	4 012	−11.8	39	11.4	−0.97
2015	3 580	−10.8	44	12.8	−1.19
2016	3 198	−10.7	49	11.4	−1.06
2017	2 820	−11.8	54	10.2	−0.86
2018	2 450	−13.1	62	14.8	−1.13

取2012—2018年价格弹性系数的平均值−1.04,即价格每降低1%,需求增长1.04%。

(2) 计算2019年空调需求量

2019年价格降到2 000元/台,较2018年价格降低了18.4%,求2019年空调需求增长率:

2019年空调需求增长率=空调价格下降率×价格弹性系数

=18.4%×1.04=19.1%

2019年空调需求量=62×(1+19.1%)=74(万台)。

(3) 能源需求弹性

能源需求弹性可以反映许多经济指标与能源需求之间的关系。能源消费可以分解为电力、煤炭、石油、天然气等消费,反映国民经济的重要指标包括社会总产值、国内生产总值、工农业总产值、国民收入、主要产品产量等,可按这些指标计算不同的能源弹性。

能源的国内生产总值弹性,是指能源消费量变化率与国内生产总值变化率之比。可以表示为:

能源的国内生产总值弹性=能源消费量变化率/国内生产总值变化率

如果设 $E_1,E_2,\cdots,E_n$ 分别为时期 1,2,…,n 的能源消费量；$GDP_1,GDP_2,\cdots,GDP_n$ 分别为时期 1,2,…,n 的国内生产总值；ΔE、ΔGDP 为相应的变化量，则能源的国内生产总值弹性的计算公式为：

$$\varepsilon_E=(\Delta E/E)/(\Delta GDP/GDP) \tag{4-11}$$

【例 4-6】 某市 2015 年 GDP 达到 1 788 亿元，当年电力消费量 269 万 kWh。经分析，预计未来 10 年中前 5 年和后 5 年 GDP 将保持 9%和 8%的速度增长，同期电力弹性系数分别为 0.66 和 0.59，请用弹性系数法预测 2020 年和 2025 年该市电力需求量。

解：按照公式：$\varepsilon_E=(\Delta E/E)/(\Delta GDP/GDP)$

2016—2020 年年均电力需求增长速度＝电力消费弹性系数×GDP 增长速度

＝0.66×9%＝5.9%

2021—2025 年平均电力需求增长速度＝0.59×8%＝4.7%

2020 年电力需求量＝2015 年电力消费量×$(1+\text{电力需求年增长速度}_{2016-2020})^5$

$=269\times(1+5.9\%)^5$

＝358(万 kWh)

2025 年电力需求量＝2020 年电力消费量×$(1+\text{电力需求年增长速度}_{2021-2025})^5$

$=358\times(1+4.7\%)^5$

＝450(万 kWh)

二、时间序列分析法

时间序列分析法就是以时间 t 为自变量，以预测对象为因变量，根据这些按时间顺序排列的历史数据，了解和分析其趋向性、周期性、季节性和随机性，做出较为合理的预测。例如在预测某企业今后几年的年产值、某产品年销售量或某类产品市场占有率等时，就可以采用时间序列分析法。由于篇幅的原因，这里只介绍常用的简单移动平均法和指数平滑法。

1. 简单移动平均法

移动平均法分为简单移动平均法和加权移动平均法。简单移动平均法是对过去若干历史数据求算术平均值，并把结果作为以后时期的预测值。而加权移动平均法则是在简单移动平均法的基础上，给不同时期的变量值赋予不同的权重来计算预测值。

(1) 简单移动平均法的公式

简单移动平均法的计算公式为：

$$F_{t+1}=\frac{1}{n}\sum_{i=t-n+1}^{t}x_i \tag{4-12}$$

式中，F_{t+1} 是 $t+1$ 时的预测值，n 是在计算移动平均值时所使用的历史数据的数目，即移动时段的长度。

为了进行预测，需要对每一个 t 计算出相应的 F_{t+1}，所有计算得出的数据形成一个新的数据系列。经过两到三次同样的处理，历史数据序列的变化模式将会被揭示出来。这个变化趋势较原始数据变化幅度小，因此移动平均法从方法论上属于平滑技术。

(2) n 的选择

采用移动平均法进行预测时，n 的选择非常重要，也是移动平均的难点。事实上，不同 n

的选择对所计算的平均数影响很大。n 值越小，表明对近期观测值预测的作用越重视，预测值对数据变化的反应速度也越快，但预测的修匀程度较低，估计值的精度也可能降低；反之，n 越大，预测值的修匀程度越高，但对数据变化的反应程度较慢。因此，n 值的选择无法二者兼顾，应视具体情况而定。

n 一般在 3～200 之间，视序列长度和预测目标情况而定。对水平型数据，n 的取值较为随意。一般情况下，如果考虑到历史序列的基本发展趋势变化不大，则 n 应取大一点；对于具有趋势性或阶跃型特点的数据，为提高预测值对数据变化的反应速度，减少预测误差，n 取值较小一些。

移动平均法只适用于短期预测，在大多数情况下只用于以月度或周为单位的近期预测。其主要优点是简单易行，容易掌握。其缺点是只有在处理水平型历史数据时较为有效。

【例 4-7】 某商场 2015 年 1～12 月洗衣机销售量如表 4-8 所示，用简单移动平均法预测 2016 年第一季度该商场的洗衣机销售量(n=3)。

表 4-8 某商场 2015 年洗衣机销售量

月份	序号	实际销售量 x_t(台)	3 个月移动平均预测(台)
1	1	53	—
2	2	46	—
3	3	28	—
4	4	35	42
5	5	48	36
6	6	50	37
7	7	38	44
8	8	34	45
9	9	58	41
10	10	64	43
11	11	45	52
12	12	42	56

解：采用 3 个月简单移动平均法预测：

2016 年 1 月预测销售量 $Q_1=\dfrac{(x_{10}+x_{11}+x_{12})}{3}=\dfrac{(64+45+42)}{3}=50$(台)

2016 年 2 月预测销售量 $Q_2=\dfrac{(x_{11}+x_{12}+Q_1)}{3}=\dfrac{(45+42+50)}{3}=46$(台)

2016 年 3 月预测销售量 $Q_3=\dfrac{(x_{12}+Q_1+Q_2)}{3}=\dfrac{(42+50+46)}{3}=46$(台)

则 2016 年第一季度洗衣机销售量预测 $=Q_1+Q_2+Q_3=50+46+46=142$(台)

为了使预测更符合当前的发展趋势，可以采用加权移动平均法。即将不同时期的序列给予不同的权重，如对预测的前一期、前二期和前三期分别赋予 3、2 和 1 的权重，则：

$$Q_1=\frac{(x_{10}+2x_{11}+3x_{12})}{6}=\frac{(64+2\times45+3\times42)}{6}=47(\text{台})$$

$$Q_2=\frac{(x_{11}+2x_{12}+3Q_1)}{6}=\frac{(45+2\times42+3\times47)}{6}=45(\text{台})$$

$$Q_3=\frac{(x_{12}+2Q_1+3Q_2)}{6}=\frac{(42+2\times47+3\times45)}{6}=45(\text{台})$$

2016 年第一季度洗衣机销售 $=Q_1+Q_2+Q_3=47+45+45=137$(台)

2. 指数平滑法

指数平滑法又称指数加权平均法，实际上是加权移动平均法的一种变化，它是选取各时期权重数值为递减指数数列的均值方法。指数平滑法解决了移动平均法需要 n 个观察值和不考虑 $t-n$ 前时期数据的缺点，通过某种平均方式，消除历史统计序列中的随机波动，找出其中主要的发展趋势。

(1) 指数平滑法公式

根据指数平滑次数的不同，指数平滑有一次指数平滑、二次指数平滑、三次指数平滑和高次指数平滑。

对时间序列 $x_1,x_2,x_3,\cdots,x_t$，一次平滑指数公式为：

$$F_t=\alpha x_t+(1-\alpha)F_{t-1} \tag{4-13}$$

式中，α——平滑系数，$0<\alpha<1$；

x_t——历史数据序列 x 在 t 时的观测值；

F_t,F_{t-1}——t 时和 $t-1$ 时的平滑值。

一次指数平滑法又称简单指数平滑法，是一种较为灵活的时间序列预测方法，它对于历史数据的观测值给予不同的权重，对先前预测结果的误差进行了修正。

一次指数平滑法适用于市场观测呈水平波动，无明显上升或下降趋势情况下的预测，它以本期指数平滑值 F_t 作为下期的预测值，预测模型为：

$$x'_{t+1}=F_t \tag{4-14}$$

亦即：

$$x'_{t+1}=\alpha x_t+(1-\alpha)x'_t \tag{4-15}$$

(2) 平滑系数 α

平滑系数 α 反映了新旧数据的分配比值(即权重)。α 值愈大，表示新数据所起的作用愈大。当 $\alpha=1$ 时，一次指数平滑值为新数据的重复；当 $\alpha=0$ 时，则为原一次指数平滑值的重复。

一般情况下，观察值呈较稳定的水平发展，α 值取 0.1～0.3，观察值波动较大时，α 值取 0.3～0.5；观察值波动很大时，α 值取 0.5～0.8。

(3) 初始值 F_0 的确定

从指数平滑法的计算公式可以看出，指数平滑法是一个迭代计算过程。用该法进行预测，首先必须确定初始值 F_0，实质上它应该是序列起点 $t=0$ 以前所有历史数据的加权平均值。由于经过多期平滑，特别是观测期较长时，F_0 的影响作用就相当小，故在预测实践中，一般采用这样的方法处理:当时间序列期数在20个以上时,初始值对预测结果的影响很小,可用第一期的观测值代替,即 $F_0=x_1$;当时间序列期数在20个以下时,初始值对预测结果有一定的影响,可取前3～5个观测值的算术平均值代替。

【例4-8】 某地区逐年环氧乙烷的市场需求量如表4-9所示。试采用一次指数平滑法($\alpha=0.3$)预测2017年该地区环氧乙烷的市场需求量。

表4-9 环氧乙烷市场需求量

单位:kt

年份	t	年需求量 x_t	年份	t	年需求量 x_t
2005	1	50	2011	7	51
2006	2	52	2012	8	40
2007	3	47	2013	9	48
2008	4	51	2014	10	52
2009	5	49	2015	11	51
2010	6	48	2016	12	59

解:先计算初始平滑值,取前3年数值的平均数作为 F_0:

$$F_0=(x_1+x_2+x_3)/3=(50+52+47)/3=49.7$$

再根据指数平滑法公式计算各年的平滑值:

$$F_1=\alpha x_1+(1-\alpha)F_0=0.3\times 50+(1-0.3)\times 49.7=49.8$$

$$F_2=\alpha x_2+(1-\alpha)F_1=0.3\times 52+(1-0.3)\times 49.8=50.5$$

$$F_3=\alpha x_3+(1-\alpha)F_2=0.3\times 47+(1-0.3)\times 50.5=49.5$$

……

$$F_{12}=\alpha x_{12}+(1-\alpha)F_{11}=0.3\times 59+(1-0.3)\times 49.3=52.2$$

所以2017年该地区环氧乙烷的市场需求量预测值为52.2kt,见表4-10。

表4-10 指数平滑法计算结果

年份	时序 t	年需求量 x_t (kt)	一次指数平滑值 F_t	预测值
	0		49.7	
2005	1	50	49.8	49.7
2006	2	52	50.5	49.8
2007	3	47	49.5	50.5
2008	4	51	50	49.5
2009	5	49	49.7	50
2010	6	48	49.2	49.7
2011	7	51	49.7	49.2

（续表）

年份	时序 t	年需求量 x_t (kt)	一次指数平滑值 F_t	预测值
2012	8	40	46.8	49.7
2013	9	48	47.2	46.8
2014	10	52	48.6	47.2
2015	11	51	49.3	48.6
2016	12	59	52.2	49.3
2017	13			52.2

第四节 市场风险分析

风险分析是贯穿于投资项目决策分析与评价全过程的一项重要工作，市场风险分析是其有机组成部分。市场风险分析是在产品供需、价格变动趋势和竞争能力等常规分析已达到一定深度要求的情况下，对未来国内外市场某些重大不确定因素发生的可能性，及其可能对项目造成的损失程度进行的分析。

市场风险分析的一般步骤是识别风险因素、估计风险程度、提出风险对策。

一、产生市场风险的主要因素

(1) 消费者的消费习惯、消费偏好发生变化，使得市场需求发生重大变化。根本原因是技术进步加快，新产品和新替代产品的出现，导致部分用户转向购买新产品和新替代产品，因而减少了对项目产品的需求，影响了项目产品的预期效益。

(2) 新竞争对手加入，市场趋于饱和，导致项目产品市场占有份额减少。

(3) 市场竞争加剧，出现产出品市场买方垄断，项目产出品的价格急剧下降；或者出现投入品市场卖方垄断，项目所需的投入品价格大幅上涨。这种激烈价格竞争，导致项目产品的预期效益减少。

(4) 国内外政治经济条件出现突发性变化，引起市场激烈震荡，导致项目产出品销售锐减，或者项目主要投入品供应中断。

上述情况的出现，均影响项目的预期效益。在投资项目决策分析与评价中，应根据项目的具体情况，识别项目可能面临的主要市场风险因素，具体做法见本书第十一章的不确定性分析。

二、市场风险程度估计

市场风险因素的识别要与风险程度估计相结合，以确定投资项目的主要风险因素，分析估计其对项目的影响程度。风险程度估计可以定性描述，也可借助风险概率进行定量计算。

三、风险对策研究与反馈

风险对策研究旨在提出针对性的规避市场风险的对策，避免市场风险的发生或将风险损失减低到最低程度。在市场研究中进行风险对策研究,更重要的是通过信息反馈改进方案设计、完善营销策略,促使项目成功。

习 题

1. 某地区2011—2015年笔记本电脑消费量与平均销售价格如题表4-1。若2016笔记本电脑价格下降到11 000/台,试用价格弹性系数法预测2016年笔记本电脑的需求量。

题表4-1 某地区2011—2015年笔记本电脑消费量与价格

年份	电脑价格(元/台)	电脑消费量(万台)
2011	28 000	200
2012	23 000	250
2013	19 000	300
2014	16 000	360
2015	13 500	420

2. 已知某地区车用汽油消耗量数据如题表4-2,试计算2020年车用汽油消耗量为多少万t。

题表4-2 某地区机动车保有量和消耗汽油量

机动车分类	私人轿车	出租车	商务用车	摩托车	其他车
2013年车辆保有量(万辆)	7.8	3.5	6.2	0.3	1.5
2013年消耗汽油量(万t)	21.6	30.4	68.9	0.04	7.4
2020年车辆保有量(万辆)	25	5	8	0.5	2.5

3. 化工生产过程对电力的需求量较大,某石油化工区通过调查统计,列出该区过去历年来化工产值与耗电量的变化数据如题表4-3。试通过这些数据进行一元线性回归分析,并预测以2015年为基础年产值翻一番后的电力需求量及$\alpha=0.05$水平下的区间预测。

题表4-3 历年来化工产值与耗电量的变化数据

年份	产值(百万元)	电耗(百万度)	年份	产值(百万元)	电耗(百万度)
1992	317.8	92.92	2004	637.5	117.45
1993	339.0	122.44	2005	675.4	132.64
1994	376.0	125.57	2006	710.0	126.16
1995	374.4	110.48	2007	728.8	116.99
1996	411.6	139.40	2008	770.6	123.90
1997	449.8	154.59	2009	809.2	141.33
1998	470.0	157.59	2010	873.2	156.71

（续表）

年份	产值(百万元)	电耗(百万度)	年份	产值(百万元)	电耗(百万度)
1999	495.8	152.23	2011	938.2	171.93
2000	508.8	139.13	2012	1 010.2	184.79
2001	548.8	156.33	2013	1 092.6	202.34
2002	585.8	140.47	2014	1 080.0	237.34
2003	617.0	128.24	2015	1 259.2	354.93

4. 某厂农药乳化剂逐年增长的产量如题表 4-4。试采用简单移动平均法($n=5$)和指数平滑法($\alpha=0.3$)分别预测 2019—2022 年各年产量。

题表 4-4 农药乳化剂逐年增长的产量

年份	2010	2011	2012	2013	2014	2015	2016	2017	2018
产量(t/年)	169.5	181.5	197.5	209.8	220.8	225.3	244.9	273.3	295.1

第五章　建设方案研究

建设方案研究是在市场分析的基础上，通过多方案比较，构造和优化项目的建设方案。它是项目前期工作研究成果的重要组成部分，具有承前启后的作用。在此基础上，为投资估算、融资方案研究、成本和费用估算、财务评价和国民经济评价以及社会与环境评价提供重要的基础依据。本章介绍建设方案构成中的产品方案与建设规模、工艺技术与设备的选择、原料路线的选择与物料供应、场(厂)址选择与总图运输、工程方案与配套工程等内容。

第一节　产品方案与建设规模

一、产品方案

1. 产品方案与产品组合

产品方案即拟建项目的主导产品、辅助产品或副产品及其生产能力的组合方案，包括产品品种、产量、规格、质量标准、工艺技术、材质、性能、用途、价格等。

产品方案需要在产品组合研究的基础上形成。有的项目只有一种产品，有的项目生产多种产品，其中一种或几种为主导产品。首先需要确定项目的主要产品、辅助产品、副产品的种类及其生产能力的合理组合，使它与技术、设备、原材料及燃料供应方案一致。表 5-1 为某农药项目产品方案。

表 5-1　某农药项目产品方案

产品名称		关键参数
正产品	草铵膦	合格品有效含量≥95%(m/m)
副产品	正丁醇	正丁醇含量≥98%
	氯化铵	NH_4Cl 质量分数(以干基计)≥99%
	氯丁烷	含量 ≥95% (工业级)
	40%乙酸钠溶液	含量 ≥40% (工业级)

2. 产品方案研究应考虑的因素

(1) 市场需求。应从市场需求导向和目标市场来确定产品品种、数量、质量，项目产品方案应能适应市场多变的要求。

(2) 国家产业政策和企业发展战略。项目产品方案应符合国家发布的产业结构调整指导目录、行业准入标准等，符合企业发展战略，使产品具有先进性或高附加值，有利于提高在市场的竞争力。

(3) 专业化协作。应从社会和区域的角度考察项目产品方案是否符合专业化协作，以及上下游产品衔接的要求。

(4) 资源综合利用。对共生性资源开发或者在生产过程中有副产品的项目，在确定产品方案时，应考虑资源的综合利用，提出主导产品和辅助产品的组合方案。

(5) 环境制约条件。应根据当地环境的要求和可能提供的环境容量来确定项目产品方案。

(6) 原材料、燃料供应。应遵循行业对原材料、燃料供应的相关规定，根据项目所采用的原料、燃料的可得性及其数量、品质、供应的稳定性来确定项目产品方案。

(7) 技术设备条件。项目产品方案应与可能获得的技术设备水平相适应。

(8) 运输和储存条件。对运输、储存有特殊要求的产品项目，确定产品方案时，应考虑产品的运输半径，特别是地处边远地区、目标市场相距数千公里，产品需铁路、公路运输的建设项目，或者产品属化学品，需长距离铁路、公路运输的建设项目。

二、建设规模

建设规模一般亦称生产规模，是指项目可行性研究报告中设定的正常生产运营年份可能达到的生产(或服务)能力。

在项目可行性研究与评估中，对项目产品进行市场调查和预测的目的，主要是为确定项目建设规模提供决策信息。但是，项目建设规模的确定，不仅取决于产品市场需求预测的结果，而且还应考虑生产工艺技术、原材料和能源供应、协作配套和项目投融资条件，以及规模经济等因素。项目建设规模的正确选定，特别是大型项目建设规模确定得是否适当，将直接关系到项目的技术方案、经济效益及其成功率，而且还会影响到项目所在地区、所属的行业部门，甚至整个国民经济的综合平衡。

1. 规模经济的基本原理

(1) 规模经济的概念

规模经济亦称规模效益，它是伴随着生产能力的扩大而出现的单位成本下降和收益递增的现象。

不是任何数量的生产力因素堆砌在一起就能形成生产力，更不是任何数量的生产因素相搭配都能使每一因素发挥自己的全部能力。例如，钢材生产必须是在采矿、选矿、炼铁、炼钢、轧钢等主要环节上，生产力诸因素有基本平衡的数量和能力，才能形成相应的钢材生产能力。如果炼铁能力特强，而轧钢能力特弱，那么势必以最弱的轧钢能力作为该钢铁联合企业的最高钢材生产能力，这样炼铁的富余生产能力就会闲置，造成炼铁生产能力的浪费。因此，一个企业不仅要使内部各因素之间数量匹配、能力协调，还要使所有生产力因素共同形成的经济实体在规模上大小适应。一般地说，建设规模愈大，单位产品的成本愈低，收益就递增。当然，规模过大或过小都会引起产品成本的递增和收益递减。人们必须根据具体情况，选择最佳的生产规模。

(2) 规模经济的分类

在生产经营活动中产生的规模经济有内在规模经济与外在规模经济之分。由于建设项目内部自身条件的变化(如采用新技术、新工艺、新设备和新材料，实现标准化、专业化、简单化和资源的综合利用等)而引起项目效益的增加，称为内在规模经济；由于整个行业规模的扩大、产量的增加和行业经营环境的改善而导致的个别项目平均成本下降或效益增加，称为外在规模经济。

外在规模经济又有技术性和金融性外在规模经济之分。由于行业发展，使个别项目得以利用信息服务、运输、人才和科技情报等非货币性因素的便利条件,从而引起项目效益的增加,称为技术性外在规模经济;随着行业发展,使个别项目在金融、信贷等货币方面受益,从而引起项目效益的增加,可称为金融性外在规模经济。

(3) 规模经济的技术经济特点

不同规模的项目具有不同的技术经济特点,因此它们在国民经济中发挥的作用和优势也各不相同。一般说来,大中型规模便于采用先进的科学技术,合理使用生产设备,实现生产的自动化;有利于提高劳动生产率,进行大批量生产;能合理有效地利用原材料,便于组织运输,从而降低产品的经营成本,经济效果较好。但是,规模大的项目需要投入大量资金和物质资源,建设周期、技术更新周期和投资回收时间长,产品转向慢,因而对市场的适应性差。中小型规模具有投资小、物资耗费少、建设周期短、见效快的优势,并能充分利用分散的自然资源,有利于工业布局的均衡分布,促进地区经济的综合发展。同时,因规模小、生产灵活性大,可以迅速改变产品品种、规格和型号,能较好地适应国内外市场变化的要求,市场适应性强。但是,在采用先进生产技术、运用高效率的自动化生产设备、资源的优化利用和提高投资效益等方面,中小型规模不如大型规模。

2. 建设规模的制约因素

建设规模的制约因素有多种:

(1) 项目产品的市场需求

市场的需求是确定项目建设规模的前提。应首先根据产品的市场调查和预测结果进行项目建设规模的初步选择。一般情况下,项目的建设规模不能大于市场预测的需求量,并且还应根据市场内销和外销的可能性来确定产品的规格、质量和性能。如果项目产品预测的市场需求大大超过供应,则可扩大拟建项目的产品建设规模,反之则应缩小规模。当产品的市场需求变化快,品种规格多时,应采用中、小规模;当产品适应性强,市场需求量大,品种规格变化较小时,可以采用大、中规模。

(2) 资源供应及其他外部建设条件

此处所指资源包括土地资源、生物资源、矿产资源、能源、水资源、环境资源、交通资源和人力资源等。各类原材料及燃料供应、动力供应、交通运输(如大件设备运输条件、产品和大宗原材料的运力条件等)、通信、建筑材料、施工能力等,都可能对项目建设规模构成影响。

(3) 生产技术和设备的先进性及其来源

这是对建设规模起决定作用的因素,因为先进的生产技术决定着主导设备的技术经济参数。对于不同的生产部门,一般是按其特定的生产能力,使生产技术和设备标准化、系列化。因此在确定项目建设规模时,必须要考虑现代化技术和工艺水平,否则就不能达到规定的劳动生产效率,如采掘工业和农产品加工工业。对于有些工业部门,还应注意它们采用的主导设备和装置的来源,如果是引进国外设备和技术时,更要按其特定的生产能力要求来确定项目的生产规模,如冶金、石油、化工、机械制造工业等。应关注有关法规中对鼓励、限制和禁止采用技术和设备目录的规定。

(4) 规模经济的要求和资金的可供量

必须考虑项目拟定的建设规模能否达到或接近该部门或行业的规模经济的生产能力,同时要结合资金的可获得性,量力而行地考虑建设规模。

(5) 行业因素

不同行业、不同类别的项目，在确定建设规模时应考虑与行业相关的特殊因素。例如煤炭、金属与非金属矿山、石油、天然气等矿产资源开发项目，应考虑资源合理开发利用要求和资源可采储量、赋存条件等；水利水电项目应考虑水资源量、可开发利用量、地质条件、建设条件、库区生态影响、占用土地以及移民安置条件等；铁路、公路项目应根据拟建项目影响区域内一定时期运输量的需求预测，以及项目在综合运输系统和本运输系统中的作用确定线路等级、线路长度和运输能力。

纵观上述条件可知，项目（或其他经济实体）的建设规模没有一个绝对的、一成不变的优化标准。其项目的建设规模是否合理或最优，应依据各种因素综合分析决定。

3. 建设规模优化标准的等级

(1) 起始经济规模。就是最小的经济有效规模或盈亏临界规模。这是确定某个项目生产盈余还是亏损的分界线和分水岭。每个行业都有一个最低生产规模界限，高于这一规模界限则项目盈利；低于这一规模界限则项目亏损。例如，小氮肥厂年产低于 1 万 t 就要亏损。

(2) 合理经济规模。就是只盈利而不亏损的建设规模。因此，在起始经济规模的基础上，还应选择合理的经济规模。合理经济规模通常是一个区间范围。

(3) 最优经济规模。就是项目产品的成本最低、经济效益最高的建设规模。选择项目经济规模优化的共同标准，应从规模经济的本意出发，达到项目成本利润率的最大化，或是投入产出率的最大化。

每个项目都应提倡和鼓励最优经济规模，要鼓励和督促人们在生产和建设中追求合理经济规模和最优经济规模，还应掌握选择最优经济规模的方法，应从各种制约因素的各个方面进行全面综合的比较分析和优选。

4. 建设规模的合理性分析

对拟定建设规模应进行合理性分析，主要分析以下几个方面：

(1) 产业政策和行业特点的符合性。

(2) 收益的合理性。理论上应追求最优经济规模，但现实中往往受多种因素制约，一般寻求的是合理的经济规模。

(3) 资源利用的合理性。任何投资项目的建设与运营，都以资源的耗费为基础，因此资源利用的合理性是建设规模合理性分析的重要内容。主要从资源利用的可靠性、有效性和经济性来进行分析。

(4) 外部条件的适应性与匹配性。这里的外部条件泛指项目之外的所有方面，包括市场、原材料供应、交通、供水、供电、自然环境和社会人文环境等其他外部建设条件。

5. 确定合理建设规模的方法

在一般情况下，可采用下列方法来确定合理的建设规模：

1) 最低费用法

(1) 静态法

最低费用法就是把制约建设规模的各种因素的技术经济指标加权计算，求得其单位产品折算费用，以达到最低单位产品折算费用的建设规模为合理的建设规模。其表达式为：

$$F_i = G_i + T_i + E_d \frac{C_i}{Q_i} \tag{5-1}$$

式中,F_i ——某一规模下单位产品的折算费用;

G_i ——该规模下单位产品的生产成本;

T_i ——该规模下单位产品的原料及产品运输费;

C_i ——项目的投资;

E_d ——标准投资效果系数;

Q_i ——该规模下的年产量。

计算中没有引入资金的时间价值。若需考虑资金的时间价值,则采用动态方法进行评价。

【例5-1】 目前市场需要某种化工原料产品20万t,工厂的起始规模(由于设备、工艺条件及经济方面的原因所确定的)为4万t,根据条件可以采用以下几种方案:

Ⅰ:建设五个年产4万t的小型厂;

Ⅱ:建设两个年产10万t的中型厂;

Ⅲ:建设一个年产20万t的大型厂。

不同方案的不同建设规模条件下的单位产品成本及投资资料见表5-2。假定各种规模的标准投资效果系数 E_d 取0.3,试用静态法确定合理生产规模。

表5-2 各方案单位产品成本及投资资料

指标	方案		
	Ⅰ	Ⅱ	Ⅲ
项目的建设规模 Q_i(万 t/年)	4	10	20
单位产品生产成本 G_i(元/t)	4 390	4 210	4 100
单位产品运输费用 T_i(元/t)	280	300	380
总投资 C_i(万元)	5 000	11 000	29 000

解:由式(5-1)则有:

$$F_{\text{I}} = 4\,390 + 280 + 0.3 \times \frac{5\,000 \times 10^4}{4 \times 10^4} = 5\,045(\text{元/t})$$

$$F_{\text{II}} = 4\,210 + 300 + 0.3 \times \frac{11\,000 \times 10^4}{10 \times 10^4} = 4\,840(\text{元/t})$$

$$F_{\text{III}} = 4\,100 + 380 + 0.3 \times \frac{29\,000 \times 10^4}{20 \times 10^4} = 4\,915(\text{元/t})$$

根据以上计算,可知合理的建设规模为年产10万t的中型厂。故为满足市场需要,可建两个相同的中型厂。

(2) 动态法

① 年金法

年金法是将初始投资、产品的生产成本、产品及原料的运费动态地分摊到经济活动的各个年份,求得各规模下年费用最低值,最低年费用的规模为合理的建设规模,其表达式为:

$$A_i = P_{i0}\frac{i\,(1+i)^n}{(1+i)^n-1} + T_i + G_i \tag{5-2}$$

式中，A_i ——某一规模下的产品年费用；

P_{i0} ——某一规模下的初始总投资；

T_i ——某一规模下的产品的原料及产品年运输费用；

G_i ——某一规模下的产品的年生产成本；

i ——年利率；

n ——经济活动年限。

② 现值法

现值法是将上述各项技术经济指标动态地折算到年初（初始投资年份），求各规模下总费用现值。最低费用的规模为合理的建设规模，其表达式为：

$$P_i = P_{i0} + (T_i + G_i)\frac{(1+i)^n-1}{i\,(1+i)^n} \tag{5-3}$$

式中，P_i 为某一规模下的总费用现值。

在采用动态法进行评价时，对不同规模的项目要取相同的经济寿命。若数个小型厂不建在同一地区，其投资、成本费不同，应分别计算，然后和大厂进行比较。

在实际的项目建设中，由于各种因素约束和条件的影响，往往很少能达到理想的程度，这时一定要抓住其中最主要的影响因素来分析。

2）盈亏平衡分析法（效益法）

这是对产品生产经营情况进行经济分析的一种方法，其基本程序是：首先，根据产品生产的要求确定工艺技术和设备，计算出项目最低生产规模界限，即项目的起始规模，这是确定项目经济规模的基础。而后选择合理生产规模，通过研究产品生产量与费用之间的变化关系确定项目最佳的建设规模。

盈亏平衡分析法将在第十一章详细介绍。

第二节　工艺技术方案研究

一、工艺技术方案选择的原则

决定建设一个项目，它所生产的产品必须为国民经济各部门和人民生活所需要，也就是说必须有市场，这是不言而喻的。除此之外，还必须具备两个基本条件：一是要有足够的原料资源；二是要掌握用这种原料生产所需产品的技术。也就是说，在选择合理的原料路线基础上还要考虑合适的工艺技术方案。

采用一定的原材料生产某种产品，可能有多种生产方法，每种生产方法所使用的工艺制造过程和设备各不相同。把几种不同的工艺技术方案进行比较，挑选出最适合的加以采用，这就叫做工艺技术方案的选择，简称技术方案选择。

多年来，我国选择技术方案的原则是“技术上先进、经济上合理”。现代科学技术发展日新月异，新的工艺技术不断取代旧的工艺技术，建设项目当然不应当选择那些已被淘汰或即将被淘汰的工艺技术。但在实际工作中，往往有片面强调技术上先进而忽视经济上合理的现象,有时甚至是盲目强调所谓“先进技术”而不注意经济效果。事实上,新技术能否产业化,主要取决于它的经济效果是否优于已有的工艺技术。

进行工艺技术方案选择时,应考虑以下几个选择原则:

1. 先进性与前瞻性

工艺技术的先进性决定了项目的市场竞争力。拟建项目应尽可能采用先进和高新技术,达到国内领先并尽可能接近或超过国际水平。应当充分研究工艺技术的现状和发展趋势,了解是否存在更先进的工艺技术以及采用的可能性,以保证项目的竞争能力。

技术的先进性主要体现在产品的质量性能好、工艺水平高和装备自动控制程度和可靠性高几个方面。

2. 适用性

一项先进的技术并不是在任何场合下都可以无条件地随意采用,而是应和当时当地的资源条件(原材料、辅助材料和燃料)、设备状况、员工素质、管理水平、建设规模、产品方案、市场需求、环保要求等相适应。

3. 可靠性

工艺技术的可靠性将直接影响到项目的产品产量、质量、劳动生产率、成本和经营利润。一般应采用已充分验证并已在使用且取得预期效益的技术,不能冒险采用未经中试就转生产的技术。对于尚在实验阶段的新工艺、新技术、新设备,应持积极和谨慎的态度。

4. 经济合理性

各工艺技术方案的技术报价、原材料和能源消耗、劳动力需要和投资等各不相同,产品的质量和生产成本也有差异,因此必须进行反复的比较和测算,分析各方案的财务和经济效益,才能从中选择投资小、成本低、利润高的经济合理的方案。

5. 安全性和环保性

工艺技术的选择应体现以人为本,确保安全生产并实现清洁生产,尽量减少三废排放。应结合环境影响和劳动安全,评价各种工艺技术。对于引进技术项目,要避免“倾倒环境垃圾”现象。

6. 技术来源可靠性

技术来源可从国产化、国外引进技术、国内外合作开发等几个方面进行选择,应选择持有者信誉好、技术转让条件合理、确认知识产权(包括使用范围和有效期限)的技术。

总之,技术的先进性是选择技术的前提,技术的适用性是采用技术的基础条件,技术的经济合理性是选择技术的目标和依据,技术的安全可靠性是采用技术的基本要求。这些原则对于不同行业和不同性质的项目是各有侧重的,但是它们之间是相互联系和制约的有机整体,应体现和贯穿于技术方案的选择、分析和评价的全过程。对技术方案评估的总要求是:先进适用、经济合理、安全可靠、配套平衡和确保效益。

二、工艺技术方案的研究内容

1. 研究各种生产工艺

生产同一品种的产品可采用不同的初始原料获得。例如,作为重要化工产品之一的合成氨,其在国民经济中占有重要地位,制取合成氨产品可以选择煤、焦炭、天然气、焦炉气、石脑油、重质油、渣油等作为初始原料。即使采用同一种原料,也可采用不同的生产工艺。例如同样选择天然气作为初始原料制取合成氨，其工艺技术方案可采用天然气非催化部分氧化工艺、天然气催化部分氧化工艺、天然气催化加压两段蒸汽转化法等，这就造成了工艺方案的多样性。随着现代生产的发展，可供选择的工艺越来越多。因此需要对各种可能采用的工艺进行研究，通常包括以下几方面：

(1) 分析生产工艺发展趋势。重点分析和预测项目拟用工艺的寿命期，注重采用处于发展期和成熟期的工艺。

(2) 项目的原材料、辅助材料和燃料等资源条件的适应性(具体到规格、成分、质量以及供应是否稳定可靠)。

(3) 生产工艺的可得性。若拟引进专有技术或者专利，必须对引进技术的软、硬件进行充分的调查研究，对比多家供应商的技术先进性、可靠性和购买专有技术或者专利所需的费用。

(4) 研究拟采用的生产工艺是否符合节能和清洁生产要求，通过综合利用，力求做到物耗低、能耗低、废物少，资源综合利用率高。

研究生产工艺问题时，一般先划分问题的层次，突出重点，抓住决定性影响的关键问题。然后对各方案开展技术经济分析。通过多方案的比较、选择最佳的生产工艺方案。

2. 研究工艺生产流程

同一生产工艺可采用不同的生产流程。生产流程反映由原料到产品的生产过程中，物料和能量的流向、变化以及所经历的设备、仪器和工艺过程。它是工艺技术设计的核心，与设备选型、工艺计算、设备布置等工作有直接的关系。对各种生产流程的研究内容如下：

(1) 对产品质量的保证程度。

(2) 各工序间是否合理衔接，是否通畅、简捷。

(3) 物料消耗定额。

(4) 工艺参数，如压力、温度、真空度、收率、速度、纯度等。

(5) 是否合理安排(应既能保证主工序生产的稳定性，又能根据市场需要在品种规格上有灵活性)。

3. 选择主要生产装置和设备

在选择了生产工艺方案以后，应考虑选用哪些主要生产装置和设备，包括其型号、规格、数量和价格等。设备和工艺是相互依存的。某些类型项目的生产和操作工艺由成套设备附带，而另一些项目的工艺必须单独取得，并据此选择设备。

通常设备来源方案可能有：一是国内有成熟制造经验，且有应用业绩的由国内制造；二是国内尚无业绩，可利用国内外市场资源，通过技贸合作制造。但对国内尚无制造业绩的某些关键设备，在确定由国内制造时，需在行业主管部门与有关制造方的协商下进行技术论证，优化并落实制造方案，同时研究分析设备国产化带来的风险，提出规避措施。

4. 研究工艺参数和进行物料衡算

工艺参数是生产过程中应控制的各种技术数据，是进行物料衡算、公用工程量计算和设备计算的重要依据。生产工艺和生产流程基本确定之后，应确定生产工艺参数。工艺参数应具有先进性，同时必须是切实可行的。

物料衡算的理论基础是质量守恒定律，即“输入系统中各物料的总和＝自系统中输出各物料的总和＋系统中物料损失量的总和”。可行性研究阶段要求对每个生产过程的物料量进行初步平衡计算,从而初步得出正常生产所需要的原材料、辅助材料、公用工程的用量,以及产生的主、副产物及废料量。

5. 开展能量平衡计算

公用工程计算是将生产过程中所需的水、蒸汽、电功率、冷冻、加热剂、冷却剂、压缩空气、氮气和真空等的用量,通过物料衡算和能量衡算的方法计算出来。

能量衡算的理论依据是能量守恒定律。公用工程的耗用量也是评价项目建设方案设计的技术经济指标之一。在进行物料衡算和主要工艺设备计算之后,即可开展公用工程用量的计算。工艺技术建设方案设计提出的公用工程用量,是各公用工程专业进行建设方案设计的依据。

6. 全面比较各可能使用的工艺技术方案

对比选过程中考虑过的方案,可按生产工艺选择原则列表进行全面分析、比较。必要时采用专家评议法实施比选。

7. 提出推荐的工艺技术方案及理由

比选后提出推荐方案。对所推荐的工艺技术和流程方案,要详细说明理由,包括对产品质量、销售与竞争的影响,对项目的财务效益的影响等。技术改造项目技术方案的比选论证,还要和企业原有的技术方案进行比较。应绘制主要工艺流程图,编制主要物料平衡表,车间(或者装置)组成表,主要原材料、辅助材料及水、电、汽等公用工程的消耗定额表。

第三节　原料路线的选择与物料供应

一、原料路线的选择

一个项目的产品可以用不同的原料制取,必须在调查研究的基础上衡量各种有关因素,选定最适合的原料。一般地,选择原料路线时应从以下几方面进行考虑:

1. 可靠性

(1) 来源可靠

一个项目建成之后,如果原料供应没有保证,其投资效果就不能充分发挥,甚至会使全部投资成为无效投资。因此,要建设一个项目,必须保证在其服务期限内有足够的、稳定的原料来源。

(2) 技术可靠

项目生产所使用的原料是和一定的技术路线相适应的。同一种原料,由于质量和规格不同,就要采用不同的工艺路线。因此,必须采用经过全面检验并在实践中证明是可行的技术。有些原料尽管价格低廉,但需特殊的处理工艺,所以需要考虑这种特殊工艺的代价。当引进技术时,首先要调查引进的技术能否适应当地所能提供的原料的要求。国外的某些技术,尽管从理论上说是先进的,但如果对原料质量的要求十分严格,就是慎重考虑是否采用这种技术,因为一旦使用质量稍差的原料时就达不到预期的结果。

2. 经济性

判断一个项目是否可行,其标志之一就是看它在建成投产后是否会创造利润和能创造多大的利润。降低产品成本是获取较大利润的一个主要途径,而在产品成本中,原料价格是一个重要因素。原料价格越低，产品成本也越低。原料的价格一方面受供求关系的影响，另一方面也和它的运输费用相关。另外，不同的原料对技术、加工设备和产品组合的选择都可能产生影响，有时这个问题会显得十分突出。所以，要根据原料供应的可能和各种产品的需求情况，深入分析研究其经济性。

3. 综合利用性

原料的综合利用可以提高资源的利用率和产出率。在注意资源综合利用的同时，还要考虑其深度加工，以取得更好的经济效益。例如发展煤化工，假设由煤产生煤焦油的产值为1，则加工成塑料的产值可增加到10倍；若加工成染料，其产值可以增加到40倍；若加工成化学药品，其产值可增加到80倍。此外，在进行原料路线选择时，还要注意世界上原料生产的发展趋势，以避免原料成本的上升。

4. 生态环保

建设项目尤其是工业生产项目，会在不同的程度上对环境造成污染和破坏。资源利用得愈充分，污染物就愈少；反之，污染物就愈多。世界上本没有真正的废物，只是利用不当或没有加以利用才成为废物的。所以，在选择原料路线时必须和工艺流程的选择结合起来。例如，在烧煤供热时，如果在燃烧前进行洗选，不仅可以大量减少烧煤产生的二氧化硫造成的酸雨，还可以得到硫酸工业所需要的原料硫。为此，在每项工程建立之初，都要有专门机构和人员对企业所采用的原料进行成分分析，对其可能给环境带来的直接或间接的影响进行调查说明，并在确定工艺流程时，进行原料的预处理。如果由于原料中所含废弃物过多且治理三废所需的费用太大，就可以考虑改变原料路线。

二、原材料供应方案

1. 原材料的品种、质量和数量

(1) 原材料的质量、性能

原材料是项目建成后生产运营所需的主要投入物。根据产品方案和工艺技术方案，研究确定所需原材料的质量和性能。

(2) 原材料需求量

按照项目产品方案提出的各种产品的品种、规格以及建设规模和物料消耗定额，可以计算各种物料的年消耗量。根据生产周期、生产批量、采购运输条件等，可以进一步计算出各种物料的经常储备量、保险储备量、季节储备量和物料总储备量，作为生产物流方案(含运输、仓库等)研究的依据。

2. 供应来源与方式

(1) 供应地区

确定采购地区、供货企业及供货方案。

(2) 供应方式

可选用市场采购、投资建立原料基地、投资供货企业扩大生产能力等方式。进口原材料应调查研究国际贸易情况，拟选供应企业的资信，增加原材料供应的可能性和原材料价格等。

(3) 价格选择

在市场和价格预测的基础上，对主要原材料的出厂价、到厂价，以及进口物料的到岸价和有关税费等进行调查和计算,并进行比较选择。

(4) 大宗和关键原材料的供应

应调查主要供应企业的生产经营情况,并在可行性研究阶段签订供货意向书。

3. 运输方案

按照项目所需物料的形态(固态、液态、气态)、运输距离、包装方式、仓储要求、运输费用,物料运输所需的设备和设施,社会运输能力,特殊物料(如易燃、易爆、腐蚀、剧毒、辐射性等物料)的运输要求等因素,按照政府发布的安全规范,提出相应的运输方案。大宗原材料的运输,应在可行性研究阶段与拟选运输企业签订意向书。

三、燃料供应方案

项目所需的燃料包括生产工艺用、公用和辅助设施用、其他设施用燃料。

(1) 燃料品种、质量和数量

根据拟建项目规模和燃料消耗定额,计算所需燃料的品种、数量和质量。应确保燃料的品种、质量和性能满足生产工艺的要求。

(2) 燃料来源和运输方案

要研究燃料来源、价格、运输条件(含距离、接卸方式、运输设备和运输价格等),进行方案比较选择。在可行性研究阶段,对大宗燃料,应与拟选供应、运输企业签订意向书。

第四节 场(厂)址选择与总图运输

新的拟建项目在已进行了建设规模、原料路线、工艺技术方案及其投入物等基本研究之后,就应为项目选择合适的建厂地区和场(厂)址。重大项目应当从比较广泛的范围内选择几个建场(厂)地区,并在一个地区内详细调研几个可供选择的场(厂)址,进行综合比选并提出场(厂)址推荐意见。然后在场(厂)址选择的基础上,进行总图运输方案的研究,以求得对工程总体空间和设施的合理布局。

一、场(厂)址选择

1. 影响项目选址的区域因素

影响项目选址的主要区域因素有六项,其影响随项目性质可能不同,因此不同工程选址有不同侧重。

(1) 自然因素

自然因素包括自然资源条件和自然条件。自然资源条件包括矿藏资源、水资源、土地资源、能源、海洋资源、环境资源、人力资源、社会资源等;自然条件包括气象条件、地形地貌、工程地质、水文地质等。

(2) 交通运输因素

交通运输因素是指供应和销售过程中用车、船、飞机以及管道、传送带等对物资的运输。包括当地的铁路、公路、水路、空运、管道等运输设施及能力。

(3) 市场因素

包括产品销售市场、原材料市场、动力供应市场、场(厂)址距市场的远近,不仅直接影响项目的效益，也涉及产品和原料的可运性，在一定程度上会影响产品或原料种类选择。

(4) 劳动力因素

劳动力因素包括劳动力市场与分布、劳动力资源、劳动力素质、劳动力费用等。劳动力因素与生产成本、劳动效率、产品质量密切相关，会影响项目高新技术的应用和投资者的信心。

(5) 社会和政策因素

包括地区分类和市县等别，经济社会发展的总体战略布局，产业规划和建设规划，少数民族地区经济发展政策，西部开发、中部崛起、振兴东北老工业基地政策，发展区域特色经济政策，国家级及地方经济技术开发区政策，东部沿海经济发达地区政策，国防安全等因素。建设项目对公众生存环境、生活质量、安全健康等带来的影响及公众对建设项目的支持或反对态度，都影响着项目的场(厂)址选择。

(6) 集聚因素(工业园区或工业集中区)

场(厂)址集中布局会产生集聚效应，大型"公用工程岛"的建设能实现物质流和能量流综合利用，带来大型化、集约化和资源共享，最大限度地降低水、电、气、汽消耗。能有效地节约建设投资，减少建设周期，降低产品成本，有利于"三废"的综合治理。

2. 项目选址的原则

场(厂)址的合理选择，必须遵照国家、地区和城市(乡镇)的规划要求，重视节约用地和合理用地，充分利用荒地、劣地，不占或尽量少占基本农田。在选址过程中，要依照以下一些场(厂)址选择的指向。

(1) 原料指向。有些在生产中消耗原料多，原料失重大，或者原料在运输、储藏中损失较大；有些虽然原料加工后减重不大，但是所用的原料不宜长途运输，这些宜接近原料产地建场(厂)，而外运产品。多数农产品、矿产品的初步加工工业，如轧花厂、榨油厂、糖厂、洗煤厂、选矿厂等一般都趋向设在原料产地。

(2) 市场(消费地)指向。凡生产中原料失重程度小甚至增重，有些成品体积大于所消耗的原料的体积(如酿酒业、家具厂)，有的成品重量虽然小于原料，但成品却不便运输或运输周转过程中损失大，或不便于利用管道运输等廉价运输的工厂，如硫酸厂、玻璃厂、食品工厂、日用消费品工厂以及专业设备制造厂、大部分炼油厂等，以靠近消费地建厂为宜。

(3) 能源指向。许多生产中耗电耗能大的工业，一般应选择在靠近动力基地，特别是能够提供廉价电能的大型水电站或坑口电站附近，如铝、镁、钛的冶炼厂、铁合金厂、电石厂、人造纤维厂等，这类工厂靠近电站建设，因取得廉价电能或减少电能远途输送损耗所获得的利益，通常可以绰绰有余地补偿原料、半成品调运中的劳动耗费。

(4) 劳动力指向。凡资金的有机构成低，生产中劳动的消耗大，工资开支占产品成本绝大部分的工业，如一些劳动密集型企业，则选厂地点主要应考虑劳动力供应充裕、待业人员多的地点。而且工人就近工作，企业可以不必担负或极少担负生活福利的基建投资。

(5) 技术指向。凡生产中需有较高技术、协作条件的工业，如精密仪表、电子计算机、高档消费品等知识密集型、技术密集型工业，优先选择产业性质定位一致的工业园区。

场(厂)址选择不仅要保证企业最佳经济效益，而更重要的是要保证国家和社会的利益。地点的选择固然要以企业的经济效益为基础，但更重要的是要符合国家的城市建设方针和发展方向，符合国家的工业布局及政策指向。例如，发展老少边穷地区的经济，就不可能完全符合以上的选厂条件。又如,在政治、教育、科学、文化中心建设过多的大中型工业,在一些著名的旅游城市建设污染严重的工厂,这些亦是不足取的。

3. 项目选址的要求

在已选定的建场(厂)地点之内,再来具体确定项目的建筑地段、坐落位置和东南西北指向是场(厂)址选择的第二步,也是工业布局的最后一环。它是厂内总图布置的前提之一,其要求如下:

(1) 场(厂)址的面积和外形应符合场(厂)内总平面布置的需要,尽量减少土方工程量。

(2) 场(厂)址应选择在有方便的交通运输线或靠近交通运输线的地方。厂内运输专用线应能方便地和最近的车站接轨,而不需要进行复杂的土方工程和大量投资的桥梁、涵同、隧道工程。

(3) 场(厂)址应位于居民点的下风方向,同时又不在现有或拟建项目烟尘吹来的下风方向,也不宜建在窝风的盆地。

(4) 场(厂)址的地势平坦,使地表面水能顺利排泄,如果不能选到平坦地势,至少要尽量选择不需要很大工程来进行地面平整的地址。

(5) 场(厂)址的工程地质要有保证,要经受得起建筑物和机器设备的压力。绝不能建在断层、岩熔、流沙层或已开采的矿坑、矿床和有土崩危险的地层上面。

(6) 场(厂)址不能选在水浸的湿地,地下水位最好低于拟建的地下室、隧道的深度。

(7) 场(厂)址不能建在洪水区和坡下,工厂应不受洪水和大雨的浇灌。

(8) 场(厂)址应靠近水源,同时厂址标高不应高于给水的水源地。

(9) 场(厂)址应设在能够顺利排出和处理"三废"的地方,使工厂建立不致危害自然环境、风景名胜、人民健康及生态平衡等。

(10) 场(厂)址的建设最好能和工业区、城镇的建设规划一致,这样,可以节省土地,尽量少占或不占耕地,特别是不占高产农田。而且可以共同使用运输、供电、供热、供排水等条件以及职工生活福利建设,同时也有利于生产协作和环境保护。

拟建项目的场(厂)址选择是一个既重要又复杂的问题,需要慎重处理,要尽量满足上述要求。当然,上述所提的要求要想全部满足也是很困难的,在不能兼顾时,则必须首先考虑那些具有决定意义的要求,特别是要考虑保护人民健康,保护自然环境和名胜古迹,满足生态平衡的要求。

4. 场(厂)址比选

(1) 建设条件比较

建设条件比较包括地理位置、土地资源、地势条件、工程地质条件、土石方工程量条件、动力供应条件、资源及燃料供应条件、交通运输条件、生活设施及协作条件等。

(2) 投资费用(建设费用)比较

投资费用包括场地开拓工程(含建设用地费用土地出让金等)、基础工程、运输工程(含铁路专线、公路、码头、管道等)、动力供应(含供排水、供电、供热等)及其他工程费用。

(3) 运营费用比较

主要包括原材料、燃料、产品运输费,动力费,排污费等,不同场(厂)址所在地公用工程的供应方式和价格会带来运营费用的差别。

(4) 环境保护条件比较

包括场(厂)址位置与城镇规划关系、与风向关系、与公众利益关系等。

此外,涉及生产、储存有危险化学品的项目,还要对场(厂)址的安全条件进行比较。

通过上述比较,编制出场(厂)址选择报告,提出推荐意见。

二、总图运输

总图运输方案研究主要是依据确定的项目建设规模,结合场地、物流、环境、安全、美学等条件和要求对工程总体空间和设施进行合理布置。项目性质不同,总图运输方案考虑的侧重点也不同,要根据项目的特点,考虑其特定因素。

1. 总体布置与厂区总平面布置

总体布置是对厂区、居住区、相邻企业、水源、电源、热源、渣场、运输、平面竖向、防洪排水、外部管线及机械化运输走廊、发展预留用地、施工用地等进行全面规划。

总体布置应符合城镇总体规划、工业园区布局规划、结合工业企业所在区域的自然条件等进行。要满足生产、运输、防震、防洪、防火、安全、卫生、环境保护和职工生活设施的需要,经多方案技术经济比较后择优确定。分期建设时,要正确处理近期和远期的关系。近期集中布置,远期预留发展,分期征地,严禁现征待用。

不同类型的装置应按生产性质、相互关系、协作条件等因素分区集中布置。对产生有害气体、烟、雾、粉尘等有害物质的工厂,必须采取治理措施,其有害物质排放的浓度必须符合现行国家标准的规定。在山区或丘陵地区,石油化工企业的生产区应避免布置在窝风地带。石油化工企业与相邻工厂或设施的防火间距应符合现行国家标准的规定。

厂区总平面布置应符合下列条件:

(1) 在符合生产流程、操作要求和使用功能的前提下,建筑物等设施应联合多层布置;对于石油化工装置,符合联合布置条件的装置应采用联合布置的形式集中紧凑布置。

(2) 充分利用地形、地势、工程地质及水文地质条件,合理地布置建筑物和有关设施,减少土(石)方工程量和基础工程费用。应结合当地气象条件,使建筑物有良好的朝向、采光和自然通风条件。有洁净要求的生产装置,如空分装置应布置在空气洁净地段,并宜位于散发乙炔及其他可燃气体、粉尘等场所的全年主导风的上侧。可能散发可燃气体的工艺装置、灌区等设施宜布置在人员集中场所及明火或散发火花点的全年主导风向的下风侧。

(3) 总平面布置要与厂外铁路、道路、码头的位置相适应;与水源给水管道、排水管道去向、其他运输设施方位、电源线路等相适应,减少转角,做到运距短、线路直,满足人行便捷、货流通畅、内外联系方便要求。

(4) 合理确定厂区通道宽度。通道宽度应满足道路、人行道、铁路、地下管线和地上管廊占地、排水沟,以及消防、绿化、采光、通风等要求。

(5) 分期建设的工业企业,近远期工程应统一规划。近期工程应集中、紧凑、合理布置,并应与远期工程合理衔接。远期工程用地宜预留在厂区外。

2. 竖向布置

厂区竖向布置主要根据工厂的生产工艺要求、运输要求、场地排水以及厂区地形、工程地质、水文地质等条件,确定建筑场地上的高程(标高)关系,合理组织场地排水。

竖向布置应符合下列条件。

(1) 竖向布置应与总体布置和总平面布置相协调,并充分利用和合理改造厂区自然地形，为全厂各区提供合理高程的用地。

(2) 满足生产工艺、场内外运输装卸、管道铺设对坡向、坡高、高程的要求。

(3) 充分利用地形，选择相应的竖向布置形式，合理确定建筑物和铁路、道路的标高，避免深挖高填，力求减少土(石)方工程量，保证物流人流的良好运输与通行。

(4) 保证场地排水通畅，不受潮水、内涝、洪水的威胁。

3. 运输

企业物流系统由原料供应物流、生产物流和销售物流组成。运输是物流活动的核心，包括原料供应物流和销售物流的运输(即厂外运输方案)以及生产物流的运输方案(即厂内运输方案)。

(1) 厂外运输方案

根据厂外运进、厂内运出的实物量、物态特性、包装方式、产地、运距、可能运输方式，通过经济技术比较，确定并推荐运输方式。对大宗货物的铁路、水路运输，要分析铁路、航道的运输能力，并附承运部门同意运输的“承运意见函”。

(2) 厂内运输方案

根据项目生产的特点和生产规模，货物运输的要求，运输距离的长短等，经技术经济比选来确定厂内运输方式。

4. 厂区道路

道路布置的要求：

(1) 道路布置应符合有关规范，满足生产、运输和消防的要求，使厂内外货物运输顺畅、人行方便，合理分散物流和人流，尽量避免或减少与铁路的交叉，使主要人流、物流路线短捷，运输安全，工程量小。

(2) 应与厂区的平面布置、竖向布置、铁路、管线、绿化等布置相协调。

(3) 应尽可能与主要建筑平行布置。一般采用正交和环形布置，对于运输量少的地区或边缘地带可采用尽头式道路。

5. 绿化

厂区绿化布置是总平面布置的内容之一，也是环境保护的主要措施之一。工业项目绿化应按照国土资源部的规定，严格控制厂区绿化率，用地范围内不得建造“花园式工厂”，同时工厂的绿地率应符合有关标准和规范。

6. 总图技术经济指标

总图技术经济指标可用多方案比较或与国内外同类先进工厂指标对比，以及进行企业改、扩建时与现有企业指标对比，可以用于衡量设计方案的经济性、合理性和技术水平。常用的总图技术经济指标有以下几个：

(1) 投资强度

$$投资强度=项目固定资产总投资\div 项目总用地面积 \tag{5-4}$$

式中，项目固定资产总投资包括厂房、设备和地价款、相关税费，按万元计。项目总用地面积按公顷(万 m^2)计。

(2) 建筑系数及场地利用系数

$$建筑系数=(建筑物占地面积+构筑物占地面积+堆场占地面积)\div 项目总用地面积\times 100\% \tag{5-5}$$

$$场地利用系数=建筑系数+[(道路、广场及人行道占地面积+铁路占地面积+管线及管廊占地面积)\div 项目总用地面积\times 100\%] \tag{5-6}$$

(3) 容积率

$$容积率=项目计容建筑面积\div 项目总用地面积 \tag{5-7}$$

一般讲，计容建筑面积为地上建筑面积之和，其中层高超过 8 m 的建筑计算容积率时建筑面积加倍计算。

(4) 厂区绿化系数

$$厂区绿化系数=厂区绿化用地计算面积\div 厂区占地面积\times 100\% \tag{5-8}$$

(5) 行政办公及生活服务设施用地所占比重

$$行政办公及生活服务设施用地所占比重=行政办公、生活服务设施占地面积(或分摊的土地面积)\div 项目总用地面积\times 100\% \tag{5-9}$$

一般讲，工业项目所需行政办公及生活服务设施用地面积不得超过工业项目总用地面积的 7%。

第五节　工程方案与环境保护方案

一、工程方案及配套工程

(一) 工程方案

工程方案选择是在已选定项目建设规模、技术方案和设备方案的基础上，研究论证主要建筑物、构筑物的建造方案。

1. 工程方案选择的基本要求

新建项目的工程方案选择应该符合下列要求：

(1) 满足生产使用功能要求；

(2) 适应已选定的场(厂)地；

(3) 符合工程标准、规范要求；

(4) 经济合理。

技术改造项目的工程方案应合理利用现有场地、设施，并力求新增的设施与原有设施相协调。

2. 工程方案的研究内容

(1) 一般工业项目的厂房、工业窑炉、生产装置、公用工程装置及辅助装置等建筑物、构筑物的工程方案主要研究其建筑特征(面积、层数、高度、跨度)，建筑物、构筑物的结构形式，以及特殊建筑物要求(防火、防爆、防腐蚀、隔音、隔热、防渗等)，大型油罐及建筑物、构筑物的基础工程方案，抗震设防措施等。

(2) 矿产开采项目的工程方案主要研究开拓方式。

(3) 铁路项目工程方案,主要包括线路、路基、轨道、桥涵、隧道、站场以及通信信号方案。

(4) 水利水电项目工程方案,主要包括防洪、治涝、灌溉、供水、发电等工程方案。

3. 建筑和结构方案比选

在满足生产需要的前提下,按照适用、经济、美观的原则,结合建筑场地的具体条件,合理开展土建工程方案研究。对大型建(构)筑物、重要建(构)筑物采用的结构方案应通过技术经济比选确定,做到技术先进、经济合理、安全适用、施工方便。

4. 防震抗震与地震安全性评价

地震安全性评价报告应当包括:工程概况和地震安全性评价的技术要求,地震活动环境评价,地震地质构造评价,设防烈度或设计地震动参数,地震地质灾害评价以及其他有关技术资料。

(二) 配套工程

建设项目的配套工程系指公用工程、辅助工程和厂外配套工程等。配套工程方案是项目建设方案的重要部分,必须做到方案优化、工程量明确。应明确水、电、汽、热等物质的来源、总用量、供应方案,并计算各分项工作量。

公用工程、辅助工程一般包括:给排水工程量、供电与通信工程、供热工程、空调系统、采暖通风系统、压缩风和氮气等系统以及分析化验、维修设施、仓储设施等。

厂外配套工程通常包括:防洪设施、铁路专用线、道路、业主码头,水源及输水管道,排水管道,供电线路及通信线路,供热及原材料输送管道,厂外仓储及原料堆场,固体废弃物堆场,危险物填埋场,固体物料输送过程等。

1. 给水排水工程

(1) 给水工程

① 水源选择。水源包括城市自来水水源、地表水源、地下水源。要求水源水量充足,水质良好,满足用户生产用水、生活用水、消防用水、冷却用水水量要求和用水水质要求以及建设项目用水保证率要求,并具有取水(包括获得取水许可证)和输水管道建设条件。

沿海企业,特别是电力、化工、石化等高用水企业应优先利用海水、替代淡水作为冷却水,用海水淡化水作为锅炉除盐水。

② 用水量。按照用户要求,计算建设项目小时用水量或年用水量,分别说明新鲜水(含循环水补充水)、直流冷却水、循环冷却水、化学用水、生活水等用水量。

③ 给水系统。一般包括:生产给水系统、生活给水系统、化学水给水系统,应给出给水系统的处理流程、主要设备(包括净水厂及给水泵站等),如由园区公用工程岛提供,需对公用工程岛的能力进行说明。循环水场的设计冷却水量应按照建厂地区夏季冷却塔出水可能达到的温度和工艺换热设备对水温的要求,经技术经济比较确定。冷却塔按照通风方式分为机械通风冷却塔、自然通风冷却塔和混合通风冷却塔。水资源匮乏地区应以风冷代替水冷。消防给水系统分为低压消防给水系统和独立的稳定高压消防系统,消防给水系统的设置应符合现行的相应规范。

④ 计算节水指标。通常需计算循环利用率、单位产品耗水量、新水利用系数等几个节水指标。

(2) 排水工程

排水工程一般按照清污分流,分质排放的原则设置。排水系统包括清净废水系统、生活污水系统、生产污水系统、雨水排水(含雨水收集利用)系统等。需按国家安全生产监督总局、国家环境保护总局的文件精神,设置事故池或缓冲池等事故状态下“清净下水”的收集、处置设施。

(3) 污水处理

根据生产过程排出的污水水质、水量及排放标准,通过技术经济比选,确定污水处理工艺、主要设备,并说明污水处理场进水水质、排水水质。

为了节约用水,电力、化工、石化等高用水企业应设置回用水处理系统。将循环水排污水、化学水装置酸碱中和排水等其他清净废水收集处理。处理后的水可作为循环水补充水和道路清洒、绿化用水。在节能减排大背景下,许多行业都规定了水循环利用率或工业用水重复利用率指标。

2. 供电工程

(1) 供电电源。供电电源包括当地电网、自备电源、电网与自备电源相结合。电源电压应根据用电量、电源点至企业受电点之间的距离以及地区电网可能供给的电压等条件与电力部门协商确定。

(2) 供电系统内容主要包括:负荷计算、负荷等级、供电方案、功率因数补偿、防雷、防静电及接地系统、电线和电缆、变配电所布置、容量、供电范围、主要设备选择等。

3. 供热工程

(1) 热源选择。热源一般包括余热回收利用形成的热源、集中热源、企业自备热源。热源选择受区域集中供热、生产装置余热回收利用、燃料供应等影响。选择热源的顺序为:余热利用热源,园区集中供热设施热源富余能力,对集中热源进行改造、扩建和自建热源。

(2) 热负荷确定。蒸汽负荷主要包括生产热负荷、采暖热负荷,生活热负荷、制冷热负荷、通风空调热负荷等,生产装置副产蒸汽热负荷及回收的低品位热负荷。

(3) 燃料选择(见原材料、燃料供应章节)。

(4) 供热方案。供热工程建设方案研究主要贯彻国家的能源政策,合理使用能源,利用节能技术、考虑能量的分级利用和热、电、动的联合利用。

(5) 全厂蒸汽系统。对于一些石油化工等大型项目,蒸汽既是动力又是热源,全厂蒸汽系统设置完善与否直接影响着工厂能耗水平和经济效益。全厂蒸汽系统要研究从热源到用户的管网系统组成、蒸汽参数选择、大型动力设备的蒸汽拖动条件、冷凝水回收率、生产装置的余热回收利用。论述系统的合理性并附全厂蒸汽平衡图。对大型石油化工、化工项目还应包括不同工况下的蒸汽平衡。如果由厂外集中热源供热时,还应附上供热协议书。

4. 维修设施

工厂维修设施是保证生产正常运转不可或缺的配套工程,要根据生产规模、设备特点、外协条件等诸多因素考虑相应的配置。一般应在保证主要生产设备完好和正常生产的前提下,力求减少规模,有外协条件的尽量争取外协。

5. 厂外配套工程

厂外配套工程的面很广,不同类别、不同规模的项目以及项目所在地区条件的不同,厂外配套工程都会有很大差异。厂外配套工程的确定往往与场址选择密切相关。因此,必须在选址阶段全面调查了解拟选地区的自然条件、社会环境、基础设施和经济发展状况及其发展规划,结合项目的实际需要,因地制宜予以考虑。

厂外配套工程内容包括:运输配套项目、公用工程配套项目、环保配套项目以及如防洪、排洪等其他配套项目。

厂外配套工程建设涉及外部因素较多,必须在充分调查研究的基础上进行技术经济综合分析、论证,选择较优方案。

6. 其他配套工程

配套工程还应考虑:通信工程、仓储设施等。

二、环境保护方案

环境保护方案的研究包括以下内容:

1. 项目概况

简要描述建设规模、主要生产工艺和公用工程消耗量,给出主要污染源和污染物排放量。

2. 环境质量现状

描述建设地点环境质量现状。内容包括:拟建场(厂)址周边工矿企业分布、生态环境、环境敏感点、自然遗迹、人文遗迹等现状;项目所在地区地形地貌、气象等自然条件,水环境、空气环境、噪声环境质量等现状;固体废弃物储存场、危险废弃物填埋场环境现状,生态环境现状,土地利用现状等;改、扩建项目依托企业水环境、空气环境、噪声环境质量现状,污水处理设施规模、处理工艺、运行等现状。

3. 污染环境因素

污染环境因素包括:废气(含气态污染物和烟尘、粉尘等颗粒物)、废水(废液)、固体废弃物、噪声和其他污染物。应从建设期和运营期两方面分别开展论证。

4. 环境污染防治措施方案

通常采用的环境污染防治措施主要有:水环境与大气环境污染防治措施;固体废弃物和危险废弃物处理措施;噪声防护措施;地下水保护措施;水土保护措施;公众及公众利益保护措施以及环境管理制度、环境监测设施等方面。应从建设期和运营期两方面分别提出防治措施。

5. 建设项目环境风险评价

建设项目环境风险评价应从水、气、环境安全防护等方面考虑并预测环境风险事故影响范围,事故对人身安全及环境的影响和损害;简要说明环境风险事故防范、减缓措施,特别要针对特征污染物提出有效的防止二次污染的应急措施。

6. 环境污染防治措施方案比较及推荐意见

对提出的环境污染防治措施方案应从技术水平、治理效果、管理及监测方式、污染治理效益等几个方面进行比较,比选后提出推荐技术方案和环境保护措施(包括治理和监测设施)。

7. 清洁生产分析

清洁生产是指不断采取改进设计、使用清洁的能源和原料、采用先进的工艺技术与设备、改善管理、综合利用等措施,从源头削减污染,提高资源利用率,减少或者避免生产、服务和产品使用过程中污染物的产生和排放,以减轻或者消除对人类健康和环境的危害。

8. 环境保护投资

环境保护投资应在建设投资中占有一定的、合理的比例。其投资包括：生产装置为减少"三废"排放和降低噪声采取的措施投资(包括在工艺生产装置投资中)，公用工程装置为减少废物排放和降低噪声采取的措施投资(包括在公用工程投资中)，污水处理投资，废物回收利用设施投资，环境监测投资，废物处理如火炬、焚烧、固体废弃物堆场、危险废物填埋场及危险废物处置场设施等投资，绿化投资等。

9. 环境影响的分析与预测

在环境保护方案研究的结论中，应给出特征污染物排放总量及总量控制指标来源。应明确指出：建设项目排入环境的污染是否"达标排放"；排放总量是否在批准的总量控制指标范围内；通过区域平衡等替代措施削减污染负荷的项目是否落实；预测未来环境状况，从保护环境角度上判断，得出该建设项目可行或不可行的结论。

习　题

1. 某种产品在未来 10 年内的需求量为 50 万 t/年，经初步考察可采用以下两个方案：

方案Ⅰ：建设两个 25 万 t/年规模的项目。

方案Ⅱ：建设一个 50 万 t/年规模的项目。

项目的各种费用数据见题表 5-1。

取年利率 i 为 5%，试用静态法和动态法(年金法和现值法)来评价方案的优劣。(两种规模的标准投资效果系数取 0.3)

题表 5-1　各种费用数据

项　目	单　位	方　案	
		Ⅰ	Ⅱ
单个项目规模	万 t/年	25	50
总投资	万元	2×1 000	1 750
年生产成本	万元/年	2×2 350	4 550
产品年运输费用	万元/年	2×150	400

2. 原料路线的选择应考虑哪些方面的问题？

3. 工艺技术方案的选择原则应注意哪些方面的问题？

4. 工艺技术方案的研究内容包含哪几个部分？

5. 物料衡算和能量衡算的理论根据是什么？

6. 场(厂)址选择的原则有哪些？

第六章　投资与成本估算

建设项目的投资估算是项目可行性研究的重要组成部分，投资额的大小是项目经济评价最重要的基础数据，也是投资决策的重要依据之一。成本估算是财务评价的前提，是关系到拟建项目未来盈利能力的重要依据。因此，应根据项目的实际情况，实事求是地进行投资与成本估算，并力求提高估算的准确度。

第一节　投资估算概述

一、投资的概念

所谓投资是指为了将来获得收益或避免风险而进行的资金投放活动。

投资按其投放的途径或方式可分为直接投资（实物投资、经济投资）和间接投资（金融投资、证券投资）。直接投资的主要特点是投资形成的实物资产（例如房地产、机器设备等）流动性较差，不易受通货膨胀的影响，投资者可以对实物资产及相关企业进行直接的管理。间接投资的主要特点是投资形成的金融资产（例如股票、债券等）流动性较强，易受通货膨胀的影响，投资者通过金融资产对投资企业进行间接的管理。

投资按其性质可分为固定资产投资、无形资产投资、其他资产投资和流动资产投资。固定资产投资形成了项目的固定资产，它是生产经营活动的物质基础和基本条件。无形资产投资形成了项目的无形资产，它是指不具有实物形态而能为企业提供某种权利或特权的各种资产，包括专利权、商标权、著作权、土地使用权、非专利技术、商誉等。其他资产投资形成了项目的其他资产（注：过去为递延资产），它是指企业在筹建期间发生的生产准备费、办公及生活家具购置费等开办费性质的费用。流动资产投资形成了项目的流动资产，其物质形态随生产经营过程不断地发生变化。

二、投资的一般构成

建设项目的总投资由建设投资、建设期利息和流动资金三部分组成。

(1) 建设投资是指在项目筹建与建设期间所花费的全部建设费用。按概算法分类，建设投资由三部分组成。第一部分为工程费用，包括建筑工程费、设备购置费和安装工程费，直接形成了项目的固定资产；第二部分为工程建设其他费用，包括建设用地费、建设管理费、联合试运转费等 10 多项费用，形成了项目的固定资产、无形资产和其他资产；第三部分为预备费用，包括基本预备费和涨价预备费，两者均计入固定资产。建设投资也可以按照形成资产法分类，分为形成固定资产的费用（简称固定资产费用）、形成无形资产的费用（简称无形资产费用）、形成其他资产的费用（简称其他资产费用）和预备费用四类。这两种分类方法并不影响建设投资的实质内容和估算值。

(2) 建设期利息是指债务资金（借款和债券）在建设期内发生并应计入固定资产原值的

利息，包括筹集债务资金的手续费、承诺费、管理费等其他融资费用。

(3) 流动资金是指项目运营期内长期占用并周转使用的营运资金。

建设项目的总投资是评价项目经济性的重要基础，也是确定项目融资方案、筹措资金数额的重要依据，它与 1996 年《国务院关于固定资产投资项目试行资本金制度的通知》中定义的总投资有所区别。在资本金制度中，作为计算资本金基数的总投资是指项目的建设投资、建设期利息以及铺底流动资金之和。铺底流动资金则是指流动资金中的非债务资金，占全部流动资金的 30%。因此，两者的差别在于：作为项目资本金比例计算基数的总投资只包含了占全部流动资金 30%的铺底流动资金，而项目经济评价使用的总投资则包含了全部流动资金。

归结上述建设项目总投资的一般构成，可用图 6-1 表示。

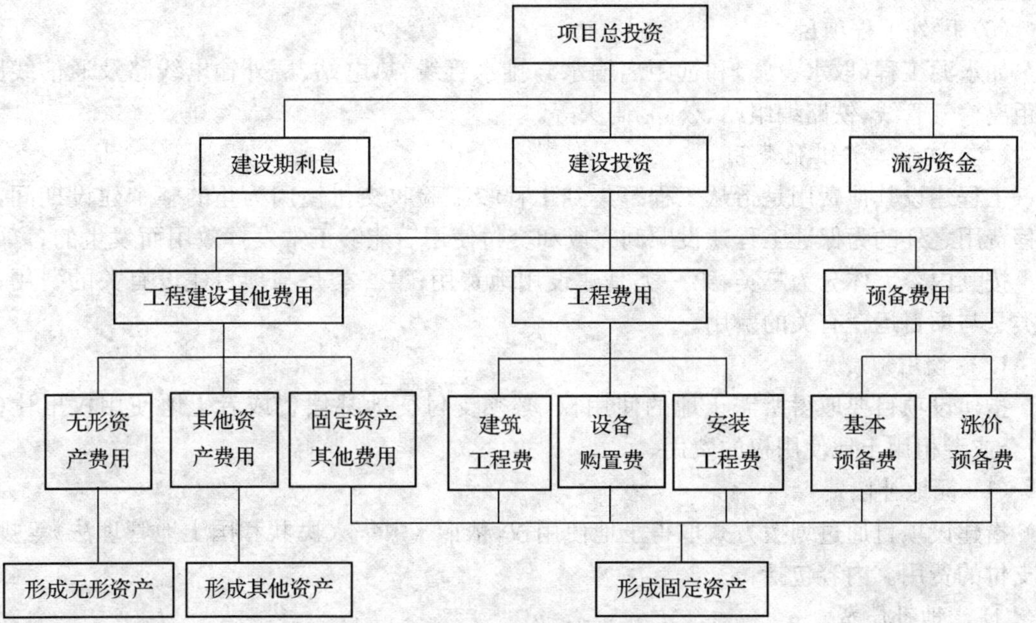

图 6-1　建设项目投资构成

三、建设项目投资费用的主要内容

(一) 工程费用

直接形成固定资产的项目费用通常也称工程费用，一般包括下列几项内容：

(1) 主要生产项目

包括原料的储存，产品的生产、包装和储存的全部工序，以及直接为生产装置服务的工程，如空分、冷冻、车间的水电汽供应、防火设施等。

(2) 辅助生产项目

为生产装置服务的工程项目内容，如机修、电修、仪表修理、材料设备仓库等。

(3) 公用工程项目

① 给排水。包括直流水、循环水、污水处理和排水的泵房、冷却塔、水池、给排水管网和消防设施等。

② 供电及电讯。包括全厂变(配)电所、电话站、广播站、调度电话、安全报警及厂区输电、通信线路等。

③ 供汽。包括锅炉房、供热站等。

④ 总图运输。包括厂区内防洪、公路、厂区道路、运输车辆、围墙、大门、厂区绿化等。

⑤ 厂区外管。包括工艺及供热外管。

(4) 服务性工程项目

包括厂部办公楼、食堂、汽车库、消防、自行车棚、气体防护站、安全和工业卫生站(室)、医务室、哺乳室、倒班宿舍、招待所、浴室、厂内公共厕所等。

(5) 生活福利设施项目

包括宿舍住宅、食堂、幼儿园、职工医院、图书馆、俱乐部以及相应设施。

(6) 厂外工程项目

如水源工程(取水设施)和远距离输水与排水管线、热电站、厂外输电线路及通信线路、远距离输气管线、铁路编组站、公路、码头等。

(二) 工程建设其他费用

工程建设其他费用是指从工程筹集到工程竣工验收交付使用为止的整个建设期间,除工程费用之外的为保证工程建设顺利完成和交付使用后能够正常发挥效用而发生的各项费用。按其内容大体分为三类:第一类是建设用地费用;第二类是与项目建设有关的费用;第三类是与项目运营有关的费用。

1. 建设用地费用

指建设项目要取得所需土地的使用权,必须支付征地补偿费或者土地使用权出让(转让)金或者租用土地使用权的费用。

(1) 征地补偿费

指建设项目通过划拨方式取得土地使用权,依照《中华人民共和国土地管理法》等规定所支付的费用。内容包括:

① 土地补偿费。

② 安置补助费。

③ 地上附着物及青苗补偿费。

④ 征地动迁费。指征用土地上房屋及附属构筑物、城市公共设施等拆除、迁建补偿费、搬迁运输费、企业单位因搬迁造成的减产、停产损失补贴费,拆迁管理费等。

⑤ 其他税费。包括一次性缴纳的耕地占用税、分年缴纳的城镇土地使用税在建设期支付的部分、征地管理费、征收城市郊区菜地缴纳的菜地开发建设基金以及土地复耕费等。

(2) 土地使用权出让(转让)金

指建设项目通过土地使用权出让(转让)方式,取得有限期的土地使用权,依照《中华人民共和国城镇国有土地使用权出让和转让暂行条例》规定,向国家支付的土地使用费。

(3) 租地费用

指建设项目在建设期采用租用方式获得土地使用权所发生的租地费用,以及建设期间临时用地补偿费。

按照资本保全的原则及我国的现行规定,土地使用权出让(转让)金计入无形资产价值中(注:房地产企业开发商品房时,相关的土地使用权账面价值计入房屋建筑物的建造成本中)，征地补偿费和租地费用计入项目的固定资产价值中。

2. 与项目建设有关的费用

(1) 建设管理费

指建设单位从项目筹建开始到竣工验收交付使用为止发生的项目建设管理费用。内容包括：

① 建设单位管理费。指建设单位发生的管理性质的开支，如果建设管理采用工程总承包方式，则总承包管理费应计入建设管理费中。

② 工程建设监理费。指建设单位委托工程监理单位实施工程监理的费用。

(2) 前期工作咨询费

指在建设项目前期工作中，编制和评估项目建议书(或初步可行性研究报告)、可行性研究报告所需的费用。

(3) 研究试验费

指为本建设项目提供或验证设计数据、资料等进行必要的研究试验以及按照设计规定在建设过程中必须进行试验、验证所需的费用。

(4) 勘察设计费

指委托勘察设计单位进行工程水文地质勘察、工程设计所发生的各项费用。包括工程勘察费、初步设计费(基础设计费)、施工图设计费(详细设计费)以及设计模型制作费。

(5) 环境影响评价费

指按照《中华人民共和国环境影响评价法》等相关规定为评价建设项目对环境可能产生影响所需的费用，包括编制和评估环境影响报告书、环境影响报告表等所需的费用。

(6) 招标代理费

指招标代理机构接受委托，提供代理工程、货物、服务招标，编制招标文件、审查投标人资格，组织投标人踏勘现场并答疑，组织开标、评标、定标，以及提供招标前期咨询、协调合同的签订等服务收取的费用。

(7) 工程监理费

指工程监理机构接受委托，提供建设工程施工阶段的质量、进度、费用控制管理和安全生产监督管理、合同、信息等方面协调管理等服务收取的费用。

(8) 场地准备及临时设施费

场地准备费是指建设项目为达到工程开工条件所发生的场地平整和对建设场地余留的有碍施工建设的设施进行拆除清理的费用。建设单位临时设施费是指为满足施工建设需要而供到场地界区的，未列入工程费用的临时水、电、气、道路、通信等费用和建设单位的临时建筑物、构筑物搭设、维修、拆除或者建设期间的租赁费用，以及施工期间专用公路养护费、维修费。

(9) 引进技术和设备其他费用

是指引进技术和设备发生的未计入设备购置费的费用。内容包括：

① 引进设备材料国内检验费。

② 引进项目图纸资料翻译复制费、备品备料测绘费。

③ 出国人员费用。包括买方人员出国进行设计联络、出国考察、联合设计、监造、培训等的费用。

④ 来华人员费用。包括卖方来华工程技术人员的现场办公费用、往返现场交通费用、

接待费用等。

⑤ 银行担保及承诺费。指引进技术和设备项目由国内外金融机构进行担保所发生的费用,以及支付贷款机构的承诺费用。

(10) 工程保险费

指建设项目在建设期间根据需要对建筑工程、安装工程、机器设备和人身安全进行投保而发生的保险费用。

(11) 市政公用设施建设及绿化补偿费

指使用市政公用设施的建设项目,按照有关规定建设或者缴纳市政公用设施建设配套费用以及绿化工程补偿费用。

(12) 超限设备运输特殊措施费

指超限设备在运输过程中需进行的路面拓宽、桥梁加固、铁路设施、码头等改造时所发生的特殊措施费。

(13) 特殊设备安全监督检验费

指在现场组装和安装的锅炉及压力容器、压力管道、消防设备、电梯等特殊设备和设施,由安全监察部门进行安全检验,应由建设项目支付的、向安全监察部门缴纳的费用。

按照资本保全的原则,与项目建设有关的费用全部形成项目的固定资产。

3. 与项目运营有关的费用

(1) 联合试运转费

指新建项目或新增加生产能力的工程,在交付生产前按照批准的设计文件所规定的工程质量标准和技术要求,进行整个生产线或装置的负荷联合试运转或局部联动试车所发生的费用净支出(试运转支出大于收入的差额部分费用)。

试运转支出包括所需材料、燃料、油料及动力消耗,低值易耗品及其他物料消耗,机械使用费,联合试运转人员工资及施工单位参加试运转人员的工资及管理费用。

试运转收入是指试运转产品销售收入及其他收入。

(2) 安全生产费用

指建筑施工企业按照国家有关规定和建筑施工安全标准,购置施工安全防护用具、落实安全施工措施、改善安全生产条件、加强安全生产管理等所需的费用。

(3) 专利及专有技术使用费

指在建设期支付的专利及专有技术使用费,内容包括:国外设计及技术资料费,引进有效专利、专有技术使用费和技术保密费;国内有效专利、专有技术使用费;商标使用费、特许经营权费等。

(4) 生产准备费

指建设项目为保证竣工交付使用、正常生产运营进行必要的生产准备所发生的费用。包括生产人员培训费、提前进厂参加施工、设备安装、调试以及熟悉工艺流程及设备性能等人员的工资、工资性补贴、职工福利费、差旅交通费、劳动保护费、学习资料费等。

(5) 办公及生活家具购置费

指保证新建、改扩建项目初期正常生产、使用和管理所必须购置的办公和生活家具、用具的费用。

按照资本保全的原则,与项目运营有关的费用中,联合试运转费、安全生产费用计入项目的固定资产价值中，专利及专有技术使用费计入项目的无形资产价值中，生产准备费、办公及生活家具购置费计入其他资产价值中。

（三）预备费

预备费分为基本预备费和涨价预备费两部分。

(1) 基本预备费

基本预备费是指在项目实施中可能发生，但在项目决策阶段难以预见的，需要事先预留的费用，又称工程建设不可预见费。包括：

① 在批准的设计范围内，技术设计、施工图设计及施工过程中所增加的工程费用；经批准的设计变更、工程变更、材料代用、局部地基处理等增加的费用。

② 一般自然灾害造成的损失和预防自然灾害所采取的措施费用。

③ 竣工验收时，为鉴定工程质量对隐蔽工程进行必要的挖掘和修复费用。

(2) 涨价预备费

涨价预备费是对建设工期较长的项目，由于在建设期内可能发生材料、设备、人工、机械台班等价格上涨引起投资增加而需要事先预留的费用，亦称价格变动不可预见费。

四、投资估算的内容和顺序

投资估算的内容包括建设投资、建设期利息和流动资金的估算。投资估算的顺序如下：

(1) 估算建设投资，并制定分年投资计划；

(2) 估算建设期利息；

(3) 估算流动资金；

(4) 完成项目总投资和分年投资计划。

五、投资估算阶段的划分

按估算的时间和估算精度，投资估算可以分为以下几个阶段：

(1) 投资机会研究阶段的投资估算

该阶段估算工作比较粗略，投资额的估计一般是通过已建类似项目对比得来。其估算误差率在30%左右。其作为初步选择投资项目的主要依据之一，对初步可行性研究及投资估算起指导作用。

(2) 初步可行性研究(项目建议书)阶段的投资估算

该阶段是在研究投资机会结论的基础上，进一步弄清项目的投资规模、原材料来源、工艺技术、场(厂)址、组织机构、建设进度等情况，做出初步投资评价及判断项目的可行性，估算的误差率在20%左右。该阶段的投资估算是作为决定是否进行(详细)可行性研究的依据之一，同时也是确定哪些关键问题需要进行辅助性专题研究的依据之一。

(3) 可行性研究阶段的投资估算

该阶段的投资估算主要是对拟建项目的投资方案进行比选，进行全面、详细的技术经济分析论证，在确定最佳投资方案的基础上，对项目的可行性做出最终结论。它也是编制设计文件、控制初步设计及概预算的主要依据。该阶段投资估算准确与否，以及是否符合工程的实际，不仅决定着能否正确评价项目的可行性，同时也决定着融资方案设计的基础是否可靠，因此要求估算内容详实、资料全面，投资估算误差率应在10%左右。

第二节　建设投资估算

建设投资估算方法归结起来主要包括简单估算法和分类估算法。建设投资简单估算法包括单位生产能力估算法、生产能力指数法、比例估算法、系数估算法、估算指标法等。单位生产能力估算法最为粗略，一般用于规划和机会研究阶段；生产能力指数法的估算准确度相对较高，在不同阶段都有应用，但应用范围受限；初步可行性研究阶段通常采用估算指标法；可行性研究阶段通常采用分类估算法。

一、建设投资简单估算法

1. 单位生产能力估算法

该方法是指根据已建成的、性质类似的建设项目的单位生产能力投资来估算拟建项目的投资额，其计算式如下：

$$Y_2 = \frac{Y_1}{X_1} \times X_2 \times CF \tag{6-1}$$

式中，Y_1——已建成类似项目的投资额；

Y_2——拟建项目的估算投资额；

X_1——已建成类似项目的生产能力；

X_2——拟建项目的生产能力；

CF——不同时期、不同地点的定额、单价、费用变更等的综合调整系数。

该方法将项目的建设投资与其生产能力视为简单的线性关系，估算简便迅速，但精度较差，一般仅用于投资机会研究阶段。

【例6-1】 已知2016年建设污水处理能力为10万m^3/日的污水处理厂的建设投资为20 000万元，2018年拟建污水处理能力为16万m^3/日的污水处理厂一座，工程条件与2016年已建成项目类似，调整系数CF为1.25，试估算该项目的建设投资。

解：根据式(6-1)，该项目的建设投资为：

$$Y_2 = \frac{Y_1}{X_1} \times X_2 \times CF = \frac{20\ 000}{10} \times 16 \times 1.25 = 40\ 000(\text{万元})$$

2. 生产能力指数法

该方法是指根据已建成的、性质类似的建设项目的生产能力和投资额来估算拟建项目的投资额，其计算式如下：

$$Y_2 = Y_1 \times \left(\frac{X_2}{X_1}\right)^n \times CF \tag{6-2}$$

式中，n——生产能力指数，$0 \leqslant n \leqslant 1$。

其他符号含义同前。

运用这种方法估算建设项目投资的重要条件是要有合理的生产能力指数。若已建类似项目的规模和拟建项目的规模相差不大，生产规模比值在0.5～2之间，则指数n的取值近似为1；若已建类似项目的规模和拟建项目的规模相差不大于50倍，且拟建项目规模的扩大仅靠增大设备规模来达到时，则 n 取值约在 0.6～0.7 之间；若靠增加相同规格设备的数量来达到时，则 n 取值为 0.8～0.9 之间。

采用生产能力指数法，计算简单、速度快；但要求类似项目的资料可靠、条件基本相同，否则误差就会增大。对于建设内容复杂的项目，其可行性研究中，有时也用生产能力指数法估算分项装置(或生产线)的工程费用。

【例 6-2】 已知年产 20 万 t 的某工业产品项目工艺生产装置的投资为 30 000 万元，现拟建年产 60 万 t 的同种产品项目，工程条件与上述项目类似，生产能力指数 n 为 0.7，调整系数 CF 为 1.1，试估算该项目的装置投资。

解：根据式(6-2)，该项目的装置投资为：

$$Y_2 = Y_1 \times \left(\frac{X_2}{X_1}\right)^n \times CF = 30\,000 \times \left(\frac{60}{20}\right)^{0.7} \times 1.1 = 71\,203(\text{万元})$$

3. 比例估算法

(1) 以拟建项目的设备购置费为基数进行估算

该方法是根据已建成的同类项目的建筑工程费和安装工程费占设备购置费的百分比，求出相应的建筑工程费和安装工程费，再加上拟建项目的其他费用(包括工程建设其他费用和预备费等)，其总和即为拟建项目的建设投资。计算公式如下：

$$C = E(1 + f_1P_1 + f_2P_2) + I \tag{6-3}$$

式中，C ——拟建项目的建设投资；

E ——拟建项目根据当时当地价格计算的设备购置费；

P_1, P_2——已建项目中的建筑工程费和安装工程费占设备购置费的百分比；

f_1, f_2——由于时间、地点等因素引起的定额、价格、费用标准等综合调整系数；

I ——拟建项目的其他费用。

【例 6-3】 某拟建项目设备购置费为 15 000 万元。根据已建同类项目的统计资料，建筑工程费占设备购置费的 23%，安装工程费占设备购置费的 9%。该拟建项目的其他有关费用估计为 2 600 万元，调整系数 f_1、f_2 均为 1.1，试估算该项目的建设投资。

解：根据式(6-3)，该项目的建设投资为：

$$C = E(1 + f_1P_1 + f_2P_2) + I = 15\,000 \times (1 + 1.1 \times 23\% + 1.1 \times 9\%) + 2\,600$$
$$= 22\,880(\text{万元})$$

(2) 以拟建项目的工艺设备投资为基数进行估算

该方法根据同类型的已建项目各专业工程(总图、土建、暖通、给排水、管道、电气、电信、自控及其他工程费用等)占工艺设备投资(包括运杂费和安装费)的百分比，求出拟建项目各专业工程的投资，然后把各部分投资(包括工艺设备投资)相加求和，再加上拟建项目的其他有关费用，即为拟建项目的建设投资。计算公式如下：

$$C = E(1 + f_1P'_1 + f_2P'_2 + f_3P'_3 + \cdots) + I \tag{6-4}$$

式中，E ——拟建项目根据当时当地价格计算的工艺设备投资；

P'_1, P'_2, P'_3——已建项目各专业工程费用占工艺设备投资的百分比。

4. 系数估算法

(1) 朗格系数法

该方法是以设备购置费为基础,乘以相应系数来推算项目的建设投资。其计算公式为:

$$C = EK_L \tag{6-5}$$

式中,C ——建设投资;

E ——设备购置费;

K_L ——朗格系数。

$$朗格系数\ K_L = (1 + \sum K_i)K_c \tag{6-6}$$

式中,K_i ——管线、仪表、建筑物等项费用的估算系数;

K_c ——管理费、合同费、应急费等间接费在内的总估算系数。

这种方法比较简单,但没有考虑项目的规模大小、设备材质与规格、不同地区自然和地理条件的差异,所以误差较大。

(2) 设备及厂房系数法

该方法在拟建项目工艺设备投资和厂房土建投资估算的基础上,其他专业工程参照类似项目的统计资料,与设备关系较大的按设备投资系数计算,与厂房土建关系较大的则以厂房土建投资系数计算,两类投资加起来,再加上拟建项目的其他有关费用,就得出拟建项目的建设投资,这种方法在初步可行性研究阶段使用是比较合适的。

【例6-4】 某项目工艺设备及安装费用估计为2 600万元,厂房土建费用估计为4 200万元。参照类似项目的统计资料,其他各专业工程投资系数为:与工艺设备关系较大的有起重设备0.09,加热炉及烟道0.12,气化冷却0.01,余热锅炉0.04,供电及传动0.18,自动化仪表0.02;与厂房土建关系较大的有给排水工程0.04,采暖通风0.03,工业管道0.01,电器照明0.01。该项目的其他有关费用为2 400万元,试估算项目的建设投资。

解:根据题目所给数据,与工艺设备关系较大的其他各专业工程投资系数之和为0.46,与厂房土建关系较大的其他各专业工程投资系数之和为0.09,由此可以得出:

项目的建设投资=2 600(1+0.46)+4 200(1+0.09)+2 400=10 774(万元)

5. 估算指标法

估算指标法俗称扩大指标法,是一种比概算指标更为扩大的单项工程指标或单位工程指标。它以单项工程或单位工程为对象,综合了项目建设中的各类成本和费用,具有较强的综合性和概括性。

单项工程指标一般以单项工程生产能力单位投资表示,如工业窑炉砌筑以元/m^3表示,变配电站以元/kVA表示等。

单位工程指标一般以如下方式表示:房屋区别不同结构形式以元/m^2表示,道路区别不同结构层、面层以元/m^2表示,管道区别不同材质、管径以元/m表示等。

估算指标法的精确度相对比概算指标法低,主要适用于初步可行性研究阶段。项目可行性研究阶段也可以用,主要针对建筑安装工程费以及公用工程和辅助工程等配套工程。

二、建设投资分类估算法

建设投资分类估算法,即针对建设项目投资构成分类估算,具体估算内容包括工程费用

(含建筑工程费、设备购置费、安装工程费)、工程建设其他费用和预备费用(基本预备费、涨价预备费)的估算。估算所需基础数据及估算流程如图 6-2 所示。

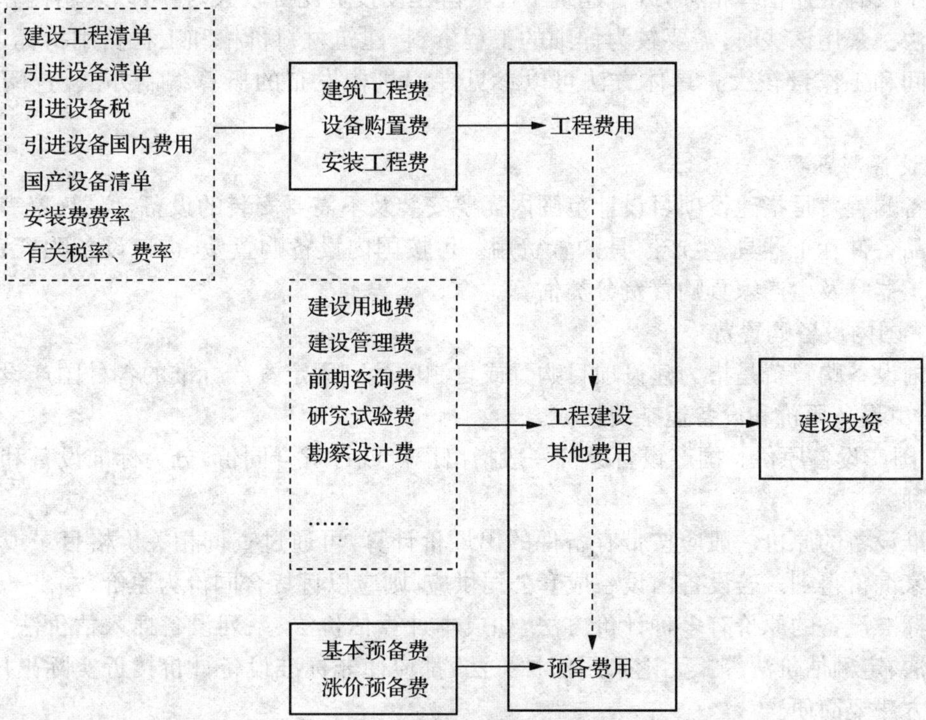

图 6-2　建设投资估算流程

(一) 工程费用估算

1. 建筑工程费

(1) 估算内容

建筑工程费是指建造永久性建筑物和构筑物所需的费用,其估算内容包括各类房屋建筑工程和列入房屋建筑工程预算的供水、供暖、卫生、通风、煤气等设备费用及其装设、油饰工程的费用,列入建筑工程的各种管道、电力、电信、电缆导线敷设工程的费用;设备基础、支柱、工作台、烟囱、水塔、水池、灰塔等建筑工程以及各种窑炉的砌筑工程和金属结构工程的费用;建设场地的大型土石方工程、施工临时设施和完工后的场地清理等费用;矿井开凿、井巷延伸、露天矿剥离,石油、天然气钻井,修建铁路、公路、桥梁、水库、堤坝、灌溉及防洪等工程的费用。

(2) 估算方法

① 单位建筑工程投资估算法

$$建筑工程费=单位建筑工程量投资\times建筑工程总量$$

式中,建筑工程总量:工业与民用建筑(m^2)、工业窑炉(m^3)、水库水坝(m)、铁路路基(km)、矿山掘进(m)等。

② 单位实物工程量投资估算法

$$建筑工程费=单位实物工程量投资\times实物工程量总量$$

式中,实物工程总量:土石方(m^3)、路面铺设(m^2)、矿井巷道衬砌(延米)等。

③ 概算指标投资估算法

对于没有上述估算指标,或者建筑工程费占建设投资比例较大时,可以采用概算指标投资估算法。采用该法时,需要较为详细的工程资料、建筑材料价格和工程费用指标,需要投入的时间和工作量较大。具体方法可以参见专门机构发布的概算编制办法,查阅相关的手册。

2. 设备购置费

设备购置费是指建设项目设计范围内需要安装及不需要安装的设备、仪器、仪表等及必要的备品备件和工器具、生产家具购置费用。可按国内设备购置费、进口设备购置费、备品备件和工器具及生产家具购置费分类估算。

(1) 国内设备购置费

国内设备购置费是指为建设项目购置或自制的达到固定资产标准的各种国产设备的购置费用,由设备原价和设备运杂费构成。

① 国产设备原价。国产设备原价一般指出厂价或订货合同价,分为标准设备和非标准设备两种。

标准设备的原价一般应按带有备件的出厂价计算,可通过查询相关价格目录或向设备生产厂家询价得到。若设备由设备成套公司供应,则应以订货合同价为原价。

非标准设备的原价有多种计价方法,如成本计算估价法、系列设备插入估价法、分部组合估价法、定额估价法等。无论采用何种方法,都应使非标准设备计价接近实际出厂价,并且计算方法要简便。

② 国内设备运杂费。运杂费指运输、装卸、途中包装、供销手续费、采购及仓库保管等,一般按设备出厂价的百分比(设备运杂费费率)计取。

(2) 进口设备购置费

进口设备购置费由进口设备货价、进口从属费及国内运杂费组成。

① 进口设备货价。可以通过与有关生产厂商的询价、报价、订货合同价来计算。按其包含的费用内容不同,分为离岸价(FOB)和到岸价(CIF)等,通常多指离岸价。离岸价(FOB)是货物成本价,指出口货物运抵出口国口岸(船上)交货的价格;到岸价(CIF)是指进口货物抵达进口国口岸的价格,包括进口货物的离岸价、国外运费及国外运输保险费。

② 进口从属费用。包括国外运费、国外运输保险费、进口关税、进口环节增值税、进口环节消费税、外贸手续费和银行财务费等。

国外运费=离岸价×运费率　或:国外运费=单位运价×运量

国外运输保险费=(离岸价+国外运费)×国外运输保险费率

进口设备到岸价(CIF)=离岸价+国外运费+国外运输保险费

进口关税=到岸价×外汇牌价×进口关税率

进口增值税=(到岸价×外汇牌价+进口关税+消费税)×增值税率

式中:消费税=(到岸价×外汇牌价+进口关税)×消费税率/(1-消费税率)

外贸手续费=到岸价×外汇牌价×外贸手续费率

银行财务费=离岸价×外汇牌价×银行财务费率

③ 国内运杂费。国内运杂费通常由运输费、运输保险费、装卸费、包装费和仓库保管费

等费用构成，以设备离岸价为计算依据，公式为：

国内运杂费＝进口设备离岸价×外汇牌价×国内运杂费率

设备估价后，应编制设备购置费估算表，估算表格式如表 6-1、表 6-2 所示。

表 6-1 国内设备购置费估算表

序号	设备名称	型号规格	单位	数量	设备购置费		
					出厂价(元)	运杂费(元)	总价(万元)
1	A						
2	B						
	……						
	合计						

表 6-2 进口设备购置费估算表

单位：万元或万美元

序号	设备名称	台(套)数	离岸价	国外运费	国外运输保险费	到岸价	进口关税	消费税	增值税	外贸手续费	银行财务费	国内运杂费	设备购置费总价
1	A												
2	B												
	…												
	合计												

【例 6-5】 某公司拟从国外进口一套机电设备，重量 1 500t，装运港船上交货价即离岸价(FOB)为 400 万美元。其他有关费用参数为：国外海运费率为 4%；海上运输保险费费率为 0.1%；外贸手续费费率为 1%；银行财务费费率为 0.15%；关税税率为 10%；进口环节增值税税率为 13%；外汇牌价为 1 美元＝6.5 元人民币；设备的国内运杂费费率为 2.1%。试估算该套设备的购置费。

解：根据上述各项费用的计算公式，则有：

进口设备离岸价(FOB)＝400×6.5＝2 600(万元)

国外运费＝2 600×4%＝104(万元)

国外运输保险费＝(2 600＋104)×0.1%＝2.70(万元)

进口设备到岸价＝2 600＋104＋2.70＝2 706.70(万元)

进口关税＝2 706.70×10%＝270.67(万元)

进口增值税＝(2 706.70＋270.67)×13%＝387.06(万元)

外贸手续费＝2 706.70×1%＝27.07(万元)

银行财务费＝2 600×0.15%＝3.90(万元)

国内运杂费＝2 600×2.1%＝54.60(万元)

所以，该套设备购置费＝2 600＋(104＋2.70＋270.67＋387.06＋27.07＋3.90)＋54.60
＝3 450.00(万元)

(3) 工器具及生产家具购置费

工器具及生产家具购置费是指按照有关规定，为保证新建或扩建项目初期正常生产必须购置的第一套工卡模具、器具及生产家具的购置费用。一般以国内设备原价和进口设备离岸价为计算基数，按照部门或行业规定的购置费率计算。

(4) 备品备件购置费估算

多数情况下，设备购置费采用带备件的原价估算，不必另行估算备品备件费用。如果无法采用，应按相关专业概算指标估算。

3. 安装工程费

安装工程费主要包括生产、动力、起重、传动和医疗、实验等各种需要安装的机电设备、专用设备、仪器仪表等设备的安装费；工艺、供电、供热、给排水、通风空调、净化及除尘、自控、电讯等管道、管线、电缆等的材料费和安装费；设备和管道的保温、绝缘、防腐，设备内部的填充物等的材料费和安装费。

安装工程费的估算方法通常按行业或专门机构发布的安装工程定额、取费标准估算：

$$\text{安装工程费} = Q \times \text{单位安装费率}$$

式中，Q——设备原价、设备吨位、安装实物工程量等；

单位安装费率——按设备原价、吨位、安装实物工程量为基数的单位安装费用。

安装费率是估算安装工程费的重要指标，根据设备类型的不同，费率取值也不同，一般可查资料得到安装费率。根据工程性质不同，必要时需将费用数额较大的安装材料单独列出，如化工装置的管道材料。

(二) 工程建设其他费用估算

工程建设其他费用估算应按国家有关部门或行业规定的内容、计算方法和费率或取费标准分项估算，表6-3列出了工程建设其他费用中各项费用的名称及估算要求。

表6-3 工程建设其他费用估算要求

序号	费用名称	费用估算要求
1	建设用地费用	按有关规定估算
2	建设管理费	按有关规定估算
3	前期工作咨询费	按有关规定或委托合同估算
4	研究试验费	按研究试验内容和要求估算
5	工程勘查设计费	按有关规定估算
6	环境影响评价费	按有关规定或咨询合同估算
7	招标代理费	按相关规定收费，实行市场调节价
8	工程监理费	按相关规定收费，实行市场调节价
9	场地准备及临时设施费	按实际工程量或工程费用的比例估算
10	引进技术和设备其他费用	按有关规定或标准估算
11	工程保险费	工程费用×保险费率
12	市政公用设施建设及绿化补偿费	按有关规定估算
13	超限设备运输特殊措施费	按有关规定估算

（续表）

序号	费用名称	费用估算要求
14	特殊设备安全监督检验费	按有关规定估算
15	联合试运转费	工艺设备购置费×费率
16	安全生产费用	按有关规定估算
17	专利及专有技术使用费	按协议和合同估算
18	生产准备费	定员人数×费率
19	办公及生活家具购置费	定员人数×费率

【例 6-6】 某建设项目通过划拨方式取得 100 亩耕地的土地使用权。该耕地在被征用的前三年平均每亩产值分别为 1 200 元、1 100 元和 1 000 元，土地补偿费按被征用前三年平均产值的 10 倍计；被征用单位人均耕地 2.5 亩，每个需要安置的农业人口按耕地被征用前三年平均产值的 6 倍计算安置补助费；地上附着物共有树木 3 000 棵，按照 20 元/棵补偿，青苗补偿按照 100 元/亩计取，试对未包括征地动迁费和其他税费在内的建设用地费进行估算。

解：(1) 土地补偿费

土地补偿费＝(1 200＋1 100＋1 000)÷3×10×100＝110(万元)

(2) 安置补助费

需要安置的农业人口数：100÷2.5＝40(人)

人均安置补助＝(1 200＋1 100＋1 000)÷3×6×2.5＝1.65(万元)

安置补助费＝1.65×40＝66(万元)

(3) 地上附着物补偿费＝3 000×20＝6(万元)

青苗补偿费＝100×100＝1(万元)

所以，建设用地费＝110＋66＋6＋1＝183(万元)

工程建设其他费用按形成的资产种类划分，可分为固定资产其他费用、无形资产费用和其他资产费用。

固定资产其他费用是指将在项目竣工时与工程费用一起形成固定资产原值的费用。在形成资产的建设投资构成中，固定资产其他费用与工程费用之和称为固定资产费用；无形资产费用是指按规定应在项目竣工时形成无形资产原值的费用；其他资产费用是指按规定应在项目竣工时形成其他资产原值的费用。

（三）预备费估算

1. 基本预备费

基本预备费＝(工程费用＋工程建设其他费用)×基本预备费费率

实际操作中，一般按照工程费用与工程建设其他费用之和的 5%～10% 提取基本预备费。

注：按照《建设项目评价方法与参数》(第三版)的规定，基本预备费计入固定资产。应该理解这是一种简化了的处理方式，尽管公式的计算基数工程建设其他费用中包含了无形资

产和其他资产。

2. 涨价预备费

对涨价预备费的估算可按国家或部门(行业)的具体规定执行,一般按下式计算:

$$PC=\sum_{t=1}^{n} I_t\left[(1+f)^t-1\right]$$

式中,PC——涨价预备费;

I_t——第 t 年的工程费用;

f——建设期价格上涨指数;

n——建设期年份数。

根据政府相关部门规定,目前我国投资项目的建设期价格上涨指数按零计取。

【例6-7】 某建设项目的工程费用为250 000万元,建设期为5年。5年的工程费用分年度使用比例为第1年10%,第2年20%,第3年30%,第4年30%,第5年10%,建设期内年平均价格上涨指数为6%,试估计该项目的涨价预备费。

解:(1) 按投资比例算出各年工程费用计划用款额(单位:万元)

$I_1=25\,000,\ I_2=50\,000,\ I_3=75\,000,\ I_4=75\,000,\ I_5=25\,000$

(2) 计算各年涨价预备费:

$PC_1=I_1[(1+f)^1-1]=25\,000\times[(1+6\%)^1-1]=1\,500$(万元)

$PC_2=I_2[(1+f)^2-1]=50\,000\times[(1+6\%)^2-1]=6\,180$(万元)

$PC_3=I_3[(1+f)^3-1]=75\,000\times[(1+6\%)^3-1]=14\,326.2$(万元)

$PC_4=I_4[(1+f)^4-1]=75\,000\times[(1+6\%)^4-1]=19\,685.8$(万元)

$PC_5=I_5[(1+f)^5-1]=25\,000\times[(1+6\%)^5-1]=8\,455.6$(万元)

所以,该项目的涨价预备费$=1\,500+6\,180+14\,326.2+19\,685.8+8\,455.6$

$=50\,147.6$(万元)

(四) 关于建设投资中的增值税和进项税额

我国从2009年开始实行增值税转型改革,由生产型增值税转变为消费型增值税,允许从产品销项税额中抵扣部分固定资产增值税,此部分可抵扣固定资产进项税额不得计入固定资产原值。

从2016年5月1日起,我国全面推行营业税改增值税,规定工程项目投资构成中的建筑工程费、安装工程费、设备购置费、工程建设其他费用中所含增值税进项税额,应根据相关规定进行抵扣。

但是,为了满足筹资的需要,建设项目必须足额估算建设投资。也就是说,建设投资应按照含增值税进项税额的价格(也就是以含税价)进行估算。同时,可抵扣固定资产进项税额需单独列示,以便于财务分析中正确计算各类资产原值和应纳增值税。

上述建设投资各项费用估算完毕后应编制建设投资估算表(见表6-4),并对项目建设投资的构成和各类工程费用、其他费用及预备费占建设投资比例的合理性、单位生产能力(或使用效益)投资指标的先进性进行分析。

建设投资估算表可依据行业有所不同,制造业项目的参考格式见表6-4。

表 6-4　建设投资估算表

单位:万元或万美元

序号	工程或费用名称	建筑工程费	设备购置费	安装工程费	其他费用	合计	其中:外汇	投资比例(%)
1	工程费用							
1.1	主要生产项目							
1.1.1	×××							
	…							
1.2	辅助生产项目							
1.2.1	×××							
	…							
1.3	公用工程项目							
1.3.1	×××							
	…							
1.4	服务性工程项目							
1.4.1	×××							
	…							
1.5	生活福利设施项目							
1.5.1	×××							
	…							
1.6	厂外工程项目							
	…							
2	工程建设其他费用							
2.1	×××							
	…							
3	预备费							
3.1	基本预备费							
3.2	涨价预备费							
4	建设投资							
	其中:可抵扣固定资产进项税额							
	投资比例(%)							

第三节　建设期利息估算

建设期利息是债务资金在建设期内发生并应计入固定资产原值的利息,包括借款(或债券)利息及手续费、承诺费、发行费、管理费等融资费用。

建设期利息是在完成的建设投资估算和分年投资计划基础上,确定项目资本金(注册资本)数额及其分年投入计划,根据筹资方式(银行贷款、企业债券)及债务资金成本率(银行贷款利率、企业债券利率及发行手续费率)等进行计算。

估算建设期利息应按有效利率计息。

项目在建设期内如能用非债务资金按期支付利息,应按单利计息;如不支付利息或者用(相同利率的)借款支付利息,则应按复利计息。

(1) 借款额在建设期各年年初发生

$$各年利息=(年初借款本息累计+本年借款额)\times 年利率$$

【例6-8】 某新建项目建设期为3年,各年年初向银行借款。第1年借款300万元,第2年借款600万元,第3年借款400万元,年利率为6%,建设期内不支付利息,试计算项目的建设期利息。

解:第1年利息=300×6%=18(万元)

第2年利息=(300+18+600)×6%=55.08(万元)

第3年利息=(300+18+600+55.08+400)×6%=82.38(万元)

则项目建设期利息=18+55.08+82.38=155.46(万元)

(2) 借款额在各年均衡发生

$$各年利息=\left(年初借款本息累计+\frac{本年借款额}{2}\right)\times 年利率$$

【例6-9】 某矿山建设项目,建设投资由建设银行提供贷款,年利率3.6%,建设期为5年,各年贷款额如表6-5所示,建设期内不支付利息,试计算各年利息及累计额。

表6-5　各年贷款数额

单位:万元

年份	1	2	3	4	5
贷款	5 149.42	8 439.14	7 314.70	7 549.24	8 353.70

解:列表计算

单位:万元

	1	2	3	4	5	合计
年初借款累计		5 242.11	14 021.87	21 973.02	30 449.18	
本年借款支用	5 149.42	8 439.14	7 314.70	7 549.24	8 353.70	36 806.20
本年应计利息	92.69	340.62	636.45	926.92	1 246.54	3 243.22
年末借款累计	5 242.11	14 021.87	21 973.02	30 449.18	40 049.42	40 049.42

其中，第 1 年利息：5 149.42÷2×3.6%＝92.69(万元)

第 2 年利息：(5 149.42＋92.69＋8 439.14÷2)×3.6%＝340.62(万元)

第 3 年利息：(5 149.42＋92.69＋8 439.14＋340.62＋7 314.70÷2)×3.6%＝636.45(万元)

第 4 年利息：(5 149.42＋92.69＋8 439.14＋340.62＋7 314.70＋636.45＋7 549.24÷2)×3.6%＝926.92(万元)

第 5 年利息：(5 149.42＋92.69＋8 439.14＋340.62＋7 314.70＋636.45＋7 549.24＋926.92＋8 353.70÷2)×3.6%＝1 246.54(万元)

该项目的建设期利息＝92.69＋340.62＋636.45＋926.92＋1 246.54＝3 243.22(万元)

(3) 用非债务资金(资本金)支付借款利息

$$各年利息=\left(年初借款本金累计+\frac{本年借款额}{2}\right)\times 年利率$$

在投资项目决策分析与评价阶段，一般采用第二种方式估算利息。

第四节　流动资金估算

流动资金是指项目运营期内长期占用并周转使用的营运资金，不包括运营中临时性需要的资金。

流动资金估算可以采用两种方法：一种是扩大指标估算法，在项目建议书和项目初步可行性研究阶段可以采用；另一种是分项详细估算法，适用于项目可行性研究报告的编制。

流动资金估算的基础主要是营业收入和经营成本。因此，流动资金应在营业收入和经营成本估算之后方可进行。

一、扩大指标估算法

一般是根据类似企业的实际资料先求出按一定标准估定的扩大指标，然后用这种扩大指标估算出流动资金总额。这种方法简便易行，但准确度不如分项详细估算法。某些流动资金需要量小的行业或非制造业项目在可行性研究阶段也采用扩大指标估算法。

扩大指标估算法可以采用以下几个计算公式：

流动资金＝年营业收入额×营业收入资金率

流动资金＝年经营成本×经营成本资金率

流动资金＝年产量×单位产量占用流动资金额

二、分项详细估算法

分项详细估算法就是对拟建项目的流动资产和流动负债各项分别进行估算，然后再估算出项目所需的流动资金。一般地，在技术经济评价中，对流动资金的估算涉及以下公式：

流动资金＝流动资产－流动负债

流动资产＝应收账款＋预付账款＋存货＋现金

流动负债＝应付账款＋预收账款

流动资金本年增加额＝本年流动资金－上年流动资金

在分项详细估算时，需要预先测算出各项的周转次数：

年周转次数=360天÷最低周转天数。

最低周转天数视建设项目的具体情况确定,并考虑一定的保险系数。一般情况下,有下列参考数据(见表6-6);情况特殊的,最低需要天数可有所变动。

表6-6 最低需要天数参考数据

应收账款	原材料、燃料	在产品	产成品	现金	应付账款
40~60天	15~90天	1~7天	15~60天	20~30天	30~50天

(1) 应收账款

应收账款是指企业已对外销售商品、提供劳务在尚未收回资金的情况下,需要由企业支付的维持生产运营的资金。它与会计中的应收账款含义不同,应以经营成本作为估算的基础。

应收账款=年经营成本÷应收账款年周转次数

(2) 存货

存货是指为耗用或销售而储备的各种货物,主要有原辅材料、燃料、包装物、低值易耗品、修理用备件、在产品、自制半成品和产成品等。为简化计算,一般仅考虑外购原材料、外购燃料、在产品和产成品。存货分项公式为:

外购原材料、燃料=年外购原材料、燃料费用÷原材料、燃料年周转次数

在产品=(年外购原材料、燃料、动力费+年职工薪酬+年修理费+年其他制造费用)÷在产品年周转次数

产成品=(年经营成本-年其他营业费用)÷产成品年周转次数

(3) 现金

现金是指货币资金,即为维持日常生产运营所必须预留的货币资金,包括库存现金和银行存款。

现金=(年职工薪酬+年其他费用)÷现金年周转次数

式中,年其他费用=年其他制造费用+年其他营业费用+年其他管理费用。

此处的年其他费用实质上是指年制造费用、年营业费用和年管理费用中去除所包含的职工薪酬、折旧费、摊销费和修理费后的余额。

应该指出的是,式中的其他管理费应包含了技术转让费、研究与开发费和土地使用税(见第二章),如果三者的数额较大,也可以把它从其他管理费中单列出来,这样年其他费用的公式就成为:

年其他费用=年其他制造费用+年其他营业费用+年其他管理费用+技术转让费+研究与开发费+土地使用税

(4) 预付账款

预付账款是指企业为购买各类原材料、燃料或服务所预先支付的款项。其计算公式为:

预付账款=(预付的各类原材料、燃料或服务年费用)÷预付账款年周转次数

(5) 应付账款

应付账款是指企业已经购买原材料、燃料动力尚未对外支付的款项。计算公式为:

应付账款=(年外购原材料费+年外购燃料动力费和其他材料费用)÷应付账款年周转次数

（6）预收账款

预收账款是买卖双方协议商定，由购买方预先支付一部分货款给销售方，从而形成销售方的负债。其计算公式为：

预收账款＝预收的营业收入年金额÷预收账款年周转次数

流动资金分项估算结果最后汇总在流动资金估算表中，见表6-7。

表6-7　流动资金估算表

单位：万元

序号	项目	最低周转天数	周转次数	生产期					
				3	4	5	6	…	n
1	流动资产								
1.1	应收账款								
1.2	存货								
1.2.1	原材料								
	×××								
	×××								
	…								
1.2.2	燃料								
	×××								
	×××								
	…								
1.2.3	在产品								
1.2.4	产成品								
1.3	现金								
1.4	预付账款								
2	流动负债								
2.1	应付账款								
2.2	预收账款								
3	流动资金（1－2）								
4	流动资金本年增加额								

在进行流动资金估算时，应注意以下问题：

第一，投入物和产出物的估算中采用不含增值税销项税额和进项税额的价格时，流动资金估算中应注意将该销项税额和进项税额分别包含在相应的收入和成本支出中。

第二，不同生产负荷下的流动资金需要量是按照相应负荷时的各项费用金额和给定公式计算而来的，不能简单地按100%负荷下的流动资金需要量乘以负荷百分数求得。

第三，技术改造项目采用“有无对比法”进行财务分析或经济分析时，其增量流动资金可能会出现负值的情况。当增量流动资金出现负值时，对不同方案之间的效益比选应体现出流动资金的变化，以客观公正反映各方案的相对效益，而对选定的上报方案而言，其增量流动资金只能取零。

在建设投资、建设期利息和流动资金估算完成后，需编制项目投入总投资估算表(见表6-8)和分年投资计划表。实践中往往将分年投资计划与资金筹措计划二者合一，编制“项目总投资使用计划与资金筹措表”(见第十二章附表12-5)。

表6-8　项目总投资估算表

单位：万元或万美元

序号	费用名称	投资额		估算说明
		合计	其中：外汇	
1	建设投资			
1.1	工程费用			
1.1.1	建筑工程费			
1.1.2	设备购置费			
1.1.3	安装工程费			
1.2	工程建设其他费用			
1.3	预备费			
1.3.1	基本预备费			
1.3.2	涨价预备费			
2	建设期利息			
3	流动资金			
	项目总投资(1+2+3)			

第五节　成本估算

在技术经济评价中，按财务评价的特定要求，成本按生产要素进行归并估算，分为总成本费用和经营成本。总成本费用及经营成本的构成在第二章中已作描述，在此只对其各项费用进行估算。

一、外购原材料费

$$年外购原材料费=年消耗数量\times单价(不含税)$$

注意：按入库价对外购原材料费进行估算时，需要估算其进项税额，以备产品增值税计算之用。

外购原材料费用估算表如表 6-9 所示。

表 6-9　外购原材料费用估算表

单位:万元

序号	项　目	合计	计算期					
			1	2	3	4	…	n
1	原材料费用							
1.1	原材料 A 费用							
	单价(不含税)							
	数量							
	进项税额							
1.2	原材料 B 费用							
	单价(不含税)							
	数量							
	进项税额							
	……							
2	辅助材料费用(不含税)							
	进项税额							
3	其他材料费用(不含税)							
	进项税额							
4	外购原材料费合计							
5	外购原材料进项税额合计							

二、外购燃料及动力费

年外购燃料及动力费=年消耗数量×单价(不含税)

同样,按入库价对外购燃料及动力费进行估算时,需要估算其进项税额,以备产品增值税计算之用。

外购燃料及动力费用估算表如表 6-10 所示。

表 6-10　外购燃料及动力费用估算表

单位:万元

序号	项　目	合计	计算期					
			1	2	3	4	…	n
1	燃料费用							
1.1	燃料 A 费用							
	单价(不含税)							

(续表)

序号	项　目	合计	计算期					
			1	2	3	4	…	n
	数量							
	进项税额							
	……							
2	动力费用							
2.1	动力A费用							
	单价(不含税)							
	数量							
	进项税额							
	……							
3	外购燃料及动力费合计							
4	外购燃料及动力进项税额合计							

三、职工薪酬

按照生产要素估算法估算总成本费用时，所采用的职工人数为项目全部定员。职工薪酬总额按照定员人数(分为工人、技术人员和管理人员)及人均薪酬计算。

年职工薪酬总额＝人均年薪酬×人数

职工薪酬估算表如表6-11所示。

表6-11　职工薪酬估算表

单位：万元

序号	项　目	合计	计算期					
			1	2	3	4	…	n
1	工人							
	人数							
	人均年薪酬							
	薪酬额							
2	技术人员							
	人数							
	人均年薪酬							
	薪酬额							
3	管理人员							
	人数							
	人均年薪酬							
	薪酬额							
4	职工薪酬总额							

四、修理费

修理费是指为保持固定资产的正常运转和使用，充分发挥其使用效能，对其进行必要修理所发生的费用。

年修理费＝固定资产原值（扣除建设期利息）×百分比率

百分比率的选取应考虑行业和项目特点。一般地，修理费可取固定资产原值（扣除建设期利息）的1%～5%。

五、其他费用

（1）其他管理费用

年其他管理费用＝年职工薪酬总额×百分比率

一般地，百分比率为150%～300%。若依托老厂进行建设的项目，其费率可取一般数值的50%～80%；特殊行业其他管理费用的取值可从行业习惯。

应当指出的是，若技术转让费、技术开发费和土地使用税数额较大时，可以从其他管理费用中分离出来单列。

（2）其他制造费用

年其他制造费用＝固定资产原值（扣除建设期利息）×百分比率

一般地，百分比率取1%～10%，但也要结合投资项目和现有企业的实际情况。若引进项目或某些特殊项目固定资产原值相对较高，可取较低的比率；若在原有基础上进行局部挖潜改造的项目，可取一般比率的50%～80%。其他制造费的计算也有按人员定额估算的。

（3）其他营业费用

年其他营业费用＝年营业收入×百分比率

一般地，百分比率可取1%～5%。对某些通过技术改造增加产量的项目可减半计算；而某些特殊项目可取一般比率的2倍或更高，但要符合有关的税法规定。

六、折旧费

折旧是对固定资产磨损的价值补偿。按照我国的税法，允许企业逐年提取固定资产折旧，并在所得税前列支。折旧费估算一般采用直线法，包括年限平均法和工作量法，也允许采用加速折旧的方法（双倍余额递减法、年数总和法），估算公式已在第二章中进行了介绍。

固定资产折旧费估算表参见第十二章附表12-10。

七、摊销费

摊销费包括无形资产摊销和其他资产摊销两部分。

（1）无形资产计价及摊销

无形资产按照取得时的实际成本计价。计价的原则是：投资者作为资本金或者合作条件投入的，按照评估确认或者合同协议约定的金额计价；购入的，按照实际支付的价款计价；自行开发并且依法申请取得的，按照开发过程中实际支出计价；接受捐赠的，按照发票账单所列金额或者同类无形资产市价计价；除企业合并外，商誉不得作价入账。

无形资产从开始使用之日起，在有效使用期限内平均摊入成本。若法律和合同或者企业申请书中均未规定有效期限或受益年限的，按照不少于10年的期限确定。摊销采用年限平均法，不计残值。

年摊销费＝无形资产原值÷摊销年限

(2) 其他资产摊销

其他资产原称递延资产，是指除固定资产、无形资产和流动资产之外的其他资产。关于建设投资中可以转入其他资产的费用，各种制度和规定不一致。项目决策分析与评价中可将生产准备费、办公和生活家具购置费等开办费性质的费用直接形成其他资产。其他资产从企业开始生产经营月份的次月起，按照不少于5年的期限分期摊入成本。摊销采用年限平均法，不计残值。

年摊销费＝其他资产原值÷摊销年限

注意：下列费用不能包括在开办费内进行摊销：

① 应当由投资者负担的费用支出；

② 为取得各项固定资产、无形资产所发生的支出；

③ 筹建期间应当计入资产价值的汇兑损益、利息支出等。

无形资产及其他资产摊销费估算表参见第十二章附表12-11。

八、利息支出

按照现行财税规定，列支于总成本费用的是财务费用，是指企业为筹集所需资金而发生的费用，包括利息支出(减利息收入)、汇兑损失(减汇兑收益)及相关的手续费等。但在项目的财务评价中，财务费用的估算一般只考虑利息支出，包括长期借款利息、流动资金借款利息以及短期借款利息。

(1) 长期借款利息

长期借款利息是指对建设期借款余额(含未支付的建设期利息)应在生产运营期支付的利息，有等额还本付息方式、等额还本利息照付方式和最大能力还本付息方式三种计算长期借款利息的方法可供选择。无论采取哪种方式，长期借款利息均按年初借款余额全额计息：

长期借款利息＝年初借款余额×年利率

(2) 流动资金借款利息

流动资金借款从本质上说应归类为长期借款，企业往往可能与银行达成共识，按年终偿还、下年初再借的方式处理，并按1年期利率计息。财务评价中，一般设定流动资金借款本金偿还在计算期最后一年，也可以在还完长期借款后安排。

流动资金借款利息＝年初流动资金借款额×年利率

(3) 短期借款利息

项目评价中的短期借款是指生产运营期间为了资金的临时需要而发生的短期借款，其利息计算一般采用1年期利率，按照随借随还的原则处理还款，即当年借款尽可能于下年偿还。

短期借款利息＝短期借款额×年利率

总成本费用估算后，应编制总成本费用估算表(参见第十二章附表12-7)。按成本与产量的关系，可将总成本费用分为固定成本和可变成本。一般地，为了简化处理，将外购原材料费、外购燃料及动力费作为可变成本，其余的均作为固定成本。

习　题

1. 已知年产 30 万 t 乙烯装置的建设投资额为 60 000 万元。现拟建一座年产 70 万 t 的乙烯装置，工程条件与已知装置类似，试估算该拟建装置的建设投资额（生产能力指数 $n=0.6$，$CF=1.2$）。

2. 某新建项目设备投资为 10 000 万元。根据已建同类项目统计情况，建筑工程费占设备投资的 28.5%，安装工程费占设备投资的 9.5%，该项目其他费用估计为 800 万元，试估算该项目的投资额（综合调整系数 $f_1=1.2$，$f_2=1.1$）。

3. 某年产 18 万 m 复合管材新建项目，建设期 2 年。根据可行性研究提供的建设工程和设备清单，估算出该项目的建筑工程费为 250 万元，设备购置费为 235 万元，安装工程费为设备投资的 5%；工程建设其他费用为 200 万元，其中 50%形成固定资产，40%形成无形资产，10%形成其他资产；基本预备费率取 10%，建设期平均价格上涨指数为 5%。

项目资金来源为资本金和借款，借款年利率为 6%。建设投资投入比例为第 1 年 70%，第 2 年 30%，且每年投资中资本金占比为 70%。

项目达到生产能力后，年营业收入为 3 960 万元（不含税）。年总成本费用中部分数据如下：外购原材料费 1 530 万元（不含税），外购燃料动力费 90 万元（不含税），职工薪酬 72 万元；年修理费取固定资产原值（扣除建设期利息）的 5%；年其他营业费取营业收入的 10%，年其他制造费取固定资产原值（扣除建设期利息）的 2%，年其他管理费取职工薪酬总额的 200%。流动资金的各项周转次数为：应收账款 6 次，原辅材料 20 次，燃料动力 20 次，在产品 100 次，产成品 30 次，现金 24 次，应付账款 5 次。

产品销项税税率为 13%，原材料进项税税率为 13%，燃料动力费进项税税率为 9%。

根据以上数据，分别估算该项目的建设投资、建设期利息和流动资金，并编制项目总投资估算表。

4. 某项目拟生产 J 产品，年营业收入为 906 200 万元（含税，销项税税率为 13%）。项目建设期为 2 年，计算期为 12 年。生产期第一年负荷为 60%，第二年为 70%，第三年负荷为 90%，以后为 100%负荷。

① 在满负荷情况下：外购原材料为 28 124 万元，外购其他材料为 2 142 万元（均为含税，进项税税率为 13%）；外购燃料、动力费为 8 328 万元（含税，进项税税率为 9%）。

② 本项目以项目投产后各岗位定员及管理人员设置来测算，年职工薪酬 667 万元。

③ 固定资产中房屋及建筑物原值为 2 916 万元，折旧年限为 20 年；机器设备原值为 47 000万元，折旧年限为 5 年。采用年限平均法进行折旧计算，残值率均取 5%。

④ 无形资产原值为 2 612 万元，按 10 年摊销；其他资产原值为 562 万元，按 5 年摊销。

⑤ 根据企业现行生产情况及该项目具体情况，年修理费用取固定资产原值（扣除建设期利息）的 5%。

⑥ 年其他制造费用取固定资产原值（扣除建设期利息）的 10%，年其他管理费用取职工薪酬的 250%，年其他营业费用取营业收入的 5%。

⑦ 项目无借款，故不计利息支出。

试计算该项目计算期内各年的总成本费用，并编制总成本费用估算表（不含税）。

第七章　项目融资方案研究

建设项目实施中的一项重要工作就是项目资金的筹措，在项目的前期阶段就要开始融资方案研究，要考虑融资方案的设计并进行必要的分析研究或评估，以便于做出最终的融资决策。尤其是大型建设项目，因其占用资金数额巨大、周期较长，因而更需要系统、完善的融资方案。

项目融资方案研究是在已经确定建设方案并完成投资估算的基础上进行的，结合拟建项目实施组织和建设进度计划，构造融资方案，进行融资结构、融资成本和融资风险分析，对拟定的融资方案进行比选，以优化融资方案，并作为融资后财务分析的基础。

第一节　资金成本分析

一、资金成本的构成

资金成本是指项目使用资金所付出的代价，由资金占用费和资金筹集费两部分组成。

$$资金成本=资金占用费+资金筹集费 \tag{7-1}$$

资金占用费是指使用资金过程中发生的向资金提供者支付的代价，包括借款利息、债券利息、优先股股息、普通股红利等权益受益等；资金筹集费是指资金筹集过程中所发生的各种费用，包括律师费、资信评估费、公证费、证券印刷费、发行手续费、担保费、承诺费、银团贷款管理费等等。

资金成本通常以资金成本率表示。资金成本率是指能使筹得的资金同筹资期间及使用期间发生的各种费用（包括向资金提供者支付的各种代价）等值时的收益率或折现率。虽然不同来源的资金其资金成本率计算方法不尽相同，但理论上资金成本率均可由通式表示：

$$\sum_{t=0}^{n}\frac{F_t-C_t}{(1+i)^t}=0 \tag{7-2}$$

式中，F_t——第 t 年实际筹措资金流入额；

C_t——第 t 年实际资金筹集费和对资金提供者的各种付款，包括贷款、债券等本金的偿还；

i——资金成本率；

n——资金占用期限。

二、债务资金的成本

（一）所得税前的债务资金成本

无论是向银行或非银行类的金融机构借款，也无论是发行企业债券或者通过融资租赁方式筹得资金，资金成本率均可由公式(7-2)求得。

【例 7-1】 面值 100 元债券发行价格为 100 元，票面利率年利率为 4%，3 年期，到期一次还本付息。发行费 0.5%，在债券发行时支付，兑付手续费 0.5%。试计算该债券的资金成本。

解：按照公式(7-2)，有

$$(100-100\times0.5\%)-[100(1+3\times4\%)+100\times0.5\%]/(1+i)^3=0$$

用插值法计算得：$i=4.18\%$

该债券的资金成本为 4.18%。

【例 7-2】 融资租赁公司提供的设备融资额为 100 万元，年租赁费费率为 15%。按年支付。租赁期为 10 年，到期设备归承租方。忽略设备余值的影响，资金筹集费为融资额的 5%。计算该融资租赁的资金成本。

解：按照公式(7-2)，有：

$$100-100\times5\%-100\times15\%\times\frac{(1+i)^{10}-1}{i(1+i)^{10}}=0$$

用插值法计算得：$i=9.30\%$

该融资租赁的资金成本为 9.30%

（二）所得税后的债务资金成本

由于借贷、债券等筹资费用和利息支出均在所得税前支付，因此对于股权投资方而言，可以获得所得税抵减的好处。

(1) 此类所得税后的债务资金成本可由下式求得：

$$\text{所得税后的债务资金成本}=\text{所得税前债务资金成本}\times(1-\text{所得税税率})\tag{7-3}$$

按[例 7-1]，如所得税税率为 25%，则税后资金成本为：$4.18\%\times(1-25\%)=3.14\%$

(2) 应该指出的是，在考虑所得税后的债务资金成本时，并非对资金提供者付出的代价都能取得所得税抵减的好处。例如利息在税前支付，具有抵税作用；而借款本金的偿还要在所得税后支付，因此偿还本金并没有抵税作用。

【例 7-3】 采用[例 7-1]的数据，若所得税税率为 25%，只考虑利息的抵税作用，试计算所得税后的资金成本。

解：$100-100\times0.5\%-[100+100\times3\times4\%\times(1-25\%)+100\times0.5\%(1-25\%)]\times\frac{1}{(1+i)^3}=0$

用插值法求得所得税后的资金成本 $i=3.20\%$，比用公式(7-3)计算的结果要大。

(3) 另外，在项目建设期和项目运营期内免征所得税的年份，利息支付也不具抵税作用。含筹资费用的所得税后债务资金成本可按下式计算：

$$P_0(1-F)=\sum_{i=1}^{n}\frac{P_i+I_i\times(1-T)}{(1+K_d)^i}\tag{7-4}$$

式中，K_d——含筹资费用的税后债务资金成本；

P_0——债券发行额或长期借款金额，即债务的现值；

F——债务资金筹资费用率；

P_i——约定的第 i 期末偿还的债务资金；

I_i——约定的第 i 期末支付的债务利息；

T——所得税率；

n——债务期限,通常以年表示。

式(7-4)中,等号左边是债务人的实际现金流入;等号右边为债务引起的未来现金流出的现值总和。该公式中忽略未计债券兑付手续费。

使用该公式时应根据项目具体情况确定债务期限内各年的利息是否应乘以$(1-T)$,在项目运营期内的免征所得税年份也不应乘以$(1-T)$。

【例7-4】 某废旧资源利用项目,建设期1年,投产当年即可盈利,按有关规定可免征所得税1年,投产第2年起,所得税率为25%。该项目在建设期期初向银行借款1 000万元,筹资费用率0.5%,年利率6%,按年付息,期限3年,到期一次性还清借款,计算该借款的所得税后资金成本。

解:根据公式(7-4)计算:

$$1\,000\times(1-0.5\%)=\frac{1\,000\times6\%}{(1+K_d)}+\frac{1\,000\times6\%}{(1+K_d)^2}+\frac{1\,000+1\,000\times6\%\times(1-25\%)}{(1+K_d)^3}$$

按5%折现率计算1年期、2年期、3年期现值系数分别代入上式得:

$$1\,000\times6\%\times0.952\,4+1\,000\times6\%\times0.907\,0+1\,045\times0.863\,8-1\,000\times(1-0.5\%)=19.24(万元)$$

19.24万元>0,需提高折现率继续尝试。

按6%折现率计算1年期、2年期、3年期现值系数分别代入上式得:

$$1\,000\times6\%\times0.943\,4+1\,000\times6\%\times0.890\,0+1\,045\times0.839\,6-1\,000\times(1-0.5\%)=-7.61(万元)$$

$$5\%+\frac{19.24}{19.24+7.61}\times(6\%-5\%)=5.72\%$$

该借款的所得税后资金成本为5.72%。

(三) 扣除通货膨胀影响的资金成本

借贷资金利息通常包括通货膨胀因素的影响,这种影响既来自于近期实际通货膨胀,也来自于未来预期通货膨胀。扣除通货膨胀影响的资金成本可按下式计算:

$$扣除通货膨胀影响的资金成本=\frac{1+未扣除通货膨胀影响的资金成本}{1+通货膨胀率}-1 \quad (7-5)$$

需要注意的是,在计算扣除通货膨胀影响后的资金成本时,只能先考虑扣除所得税的影响,然后再考虑扣除通货膨胀的影响,次序不能颠倒,否则会得出错误结果,这是因为所得税也受到通货膨胀的影响。

【例7-5】 某银行贷款税前资金成本为6%,若所得税税率为25%,通货膨胀率为2%,试计算扣除通货膨胀影响的税后资金成本。

解:解法①:先计算税后资金成本,再考虑扣除通货膨胀影响的资金成本。

$$税后资金成本=6\%\times(1-25\%)=4.5\%$$

$$扣除通货膨胀影响的税后资金成本=\frac{1+4.5\%}{1+2\%}-1=2.45\%$$

解法②：先计算扣除通货膨胀影响的资金成本，再考虑税后资金成本。

$$扣除通货膨胀影响的税前资金成本=\frac{1+6\%}{1+2\%}-1=3.92\%$$

$$扣除通货膨胀影响的税后资金成本=3.92\%\times(1-25\%)=2.94\%$$

显然，两种解法结果相差显著，解法①正确。

三、权益资金的成本

（一）优先股资金成本

优先股有固定的股息，类似于负债融资，但股票一般是不还本的，故可将它视为永续年金。优先股股息用税后净利润支付的，这点与贷款、债券利息等的支付不同。

优先股资金成本可按下式计算：

$$优先股资金成本=\frac{优先股股息}{优先股发行价格-发行成本} \tag{7-6}$$

【例 7-6】 某优先股面值 100 元，发行价格 98 元，发行成本 3%。每年付息一次，固定股息率 5%，计算该优先股的资金成本。

解：$优先股资金成本=\frac{100\times5\%}{98-100\times3\%}=5.26\%$

（二）普通股资金成本

普通股股东投资于公司，要求得到必要的收益。从筹资需满足的条件看，普通股股东对于公司的预期收益要求，可以看作是普通股筹资的资金成本。

普通股股东对于公司投资的预期收益要求可以通过征询投资方的意见得知，如果不具备征询意见的条件，或股东要求项目评价人员提出建议，一般可采取资本资产定价模型法、税前债务成本加风险溢价法和股利增长模型法等方法进行估算，也可参照既有法人的净资产收益率。

1. 资本资产定价模型法

采用资本资产定价模型，资金成本计算公式如下：

$$r=r_0+\beta\times(r_m-r_0) \tag{7-7}$$

式中，r——普通股资金成本；

r_0——社会无风险投资收益率；

r_m——市场投资组合预期收益率；

β——项目的投资风险系数。

【例 7-7】 设社会无风险投资收益率为 3%（长期国债利率），市场投资组合预期收益率为 12%，某项目的投资风险系数为 1.2，采用资本资产定价模型计算普通股资金成本。

解：普通股资金成本 $=r_0+\beta\times(r_m-r_0)=3\%+1.2\times(12\%-3\%)=13.8\%$

2. 税前债务成本加风险溢价法

根据“投资风险越大，期望的报酬率越高”的原理，投资者的投资风险大于提供债务融资

的债权人,因而会在债权人要求的收益率上再要求一定的风险溢价。据此,普通股资金成本的计算公式为:

$$r = K_b + RP_c \tag{7-8}$$

式中,r——普通股资金成本;

K_b——税前债务资金成本;

RP_c——投资者比债权人承担更大风险所要求的风险溢价。

风险溢价是凭借经验估计的。一般认为,某企业普通股风险溢价对自己发行的债券来讲,大约在3%到5%之间。当市场利率达到历史性高点时,风险溢价较低,在3%左右;当市场利率处于历史性低点时,风险溢价较高,在5%左右;通常情况下,一般采用4%的平均风险溢价。

3. 股利增长模型法

股利增长模型法是依照股票投资的收益率不断提高的思路来计算普通股资金成本的方法。一般假定年收益以固定的增长率递增,其普通股资金成本的计算公式为:

$$r = \frac{D_1}{P_0} + G \tag{7-9}$$

式中,r——普通股资金成本;

D_1——预期年股利额;

P_0——普通股市价;

G——股利期望年增长率。

【例7-8】 某上市公司普通股目前市价为16元,预期年末每股发放股利0.8元,股利年增长率为6%,计算该普通股资金成本。

解:普通股资金成本 $r = \frac{D_1}{P_0} + G = \frac{0.8}{16} + 6\% = 5\% + 6\% = 11\%$

四、加权平均资金成本

项目融资方案的总体资金成本可以用加权平均资金成本表示,按下式计算:

$$I = \sum_{t=1}^{n} i_t \cdot f_t \tag{7-10}$$

式中,I——加权平均资金成本;

i_t——第t种融资的资金成本;

f_t——第t种融资的融资金额占项目总融资金额的比例,有$\sum f_t = 1$;

n——各种融资类型的数目。

【例7-9】 加权平均资金成本的计算示例。

解:某建设项目需融资100亿元,各种来源资金的融资金额、税后资金成本见表7-1。从表中可以看出,由于借款的风险低于股票,因此借款的资金成本低于股票的资金成本。其中,短期借款风险最小,资金成本也最低;普通股风险大于优先股,因此其资金成本也最高,符合风险与期望收益(资金成本)对等的原则。

表 7-1　加权平均资金成本计算表

资金来源	融资金额/亿元	f_t	i_t	$i_t \cdot f_t$
长期借款	30	0.3	7.00%	2.10%
短期借款	10	0.1	5.00%	0.50%
优先股	10	0.1	12.00%	1.20%
普通股	50	0.5	16.00%	8.00%
合计	100	1		11.80%
加权平均资金成本	11.80%			

加权平均资金成本可以作为选择项目融资方案的重要条件之一。在计算加权平均资金成本时应注意需要先把不同来源和筹集方式的资金成本统一为税前或税后再进行计算。

第二节　资金结构分析及优化比选

一、资金结构分析

资金结构分析是项目融资方案设计及优化的重要内容。项目的资金结构是指项目筹集资金中项目资本金、债务资金的形式、各种资金的占比、资金的来源以及资本金结构、债务资金结构。资金结构的合理性和优化由各方利益平衡、风险性、资金成本等多方因素决定。

（一）项目资本金与债务资金比例

项目资金结构的一个基本比例是项目的资本金与债务资金的比例。在项目总投资和投资风险一定的条件下，项目资本金比例越高，权益投资人投入项目的资金越多，承担的风险就越高，而提供债务资金的债权人承担的风险就越低。

从权益投资者的角度看，项目融资的资金结构希望以较低的资本金争取较多的债务融资，同时要求对股东尽可能低的追索。而对于提供债务融资的债权人来说，则希望项目有较高的资本金比例，从而承担较高的市场风险，使债权得到有效的风险控制。资本金比例越高，贷款的风险越低，贷款的利率就可以越低，反之则贷款利率越高。当资本金比例降低到银行不能接受的水平时，银行就会拒绝贷款。合理的资本金结构需要由各参与方的利益平衡来决定。

从经济效率的角度出发，较低的筹资成本可以带来较高的经济效益。而通常商业性的股本投资筹资成本较高，银行贷款利率一般要低于股本投资方所要求的投资收益率，而直接向公众发债的利率一般低于银行贷款利率。政府的无偿投资虽然可以不要求回报，但政府的资金来源于税收，用于无偿投资会改变社会资源的分配，对资源的有效利用产生影响，过度使用可能会损害市场对资源的有效配置机制。政府的无偿投资应当在合理的范围，至少应当避免发生资源的浪费。

（二）资本金结构

项目资本金的各个投资人占有多大的出资比例对于项目的成败至关重要。公司的控股形式可以是绝对控股或是相对控股。各方投资比例要考虑各方的利益需要、资金及技术能力、市场开发能力、已经拥有的权益等。不同的权益比例决定着各投资人在项目及公司中的作用、承担的责任义务、收益分配等。不同的投资人因其各有优劣而形成优势互补,更好地保障项目的成功。但如果利益分配不合理,则会造成项目实施的困难。

(三)债务资金结构

在债务资金结构分析中,需要分析各种债务资金的占比,包括负债的方式及债务期限的配比。合理的债务资金结构需要考虑融资成本、融资风险,合理设计融资方式、币种、期限、偿还顺序及保证方式。

1. 债务期限配比

在项目负债结构中,长短期负债需要合理搭配。一般的,短期借款利率低于长期借款,所以适当地安排一些短期借款可以降低融资成本。但是,如果短期借款过多,则会导致项目公司的财务流动性不足,项目的财务稳定性下降,使财务风险过高。大型基础设施工程中的负债融资应以长期融资为主。另外,长期融资的期限应当与项目的经营期限相协调。

2. 境内外借贷占比

如果贷款条件相同,境外借款或国内银行外汇贷款对于借款公司来说并无不同。对国家来说,如果项目使用境外借款,对国家的外汇收支有影响。项目投资中如果有国外采购,可以附带寻求国外的政府贷款、出口信贷等优惠融资。

3. 外汇币种选择

由于外汇汇率的不断变化,所以项目在使用外汇贷款时尽量谨慎选择外汇币种。当借款币种与还款币种不同时,一般主要考虑还款币种。为了降低还款成本,选择币值较为软弱的币种为还款币种。这样,当这种外汇币值下降时,还款金额就相对下降了。但是,币值软弱的外汇贷款利率一般较高。这时,币种的选择就要对汇率和利率进行预测,在利率差异和外汇变动之间权衡利弊。

4. 偿债顺序安排

偿债顺序包括偿债的时间顺序及偿债的受偿优先顺序。

对于借款人来说,在面对多种债务时,应先偿还利率高的债务,后偿还利率低的债务。如果由汇率风险,应先偿还硬货币债务,后偿还软货币债务。

多种债务的受偿优先顺序安排会决定债务融资的成功与否。项目的融资安排应尽可能使所有的债权人对受偿优先顺序均感满意。一般的,安排所有债权人相同的受偿顺序是一个有效的办法。受偿优先顺序通常由借款人项目财产的抵押及公司账户的监管安排所限定,融资方案中要对此予以妥善安排。

二、资金结构优化比选

资金结构优化是通过合理地选择资金来源及数量而达到增加收益和弱化风险的目的。实质是选择最佳资金结构,在该资金结构下财务杠杆的有利效应和不利效应在一定条件下取得合理平衡。最佳融资结构应在适度的财务风险条件下,预期的加权平均资金成本率最低,同时收益及项目价值最大。确定项目的最佳融资结构,可以采用比较资金成本法和每股利润分析法。

（一）比较资金成本法

比较资资金成本法是指在适度财务风险的条件下，测算可供选择的不同资金结构或融资组合方案的加权平均资金成本率，并以此为标准相互比较确定最佳资金结构的方法。运用比较资金成本法需要具备两个前提：能够通过债务筹资；具备偿还能力。

项目的融资可分为创立时的初始融资和发展过程中的追加融资，项目资金结构决策就可分为初始融资的资金结构决策和追加融资的资金结构决策，下面分别就这两种情况运用比较资金成本法进行说明。

1. 初始融资的资金结构决策

项目公司对拟订的项目融资总额，可以采用多种融资方式和融资渠道进行不同资金额度的筹集，会形成多种资金结构或融资方案。在各融资方案面临相同的环境和风险的情况下，利用比较资金成本法，通过加权平均融资成本率的测算和比较来做出选择。

例如，新创建公司拟筹资 3 000 万元，有两个筹资方案可供选择（见表 7-2）。

表 7-2　某公司筹资方案

筹资方式	资金成本（%）	方案（万元）	
		A	B
长期借款	10	1 000	1 500
股票（优先股）	12	2 000	1 500
合计		3 000	3 000

分别计算 A、B 筹资方案的综合资金成本率，比较其大小，从而确定最佳资本结构方案。显然，B 方案的综合资金成本率小于 A 方案，在其他条件相同的情况下，B 方案为最佳筹资方案，其形成的资金结构也是最佳资金结构。

2. 追加融资的资金结构决策

项目常常会追加筹措新的资金，即追加融资。因追加融资以及融资环境变化，项目原有的最佳资金结构需要进行调整，寻找新的最佳资金结构，实现资金结构最优化。

追加融资可以有多个融资方案进行选择。按最佳资金结构的要求，在适度财务风险的前提下，选择追加融资方案有两种方法：一是直接测算各备选追加融资方案的边际资金成本率，从中选择最佳融资组合方案；二是分别将各备选追加融资方案与原有的最佳资金结构汇总，测算比较各个追加融资方案下汇总资金结构的加权资金成本率，从中比较选择最佳融资方案。

（二）息税前利润-每股利润分析法

将企业的盈利能力与负债对股东财富的影响结合起来，去分析资金结构与每股利润之间的关系，进而确定合理的资金结构的方法，叫息税前利润-每股利润分析法（*EBIT-EPS* 分析法），也称每股利润无差别点法。

息税前利润-每股利润分析法是利用息税前利润和每股利润之间的关系来确定最优资金结构的方法，也即利用每股利润无差别点来进行资金结构决策的方法。所谓每股利润无差别点是指两种或两种以上融资方案下普通股每股利润相等时的息税前利润点，亦称息税前利润平衡点或融资无差别点。根据每股利润无差别点，分析判断在什么情况下可利用什么方式融资,以安排及调整资金结构,这种方法确定的最佳资金结构亦即每股利润最大的资金结构。

每股利润无差别点的计算公式如下:

$$\frac{(EBIT-I_1)(1-T)-D_{P_1}}{N_1}=\frac{(EBIT-I_2)(1-T)-D_{P_2}}{N_2} \tag{7-11}$$

式中:$EBIT$——息税前利润平衡点,即每股利润无差别点;

I_1,I_2——两种增资方式下的长期债务年利息;

D_{P_1},D_{P_2}——两种增资方式下的优先股年股利;

N_1,N_2——两种增资方式下的普通股股数;

T——所得税税率。

分析时可以依据上式计算出不同融资方案间的无差别点后,再通过比较相同息税前利润情况下的每股利润值大小,分析各种每股利润值与临界点之间的距离及其发生的可能性,来选择最佳的融资方案。当息税前利润大于每股利润无差别点时,增加长期债务的方案要比增发普通股的方案有利;而息税前利润小于每股利润无差别点时,增加长期债务则不利。

所以,这种分析方法的实质是寻找不同融资方案之间的每股利润无差别点,找出对股东最为有利的最佳资金结构。

这种方法既适用于改扩建项目融资决策,也适用于新建项目融资决策。对于改扩建项目融资,应结合公司整体的收益状况和资金结构,分析何种融资方案能够使每股利润最大;对于新建项目而言,可直接分析不同融资方案对每股利润的影响,从而选择适合的资金结构。

【例7-10】 某公司拥有长期资金17 000万元,其资金结构为:长期债务2 000万元,普通股15 000万元。现准备追加融资3 000万元,有三种融资方案可供选择:增发普通股、增加长期债务、发行优先股。企业适用所得税税率为25%。公司目前的资金结构和追加融资后的资金结构如表7-3,分析哪种融资方案更优。

表7-3 某公司目前和追加融资后的资金结构资料表

资本种类	当前资金结构		追加融资后的资金结构					
			增发普通股		增加长期债务		发行优先股	
	金额(万元)	比例(%)	金额(万元)	比例(%)	金额(万元)	比例(%)	金额(万元)	比例(%)
长期债务	2 000	0.12	2 000	0.10	5 000	0.25	2 000	0.10
普通股	15 000	0.88	18 000	0.90	15 000	0.75	15 000	0.75
优先股							3 000	0.15
资金总额	17 000	1.00	20 000	1.00	20 000	1.00	20 000	1.00
年债务利息额	180		180		450		180	
年优先股股利额							300	
普通股股数(万股)	2 000		2 400		2 000		2 000	

解:(1) 增加普通股与增加长期债务两种增资方式下的每股利润无差别点为:

$$\frac{(EBIT-180)(1-25\%)}{2\,400}=\frac{(EBIT-450)(1-25\%)}{2\,000}$$

$EBIT=1\,800$(万元)

因此,当息税前利润大于1 800万元时,采用增加长期债务的方式进行融资更优,反之,则采用增加普通股的方式进行融资更优。

(2) 增发普通股与发行优先股两种增资方式下的每股利润无差别点:

$$\frac{(EBIT-180)(1-25\%)}{2\,400}=\frac{(EBIT-180)(1-25\%)-300}{2\,000}$$

$EBIT=2\,580$(万元)

因此,当息税前利润大于2 580万元时,采用增加优先股的方式进行融资更优,反之,则采用增加普通股的方式进行融资更优。

三、融资风险分析

融资风险分析是项目风险分析中非常重要的一个组成部分,并且与项目其他方面的风险分析紧密相关。融资风险分析的基本步骤包括识别融资风险因素、估计融资风险程度,提出融资风险对策。融资风险分析既涉及因融资活动所产生的投资风险问题,也涉及融资方案的实施所遇到的风险。项目的融资风险分析主要包括资金运用风险、项目控制风险、资金供应风险、资金追加风险、利率及汇率风险。

(一) 资金运用风险

所谓资金运用风险,从融资活动的角度看,应理解为由于融资成本过高而导致投资失败的风险。虽然项目投资的成败取决于多方面因素,但融资成本过高必然会对项目的投资效益产生负面影响,从而增加了项目的投资风险。

项目为获得资金就要付出一定的代价,例如每年支付的利息、股息或者红利等。付出的代价越大,融资成本就越高。过高的融资成本会使得项目出现财务亏损,甚至出现无法偿还资金的情况,最终导致投资项目的失败。因此,在设计融资方案时,应根据项目的投入产出测算出项目在不同融资方案与融资成本下可能的投资效益;应采用融资成本低的方案,或者在可以接受的融资成本下使得筹资人与出资人获得双赢的结果。

(二) 项目控制风险

所谓项目控制风险,从融资方案的角度看,应理解为由于融资方案设计得不合理而导致筹资人失去项目控制权的风险,这里的控制权包括项目的收益权、管理权、经营权等。

项目如果通过股权融资的方式获得资金,就会使项目在获得资金的同时,筹资人会相应地失去一定的项目控制权,从而会丧失项目的部分预期收益。如果丧失的收益高于以其他融资方式获得资金的机会成本,就可以视为筹资人的一种损失,这时就不应采取股权融资方案。

但是,我们应该看到,筹资人在丧失项目控制权的同时,也向其他股权投资人转嫁了由于投资失败带来的可能风险。因此,项目控制风险和应对风险的对策之间存在着相互关联性,筹资人需要综合权衡以定取舍。如果未来投资的风险很大,筹资人就可以较多地运用股权融资等方式,在筹措资金的同时也转移了部分风险;如果未来投资的风险较小,筹资人就应尽量使用不涉及项目控制权的融资方式,如银行借款等债务融资方式。

(三)资金供应风险

所谓资金供应风险是指在融资方案实施过程中,可能出现资金不落实,从而导致建设工期拖长、工程造价升高,原定投资效益目标难以实现的风险。资金供应不落实原因有多种:

(1)已承诺出资的投资者中途变故,不能兑现承诺。

(2)原定发行股票、债券计划不能落实。

(3)改扩建融资项目由于企业经营状况恶化,无力按照原定计划出资。

(4)其他资金不能按建设进度足额及时到达。

为了防范资金供应风险对项目投资带来的不确定性,应该在项目融资方案的设计中对预定的出资人出资能力进行调查分析。通常出资人的出资能力变化大多来自出资人自身的经营风险和财务能力,也可能来自出资人公司的经营和投资策略的变化,有时还可能来自出资人所在国家的法律、政治、经济环境的变化等。因此,应当选择资金实力强、既往信用好、风险承受能力大、所在国政治及经济稳定的出资人。

对于股本投资方而言,项目的吸引力如何会影响和调动出资人的出资能力和出资意愿。只有当项目所在国家的经济、法律、政治等环境良好,项目有较好的投资收益且项目的风险较小或在认可的范围内,项目才有足够的吸引力,出资人才会提供确定的足量资金。

(四)资金追加风险

所谓资金追加风险是指在项目的实施过程中,由于出现设计变更、技术变更、市场变化、投资超支等情况,项目不能解决追加的融资需求额而可能导致项目无法继续进行的风险。

为了规避资金追加风险,一方面需要加强项目前期的分析论证及科学合理的规划,加强项目实施过程的管理和监控;另一方面要求项目具备足够的再融资能力,以便在出现融资缺口时能及时有效地补充到追加资金额。为此,在项目的融资方案设计中应当考虑备用融资方案,主要包括项目公司股东的追加投资承诺、贷款银团的追加贷款承诺等。融资方案设计中还要考虑在项目实施过程中追加取得新的融资渠道和融资方式。另外,项目的融资计划与投资支出计划应当平衡,必要时应当留有一定富余量。

(五)利率及汇率风险

1. 利率风险

利率风险是项目融资中需要考虑的因素之一。未来市场利率的变动会引起项目资金成本的不确定性。

采取浮动利率贷款,贷款的利率随市场利率变动,如果未来利率升高,项目的资金成本将随之上升。反之,未来利率下降,项目的资金成本随之下降。

采取固定利率贷款,贷款利率不随市场利率变动,但如果未来市场利率下降,项目的资金成本不能相应下降,相对资金成本将变高。

事实上,无论采取浮动利率还是固定利率都会存在利率风险。采取何种利率,应当从更有利于降低项目的总体风险和降低融资成本两方面考虑。为了规避利率风险,有些情况下可以采取利率掉期,将固定利率转换为浮动利率,或者反过来将浮动利率转换为固定利率,转移利率风险。

2. 汇率风险

国际金融市场上，各国货币的比价时刻都在变动。项目使用某种外汇借款，未来汇率的变动将会使项目的资金成本发生变动，从而产生汇率风险。为了防范汇率风险，对于未来有外汇收入的项目，可以根据项目未来的收入币种选择借款外汇和还款外汇币种。还可以通过外汇掉期转移汇率风险。

第三节　特许经营项目融资模式分析

基础设施通常由政府投资运营、管理，但是在基础设施投资方面也陆续引入了新的投资机制，以特许经营的方式引入非国有的其他投资人投资。

基础设施特许经营，是由国家或地方政府将基础设施的投资和经营权，通过法定程序，有偿或无偿地交给选定的投资人投资经营。特许经营既是一种项目运作（包括建设、运营、移交等）方式，也是一种融资方式，具体方式有：PPP、PFI、ABS 方式等。

一、政府和社会资本合作投资（PPP）融资模式

（一）PPP 的含义

PPP(Public Private Partnership)融资模式是指政府和社会资本合作投资基础设施。政府通过法定程序选定基础设施的投资运营商，再将基础设施的投资经营权以特许经营方式授予选定的投资运营商，政府同时对基础设施的投资提供包括投资资金、运营补贴、减免税收在内的资金支持，或者给予其他支持。政府也可能从基础设施的经营中分享收益。特许经营期末，基础设施以有偿或者无偿的方式转交给政府，或者重新安排继续特许经营。

PPP 模式使得政府和社会资本在风险分担、利益共享的基础上建立并维持长期的合作伙伴关系，通过发挥各自的优势及特长，最终为公众提供质量更好、效果更好的公共产品及服务的一种项目投融资方式。它适用于政府负有提供责任又适宜市场化运作的基础设施和公共服务类项目。PPP 模式不仅可以用于新建项目，也可用于存量、在建项目。

（二）PPP 运作方式

根据财政部《政府和社会资本合作模式操作指南》，政府和社会资本合作模式（PPP）项目运作方式主要包括委托运营、管理合同、建设—运营—移交，建设—拥有—运营，转让—运营—移交和改建—运营—移交等。具体运作方式的选择主要由收费定价机制、项目投资收益水平、风险分配基本框架、融资需求、改扩建需求和期满处置等因素决定。政府和社会资本合作（PPP）项目运作模式分类如表 7-4 所示。

表 7-4　PPP 项目运作方式分类

类　型	定　义	合同期限	备　注
委托运营 (O&M)	指政府将存量公共资产的运营维护职责委托给社会资本或项目公司，社会资本和项目公司不负责用户服务的政府和社会资本合作项目运作方式	一般不超过8年	政府保留资产所有权，只向社会资本或项目公司支付委托运营费

(续表)

类 型	定 义	合同期限	备 注
管理合同 (MC)	指政府将存量公共资产的运营、维护及用户服务职责授权给社会资本或项目公司的项目运作方式	一般不超过3年	政府保留资产所有权，只向社会资本或项目公司支付管理费；通常作为 TOT 的过渡
建设—运营—移交 (BOT)	指由社会资本或项目公司承担新建项目设计、融资、建造、运营、维护和用户服务职责，合同期满后项目资产及相关权利等移交给政府的项目运作方式	一般为 20～30 年	
建设—拥有—运营 (BOO)	指由社会资本或项目公司承担新建项目设计、融资、建造、运营、维护和用户服务职责，必须在合同中注明保证公益性的约束条款，社会资本或项目公司长期拥有项目所有权的项目运作方式	长期	由 BOT 方法演变而来
转让—运营—移交 (TOT)	指政府将存量资产所有权有偿转让给社会资本或项目公司，并由其负责运营、维护和用户服务，合同期满后资产及其所有权等移交给政府的项目运作方式	一般为 20～30 年	
改建—运营—移交 (ROT)	指政府在 TOT 模式的基础上，增加改扩建内容的项目运作方式	一般为 20～30 年	

（三）PPP 操作模式

在推进政府和社会资本合作(PPP)模式中，根据项目实际情况、管理者意愿等选择不同的操作方式、设计合理的交易结构。根据国家发改委《关于开展政府和社会资本合作的指导意见》(发改投资〔2014〕2724 号)，政府和社会资本合作(PPP)操作模式包括以下三种：

1. 经营性项目

对于具有明确的收费基础，并且经营收费能够完全覆盖投资成本的项目，可通过政府授予特许经营权，采用建设—运营—移交、建设—拥有—移交等模式推进。要依法开放相关项目的建设、运营市场，积极推动自然垄断行业逐步实行特许经营。

2. 准经营性项目

对于经营收费不足以覆盖投资成本、需政府补贴部分资金或资源的项目，可通过政府授予特许经营权附加部分补贴或直接投资参股等措施，采用建设—运营—移交、建设—拥有—运营等模式推进。要建立投资、补贴与价格的协同机制，为投资者获得合理回报积极创造条件。

3. 非经营性项目

对于缺乏“使用者付费”基础、主要依靠“政府付费”回收投资成本的项目，可通过政府购买服务，采用建设—运营—移交、建设—拥有—运营、委托运营等市场化模式推进。要合理确定购买内容，把有限的资金用在刀刃上，切实提高资金使用效益。

二、PFI 融资模式

PFI(Private Finance Initiative)即"私人主动融资",是指由私营企业进行项目的建设与运营,从政府方或接受服务方收取费用以回收成本。在这种方式下,政府并未采取传统的由政府负责提供公共项目产出的方式,而是采取促进私人企业有机会参与基础设施和公共物品的生产及提供公共服务的一种全新的公共项目产出方式。在 PFI 模式下,政府部门发起项目,由私人企业负责进行项目的建设和运营,并按事先的规定提供所需的服务;政府部门以购买私营企业提供的产品或服务,或给予私营企业以收费特许权,或政府与私营企业以合伙方式共同营运等方式,实现政府公共物品产出中的资源配置最优化、效率和产出的最大化。

PFI 融资模式是传递某种公共项目的服务,而不是提供某个具体项目的构筑物。政府采用 PFI 融资模式的目的在于获得有效的服务,而并非旨在最终取得建筑的所有权。在 PFI 合同结束时,有关资产的所有权或者留给私人企业,或者交还政府公共部门,取决于原始合同的条款规定。私人企业的目的在于通过提供服务来获得政府或公共的付费,实现收入和完成利润目标。

三、资产证券化 ABS

(一) 资产证券化(ABS)的概念

ABS(Asset-Backed/Based Securitization,基于资产的证券化)融资模式是指将缺乏流动性但能产生可预见的、稳定的现金流量的资产归集起来,通过一定的安排,对资产中的风险与收益要素进行分离与重组,进而转化为在金融市场上可以出售和流通证券的过程。ABS 融资模式是 20 世纪 80 年代首先在美国兴起的一种新型的资产变现方式,根据资产类型不同,主要有信贷资产证券化(以信贷资产为基础资产的证券化)和不动产证券化(以不动产如基础设施、房地产等为基础资产的证券化)两种。

ABS 融资模式的主要思路是通过项目收益资产证券化来为项目融资,即以项目所拥有的资产为基础,以项目资产可以带来的预期收益为保证,通过在资本市场发行债券来募集资金的一种证券化融资方式。

(二) 资产证券化(ABS)的特点

1. 资产证券化是资产支持融资

在银行贷款、发行债券等传统融资方式中,融资者是以其整体信用作为偿付基础。而资产支持证券的偿付来源主要是基础资产所产生的现金流,与发起人的整体信用无关。

当构造一个资产证券化交易时,由于资产的原始权益人(发起人)将资产转移给 SPV 实现真实出售,所以基础资产与发起人之间实现了破产隔离,融资仅以基础资产为支持,而与发起人的其他资产负债无关。

2. 资产证券化是结构融资

资产证券化之所以为结构性融资,主要体现在如下三点:

(1) 成立资产证券化的专门机构 SPV

SPV 是以资产证券化为目的而特别组建的独立法律主体,其负债主要是发行的资产支持债券,资产则是向发起人购买的基础资产。SPV 是一个法律上的实体,可以采取信托、公司或者有限合伙等形式。

(2)“真实出售”的资产转移

基础资产从发起人转移给SPV是结构性重组中非常重要的一个环节。资产转移的一个关键问题是,这种转移必须是真实出售。其目的是实现基础资产与发起人之间的破产隔离,即发起人的其他债权人在发起人破产时对基础资产没有追索权。

(3)对基础资产的现金流进行重组

基础资产的现金流重组,可以分为转手型重组和支付型重组,支付型重组对基础资产产生的现金流进行重新安排和分配以设计出风险、收益和期限等不同的证券,而转手型重组则没有这种处理方式。

3. 资产证券化是表外融资

在资产证券化融资过程中,资产转移而取得的现金收入,列入资产负债表的“资产”栏目中。而由于真实出售的资产转移实现了破产隔离,相应地,基础资产从发起人的资产负债表的“资产”中删除。这既不同于向银行贷款、发行债券等债券型融资要列入资产负债表的“负债”栏目;也不同于发行股票等股权性融资需增加资产负债表的“所有者权益”栏目。因此,资产证券化是表外融资方式,不会增加融资人资产负债规模。

(三)资产证券化的作用

1. 有效的风险隔离利于各方利益保护

资产证券化利用信托制度,进行资产重组、风险隔离和信用增级等结构安排,可以同时实现对现金流和资产双重控制目的,达到基础资产所有权和信用与主体资产所有权和信用的隔离。

2. 多样化的基础资产降低综合融资成本

资产证券化的基础资产范围,不仅可以包括信用风险相对较小、拥有优质资产的融资主体,还可以包括众多的信用评级较低、基础资产结构复杂的中小企业、地方融资平台。融通各类型基础资产于一体,将有利于降低综合融资成本。

3. 多层次的融资对象促进信贷资产流动

资产证券化促进了不同业态、市场之间的竞合协作,包括银行、证券、信托、基金、期货等在内的机构都可以通过资产证券化受益。资产证券化使得流动性差的信贷资产变成了具有高流动性的现金,提高了资本的使用效率,成为解决流动性不足的重要渠道。

4. 流动性的盘活有助于发起人进行资产负债管理

证券化的融资可以在期限、利率和币种等多方面帮助发起人实现负债与资产的相应匹配,对缓解银行资产负债表压力也会起到积极的作用。

(四)资产证券化的基本流程

资产证券化的具体做法是项目发起人将项目资产出售给特设机构(Special Purpose Vehicle,SPV),SPV凭借项目未来可预见的稳定现金流,并通过寻求担保等信用提高手段,在国际资本市场上发行具有投资价值的高级债券,一次性地为项目进行融资,还本付息主要依靠项目的未来收益。一个完整的资产证券化交易需要以下9个步骤:

(1)确定证券化资产并组建资产池;

(2)设立特殊目的实体(SPV);

(3)资产的完全转让;

(4) 信用增级；
(5) 信用评级；
(6) 证券打包发售；
(7) 向发起人支付对价；
(8) 管理资产池；
(9) 清偿证券。

习　题

1. 某项目某年年初累计借款为800万元，当年又借款500万元，资金筹集费为10万元。若当年借款按半年计息，年利率为6%，求该项目在考虑借款当年利息及资金筹集费支出的情况下，当年实际可用于建设投资的借款金额应为多少万元？

2. 某项目未扣除通货膨胀影响的资金成本为10%，通货膨胀率为−3%，则扣除通货膨胀影响的资金成本率为多少？

3. 某项目扣除通货膨胀影响后的资金成本为8%，通货膨胀率为3%，则未扣除通货膨胀影响的资金成本率为多少？

4. 某优先股面值1 000元，发行价格1 100元，发行成本4%，每年付息一次，固定股息率6%，求该优先股的资金成本为多少。

5. 某项目的普通股资金成本为12.7%，社会无风险投资收益率为3%，市场投资组合预期收益率为10%，求该项目的投资风险系数为多少。

6. 社会无风险投资收益率为4%，市场投资组合预期收益率为15%，项目投资风险系数1.5，则普通股的预期收益率为多少？

7. 一个基础设施项目的融资金额占比为：普通股50%、长期借款20%、短期借款10%、出口信贷10%、优先股10%，相应的资金成本各为14%、7%、5%、8%和10%。求该项目的加权资金成本为多少。

第八章 财 务 评 价

项目的经济评价是可行性研究与项目建议书的重要组成部分，是项目决策科学化的重要手段。经济评价的目的是根据国民经济发展战略和行业、地区发展规划的要求，在做好产品（或服务）市场预测分析和厂址选择、工艺技术方案选择等工程技术研究的基础上，对项目投入的费用和产出的效益进行计算、分析，通过多方案比较，分析论证拟建项目的财务可行性和经济合理性，为作出正确的投资决策提供依据。

项目的经济评价分为财务评价（又称财务分析）和国民经济评价（又称经济分析）。

为了使经济评价的指标体系科学化、标准化、规范化和实用化，本章特以国家发展和改革委员会和建设部 2006 年颁发的《建设项目经济评价方法与参数（第三版）》为主要依据，并结合 2019 年全国注册咨询工程师（投资）执业资格考试的培训教材内容，介绍有关的财务评价静态指标和动态指标。这些指标原则上不仅适用于新建项目的经济评价，而且也适用于改扩建项目和更新项目的经济评价；同时，这些指标也适用于各阶段的经济评价，包括投资决策前各阶段的经济评价和建设过程中的中间评价以及建成投产后的后评价。

第一节 财务评价概述

一、财务评价的概念

财务评价（又称财务分析）是在国家现行的会计规定、税收法规和价格体系下，从项目的财务角度，通过对项目的直接效益和直接费进行预测，编制财务报表，计算评价指标，考察和分析项目的盈利能力、偿债能力和生存能力，据以判断项目的财务可行性，明确项目对财务主体及投资者的价值贡献，为项目决策提供依据。财务评价既是经济评价的重要核心内容，又为国民经济评价提供了调整计算的基础。

财务评价的作用主要包括：

(1) 是项目决策分析与评价的重要组成部分

在项目进行投资决策分析与评价的各个阶段，无论是投资机会研究、项目建议书、初步可行性研究，还是可行性研究，财务评价都是重要的组成部分。

(2) 是重要的决策依据

在项目投资决策所涉及的范围中，财务评价虽然不是唯一的决策依据，但其结论往往是重要的决策依据。尤其在市场经济条件下，绝大多数项目的有关各方根据财务评价的结果做出相应的决策。具体而言，项目发起人是否愿意发起或进一步推进项目，权益投资人是否愿意投资，债权人是否愿意贷款，政府有关部门是否批准或核准项目，财务评价都是重要的决策依据。

(3) 在项目或方案比选中起着重要作用

一个合理的项目最终确定往往需要建立在多个备选方案的比选基础上，例如规模、场

(厂)址、技术、工程等方案的比选。各个方案消耗的资源、资金、人力、物力等不同,其技术经济效果也不一样,因此财务评价在方案比选中起的重要作用是很显然的。

(4) 配合投资各方谈判,促进平等合作

项目的投资主体是多元化的,各方都有自己的利益追求目标。通过财务评价的结果,投资各方可以在项目合作与谈判中把握机会,选择适合自己利益要求的项目。

二、财务评价的内容和基本步骤

(一) 财务评价的内容

1. 盈利能力分析

主要是考察项目投资的盈利水平,它直接关系到项目投产后能否生存和发展,是评价项目在财务上可行性程度的基本标志。盈利能力的大小是企业进行投资活动的原动力,也是企业进行投资决策时考虑的首要因素,应从两方面进行分析:

(1) 项目整个寿命期内的盈利水平,即主要通过计算财务净现值、财务内部收益率以及投资回收期等动态和静态指标,考察项目在整个计算期内的盈利能力及投资回收能力,判别项目投资的可行性。

(2) 项目达到设计生产能力的正常生产年份可能获得的盈利水平,即主要通过计算总投资收益率、资本金净利润率等静态指标,考察项目在正常生产年份年度投资的盈利能力,以及判别项目是否达到行业的平均水平。

2. 偿债能力分析

主要是考察项目的财务状况和按期偿还债务的能力,它直接关系到企业面临的财务风险和企业的财务信用程度。对需要筹措债务资金的项目,偿债能力的大小是企业进行筹资决策的重要依据,应从两方面进行分析:

(1) 通过计算利息备付率和偿债备付率等比率指标,考察项目是否能按计划偿还所筹措的债务资金,判断其偿债能力。

(2) 通过计算资产负债率、流动比率、速动比率等比率指标,考察项目的财务状况和资金结构的合理性,分析对短期债务的偿还能力,判断项目的财务风险。

3. 财务生存能力分析

主要是考察项目在整个计算期内的资金充足程度,分析财务可持续性,判断在财务上的生存能力。对于非经营性项目,财务生存能力分析还兼有寻求政府补助以维持项目持续运营的作用。应从两方面进行分析:

(1) 根据财务计划现金流量表考察项目在计算期内各年的投资、融资和经营活动,通过计算净现金流量和累计盈余资金,分析项目是否有足够的净现金流量维持正常运营。

(2) 根据累计盈余资金出现负值的年份,分析能否通过适当的调整以满足财务上可持续的必要条件。

(二) 财务评价的基本步骤

按照财务评价与投资估算、融资方案的关系,财务评价包括了融资前分析和融资后分析。

融资前分析就是在不考虑债务融资的情况下,即假设项目所需的资金完全由自身解决,通过编制项目投资现金流量表,进行盈利能力分析,以考察项目或方案本身设计的合理性,这对项目发起人、投资者和政府部门用于投资决策以及项目或方案的比选都是有用的。

融资后分析就是在考虑债务融资的情况下,通过编制项目资本金现金流量表,进行盈利能力、偿债能力和财务生存能力分析,以考察融资方案的合理性,这对于项目的权益投资者、债权人进行融资方案的比选及做出最终融资决策是至关重要的。

无论融资前分析还是融资后分析,财务评价大致可分为3个基本步骤:

第一步,进行财务评价基础数据与参数的确定、估算与分析,编制财务评价的辅助报表。通过对主要投入物和产出物的市场价格、税率、利率、汇率、计算期、生产负荷、营业收入、成本费用及基准收益率等基础数据和参数的选取与确定,完成财务评价辅助报表的编制工作。

第二步,编制财务评价的基本报表。将上述辅助报表中的基础数据进行汇总,编制出现金流量表、利润与利润分配表、财务计划现金流量表、资产负债表等主要财务基本报表。为了保证辅助报表与基本报表间数据的一致性和联动性,可使用专门的制表工具(Excel),完成表格间的数据链接。

第三步,计算财务评价的指标,判别项目的财务可行性。利用各基本报表,可直接计算出一系列财务评价的指标,包括进行项目能力分析的各项静态和动态指标。将这些指标值与国家有关部门规定的基准值进行对比,就可得出项目在财务上是否可行的评价结论。为了减少项目在未来实施过程中不确定性因素对经济评价指标的影响,保证项目效益的兑现,在财务分析后,还要进行不确定性分析,包括盈亏平衡分析和敏感性分析。

三、财务评价的基本原则

财务评价应遵循以下基本原则:

1. 费用与效益计算范围的一致性原则

项目的直接费用与直接效益应该对等一致地限定在同一范围内,才能真实地反映出项目的经济价值,否则会造成费用或效益的漏算或重复计算,使项目的获利能力不能得到正确的评价。例如,增加了某项投资必然会对效益产生作用,那么在效益估算中就应该有所反映。反之,效益增加了,必然在投资或成本中有对应的费用付出。

2. 费用与效益识别的有无对比原则

所谓有无对比是指"有项目"与"无项目"进行对比,识别"有项目"相对于"无项目"产生的增量费用与增量效益,这对于依托老厂进行的改扩建与技术改造项目的增量盈利分析有着特殊的意义。这里需要指出的是,所谓"有"是指实施项目后的将来状况,"无"是指不实施项目时的将来状况,即原有的老厂即使不实施项目,原先已存在的基础也会发生的将来状况,它有"变好"、"变差"和"维持现状"三种可能。例如,由于高速公路的建成,轮胎厂即便不扩大生产线,原先的销量也会增加,这时"无项目"所对应的将来状况就"变好"。

采用有无对比的方法就是为了识别那些真正应该算作项目效益即增量效益的部分,排除那些由于其他原因产生的效益;同时也要找出与增量效益相应的增量费用,只有这样才能真正体现"有项目"投资的净效益。

3. 动态分析与静态分析相结合,以动态分析为主的原则

国际上通行的财务评价都是以动态分析法为主,即根据资金的时间价值原理,考虑项目

在整个计算期内各年的费用和效益，采用现金流量分析的方法，计算内部收益率和净现值等动态评价指标，以判别项目的财务可行性。

4. 基础数据确定的稳妥原则

财务评价的准确性取决于基础数据的可靠性。大量的基础数据来自于预测和估计，难免带来不确定性。为了给投资决策提供可靠的依据，避免因人为的乐观估计所带来的风险，在基础数据的选取和确定中遵循稳妥原则是必要的。

四、财务评价的参数选取

财务评价的参数分为计算用参数和判别用参数(或称基准参数)。

(一) 计算用参数

计算用参数是指用于项目费用和效益计算的参数，它用于财务评价辅助报表与基本报表的编制。例如建设投资中资本金的占比，投入物与产出物的价格，成本计算中的各种费率、税率、汇率、利率，项目的计算期和各年运营负荷率，折旧与摊销的年限等。这些参数可参照国家有关部门(行业)发布的数据，或根据现行规定，或根据市场状况由评价者自行确定。

(二) 判别用参数

判别用参数是指用于比较项目优劣、判别项目可行性的参数，例如基准收益率或最低可接受收益率、基准投资回收期等。这些基准参数往往需要通过专门分析和测算得到，或者直接采用有关部门或行业的发布值，或者由投资者自行确定。

1. 内部收益率的判别基准

《建设项目经济评价方法与参数》(第三版)规定了三个层次的内部收益率指标，即项目投资财务内部收益率、项目资本金财务内部收益率以及投资各方财务内部收益率。这些指标从不同角度考察项目的盈利能力，其相应的判别基准参数即财务基准收益率或最低可接受收益率也可能有所不同。

(1) 项目投资财务内部收益率的判别基准

项目投资财务内部收益率的判别基准是财务基准收益率，可采用国家、行业或专业(总)公司统一发布执行的基准数据，也可以由评价者根据投资方的要求自行设定。设定时常考虑以下因素，即行业边际收益率、资金成本、资金的机会成本等因素。近年来，采用项目加权平均资金成本(国外简称 WACC)为基础来确定财务基准收益率的做法已成趋势。

(2) 项目资本金财务内部收益率的判别基准

项目资本金财务内部收益率的判别基准是最低可接受收益率。它的确定主要取决于资金成本、资本收益水平、项目资本金所有者对权益资金收益的要求以及投资者对风险的态度。当资本金投资者没有明确要求时，可参照同类项目(企业)的净资产收益率来确定。《建设项目经济评价方法与参数》(第三版)也给出了项目资本金财务基准收益率的参考值。

(3) 投资各方财务内部收益率的判别基准

投资各方财务内部收益率的判别基准是投资各方对投资收益水平的最低期望值，也可以称为最低可接受收益率，应该由各投资者自行确定，因为不同的投资者其决策理念、资本实力和对风险的承受能力有很大差异。

应该指出的是,当项目的投入物和产出物价格中包含通货膨胀因素时,上述的判别基准也要考虑通货膨胀因素,即在原先的基准上加上通货膨胀率。

2. 项目投资回收期的判别基准

项目投资回收期的判别基准是基准投资回收期,其取值可以根据行业水平或投资者的具体要求而定。

第二节　工程项目现金流量分析

一、企业角度的现金流量

现金流量是以项目作为一个独立系统,反映项目在建设和生产运营年限内流入和流出系统的现金活动。与常规的会计方法不同,现金流量计算的要点是只计算现金收支,不计算非现金收支(如折旧、应收及应付账款等),并要如实记录现金收支实际发生的时间。

从企业角度出发看项目的现金流量,现金流出就是指企业在一定的时期内支出的人、财、物的货币表现,例如建设期的投资,生产运营期的流动资金投入、经营成本和维持运营投资,销售中上缴的税金及附加和增值税等。如果考虑债务融资,则现金流出还应考虑偿还债务的本金和利息。现金流入则为营业收入、项目结束时的资产余值和流动资金的回收等。所以,从企业角度出发,工程项目的年净现金流量一般可以表达为:

净现金流量＝营业收入－经营成本－税金及附加和增值税－偿还债务本金和利息－所得税－当年建设投资或维持运营投资－当年流动资金增加额＋回收资产余值＋回收流动资金

二、累计现金流通图

若将工程项目逐年净现金流量累计起来,以横坐标表示年份,纵坐标表示逐年累计值,则可以绘制出累计现金流通(曲线)图,如图8-1所示。

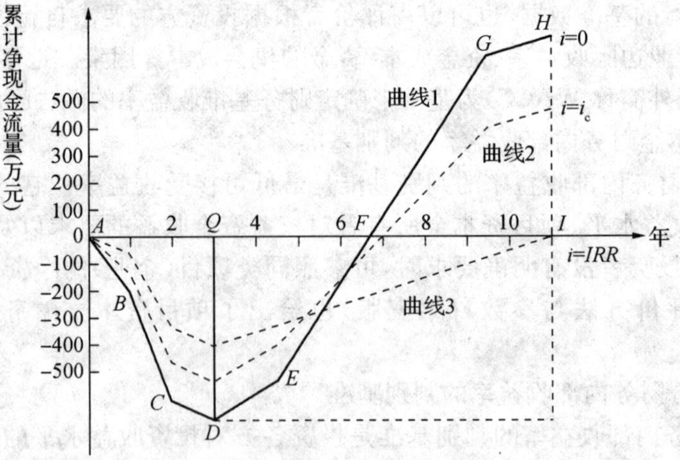

图8-1　累计现金流通图

在图 8-1 中,累计现金流通图(曲线 1)分为若干阶段:

AB——建设前期(包括工程开发、可行性研究、设计等);

BC——基本建设投资期(建设厂房、购置设备、安装调试等);

CD——试车前准备期;

DE——试生产期(有盈利);

EFGH——获利性生产期(包括回收资产余值和回收流动资金);

F 点——累计收支平衡点;

AF——投资回收期;

QD——累计最大资金支出额(累计最大债务)。

从图 8-1 中看出,在工程项目刚开始时,其现金流量值为零(*A* 点)。在项目初期要发生工程开发、可行性研究、工程设计及其他准备费用,即为建设前期费用,曲线下降到 *B* 点;接着进入基本建设投资时期,建设厂房、购置和安装设备等,资金流出量较大,故曲线下降较陡达到 *C* 点;进入试车准备阶段,开始动用流动资金,曲线继续下降到达 *D* 点。一般,*D* 点是工程项目的最大资金流出量;过了 *D* 点,由于试车开始生产产品,营业收入大于支出的费用,能获得盈利,因此曲线转为上升到达 *E* 点;随着生产进入获利性阶段,曲线继续上升至 *F* 点。在 *F* 点处,累计收入等于累计支出,*F* 点称为累计收支平衡点,*AF* 称为项目的投资回收期。过了 *F* 点后,累计值成为正值,直到该项目有效寿命期的结束。在项目结束时,还应将回收资产余值和回收流动资金计入现金流入中。图中曲线 1 正是上述工程项目全部经济活动状况的直观反映。

如果将逐年净现金流量分别用基准折现率和内部收益率以第 1 年初为基准时刻进行折现,然后求出逐年累计折现现金流量值,用同样的方法作图,就可得到累计折现现金流通曲线,如图中曲线 2 和曲线 3。

累计现金流通图可以直观地、综合地表达工程项目的可行程度。它显示了累计最大资金支出额、投资回收期、总的净现金流量和净现值,对于分析项目的经济活动有重要的意义。

第三节　财务评价的辅助报表和基本报表

在财务评价前,必须进行财务预测。就是先要收集、估计和测算一系列财务数据,作为财务评价所需的基本数据,其结果主要汇集于辅助报表中。有了这些辅助报表,就可编制财务评价的基本报表和计算一系列财务评价的指标。为节省篇幅,本章财务评价报表的格式均参见第十二章。

一、财务评价的辅助报表

(1) 辅助报表 1——建设投资估算表(概算法)(见附表 12-1)

该表反映了项目的建设投资组成和各类工程或费用的内容以及建设投资的估算值。在该表中,建设投资按工程费用、工程建设其他费用和预备费三部分费用归集而成。

(2) 辅助报表 2——建设投资估算表(形成资产法)(见附表 12-2)

该表是按照项目建设投资形成的资产类型进行费用的归集,反映了项目建设投资形成的各类资产以及建设投资的估算值。该表与概算法计算的建设投资数额应该一致。

应该指出的是,在增值税转型改革后,建设投资中包含的可抵扣固定资产进项税不再形成项目的固定资产。

(3) 辅助报表3——建设期利息估算表(见附表12-3)

该表反映了在债务融资进行项目建设的情况下建设期各年的利息以及建设期利息总额,为融资后分析计算项目的总投资提供了数据。

(4) 辅助报表4——流动资金估算表(见附表12-4)

该表反映了流动资产和流动负债各项构成,为生产运营期各年流动资金的估算和资金筹措提供了依据。

(5) 辅助报表5——项目总投资使用计划与资金筹措表(见附表12-5)

该表用于对各年投资进行规划,并针对各年投资额制定相应的资金筹措方案,以保证项目能按计划实施。

(6) 辅助报表6——营业收入、税金及附加和增值税估算表(见附表12-6)

该表反映了项目在生产运营期内各年的产品(服务)的营业收入、税金和附加以及应缴纳的增值税额,是衡量项目盈利能力和财务效益的重要因素。

(7) 辅助报表7——总成本费用估算表(见附表12-7)

该表反映了项目在不同生产负荷下生产和销售产品(或提供服务)而发生的全部费用,是衡量项目利润水平的重要因素。表中的经营成本为流动资金的估算和现金流量分析提供了依据;可变成本和固定成本为进行盈亏平衡分析提供了依据。

(8) 辅助报表8——外购原材料费估算表(见附表12-8)

该表反映了生产运营期各年外购原材料、辅助材料及其他材料年耗量、费用及进项税额估算情况。

(9) 辅助报表9——外购燃料和动力费估算表(见附表12-9)

该表反映了生产运营期各年外购燃料和动力年耗量、费用及进项税额估算情况。

(10) 辅助报表10——固定资产折旧费估算表(见附表12-10)

该表反映了各类固定资产的原值以及在不同的折旧年限下各年的折旧费和净值。

(11) 辅助报表11——无形资产和其他资产摊销费估算表(见附表12-11)

该表反映了无形资产和其他资产的原值以及按摊销年限计算的各年摊销费和净值。

(12) 辅助报表12——职工薪酬估算表(见附表12-12)

该表按各类员工的工资额进行汇集估算出项目生产运营期各年的职工薪酬数额。

二、财务评价的基本报表

(1) 基本报表1——项目投资现金流量表 (见附表12-13)

该表是从融资前的角度,即在不考虑债务融资的情况下,以项目全部投资作为计算基础,计算财务内部收益率和财务净现值及投资回收期等指标,进行项目投资盈利能力分析,考察项目方案设计的合理性和对财务主体及投资者总体的价值贡献。

根据需要,项目投资现金流量分析可从所得税前和所得税后两个角度进行考察,选择计算相应的指标。一般地,银行和政府管理部门比较关注所得税前的计算指标,而项目投资人(企业)更注重所得税后的计算指标。

(2) 基本报表2——项目资本金现金流量表 (见附表12-14)

该表是从融资后的角度，在拟定的债务融资方案下，以项目资本金作为计算基础，把借款利息支付和本金偿还作为现金流出，用以计算资本金财务内部收益率、财务净现值等评价指标，考察项目所得税后资本金的盈利能力，从而有助于对融资方案作出最终决策。

(3) 基本报表 3——投资各方现金流量表(见附表 12-15)

该表是从投资各方的角度出发，反映其具体的现金流入与现金流出情况，计算投资各方财务内部收益率，为其投资决策和进行合作谈判提供参考依据。

(4) 基本报表 4——利润与利润分配表(见附表 12-16)

该表反映了项目计算期内各年的利润总额、企业所得税及企业税后利润的分配情况，用以计算总投资收益率、资本金净利润率等指标。

(5) 基本报表 5——财务计划现金流量表(见附表 12-17)

该表反映了项目计算期内各年的投资活动、融资活动和生产运营活动所产生的现金流入、现金流出和净现金流量，考察资金平衡和余缺情况，是表示财务状况进而分析项目财务生存能力和可持续性的重要报表，可为编制资产负债表提供依据。

(6) 基本报表 6——资产负债表(见附表 12-18)

该表反映了项目计算期内各年年末资产、负债和所有者权益的增减变化及对应关系，以考察项目资产、负债、所有者权益的结构是否合理，用以计算资产负债率、流动比率及速动比率等指标。

(7) 基本报表 7——借款还本付息计划表(见附表 12-19)

该表反映了项目计算期内各年借款还本付息的情况，可用来计算利息备付率、偿债备付率等偿债能力分析指标。该表可与建设期利息估算表合二为一，反映出计算期内各年债务资金的利息数额以及偿还债务资金本息的情况。

三、辅助报表与基本报表的关系

以上各报表，大致可归纳为三类：

第一类：反映项目的总投资及投资使用与资金筹措计划情况，如辅助报表 1～5。

第二类：反映项目生产运营期的产品成本和费用、营业收入、税金及附加和增值税、利润总额及税后利润分配情况，如辅助报表 6～12 及基本报表 4。

第三类：反映项目全过程的资金活动和各年资金平衡情况以及投资偿还能力，如基本报表 1、2、3、5、6 和 7。

辅助报表与基本报表的关系可以从数据流向及计算顺序中看出，如图 8-2 所示。

从图 8-2 中可以看出，财务评价的数据是从辅助报表流向基本报表的。辅助报表是编制基本报表的基础，而基本报表则是计算财务评价各类指标的依据。

在具体的计算过程中，应理清计算思路，把握数据的来龙去脉，通过各报表间的数据链接，使计算准确、快捷。有以下几点需要说明：

(1) 建设投资估算表 (辅表 1、2)是源头表格。表中的建设投资可以根据工程建设内容、技术与设备的选择以及施工安装的具体情况，事先估算出各投资费用，并按建筑工程费、设备购置费、安装工程费、其他费用进行分类，填入辅表 1 或辅表 2 中，得到建设投资估算值。

有了建设投资估算值，就可以按投资使用计划进行建设期逐年的投资安排和相应的资金筹措,并由此计算出建设期利息。按照资本保全的原则,从建设投资中归类出的固定资产、无形资产和其他资产的数额,是固定资产折旧费估算表(辅表 10)和无形资产及其他资产摊销费估算表(辅表 11)编制的依据。

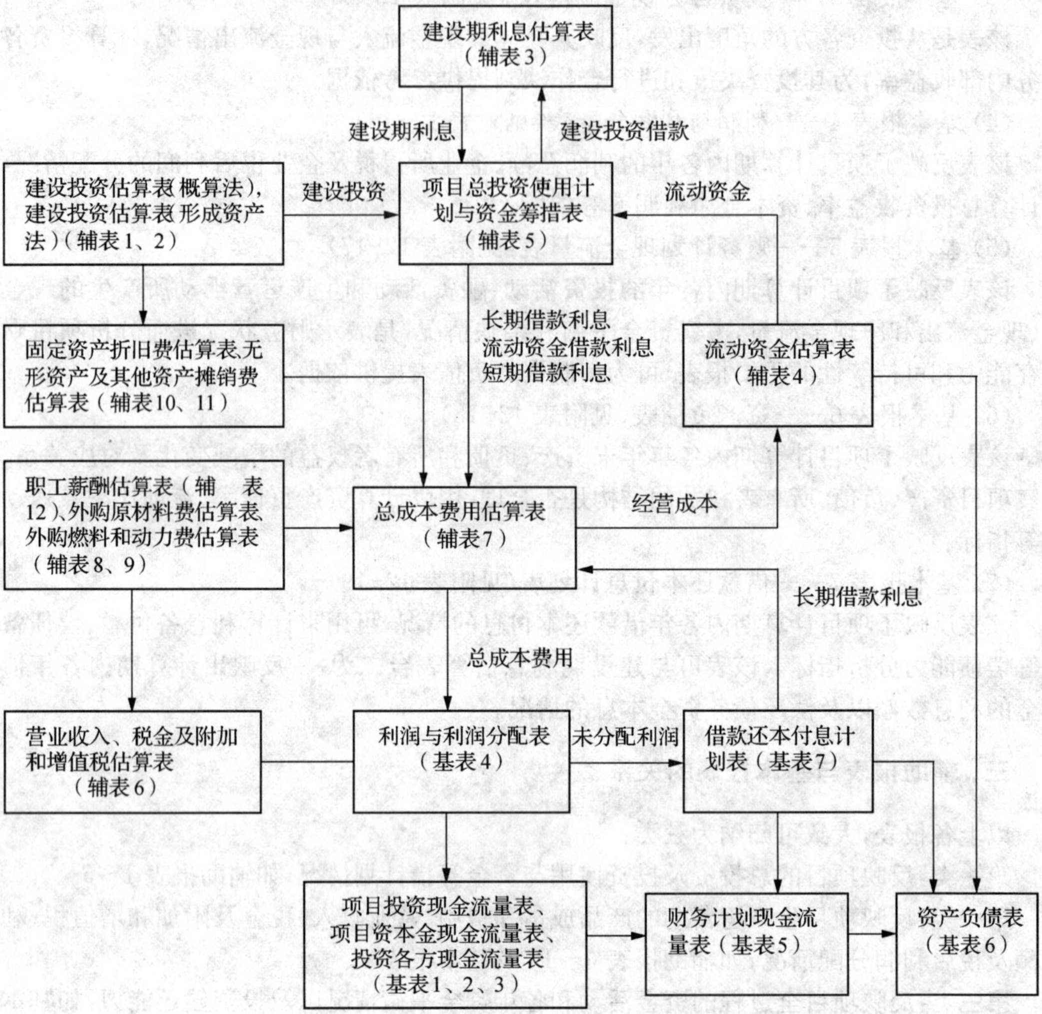

图 8-2　辅助报表与基本报表之间的关系

(2) 外购原材料费估算表(辅表 8)、外购燃料和动力费估算表(辅表 9)是另一类源头表格,它为总成本费用及增值税的进项税额估算提供了依据,表中的数据应根据市场价格、生产负荷及物料消耗量、增值税税率等情况作出估算。总成本费用估算表中的经营成本是流动资金估算的条件之一,在流动资金估算完成后,将各年流动资金的需要量回填到投资使用计划与资金筹措表中,最终完成对该表的编制。

(3) 总成本费用估算表(辅表 7)、利润与利润分配表(基表 4)以及借款还本付息计划表(基表 7)是形成数据回路的三张表。其中,总成本费用估算表中的“利息支出”包括了长期借款利息、流动资金借款利息和短期借款利息,它们取决于生产运营期每年年初的长期借款余额、流动资金和短期借款的数额;而长期借款余额的大小又与上年“偿还本金”有关,涉及借款还本付息计划表的计算内容。在借款还本付息计划表的编制中，每年能够偿还借款本金的资金来源包括了来自利润与利润分配表中的“未分配利润”一项，而未分配利润的大小又向上追溯与“总成本费用”有关。这样，在具体编制报表时，只能逐年地在三张表间循环填写，直到长期借款还清为止。

第四节 新建项目财务评价

新建项目财务评价的主要内容是在编制财务现金流量表、利润与利润分配表、财务计划现金流量表、借款还本付息计划表的基础上，进行盈利能力分析、偿债能力分析和财务生存能力分析。

一、盈利能力分析

盈利能力分析是项目财务评价的主要内容之一，通过计算财务净现值、财务内部收益率、投资回收期、总投资收益率和资本金净利润率等指标，考察项目财务上的盈利能力。

1. 静态指标

所谓静态指标，就是在不考虑资金的时间价值前提下，对项目或方案的经济效果所进行的经济计算与度量。财务评价中主要有下列几个静态指标：

(1) 投资回收期(P_t)

投资回收期(或投资返本年限)是以项目的净收益回收项目投资所需的时间。也就是说，为补偿项目的投资而要积累一定的净收益所需的时间，它是反映项目财务上投资回收能力的重要指标。

投资回收期一般以年为单位，并从项目建设开始年算起。若从项目投产年算起，应予注明。其表达式为：

$$\sum_{t=1}^{P_t}(CI-CO)_t=0 \tag{8-1}$$

式中，CI——现金流入量；

CO——现金流出量；

$(CI-CO)_t$——第 t 年的净现金流量；

P_t——投资回收期(年)。

投资回收期可用现金流量表中累计净现金流量计算求得，详细计算公式为：

$$P_t=\text{累计净现金流量开始出现正值的年份数}-1+\frac{\text{上年累计净现金流量的绝对值}}{\text{当年净现金流量}} \tag{8-2}$$

投资回收期越短，项目的盈利能力和抗风险能力越好。项目评价求出的投资回收期(P_t)与基准投资回收期(P_c)比较，当 $P_t \leqslant P_c$ 时，表明项目投资能在规定的时间内收回，能满足设定的要求。

基准投资回收期应由国家根据各工业部门生产企业的特点，在总结过去的建设经验和大量统计资料的基础上，考虑国家对于不同工业部门的发展战略和经济政策，统一确定一个较为切合实际的合理回收期限。并且,这种基准投资回收期也随投资机会的条件不同而发生变化。

公式(8-2)与累计现金流通图中对应的收支平衡点的计算相一致。

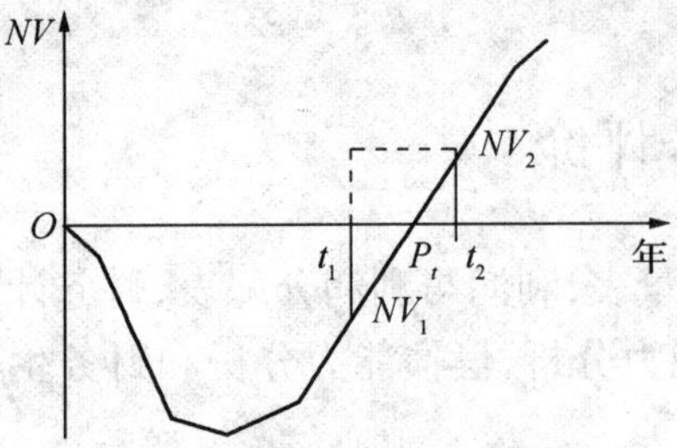

图8-3 累计现金流通图

如图8-3,时间为P_t时,累计净现金流量值为零;时间为t_1时,其累计值为$NV_1<0$;时间为t_2时,其累计值为$NV_2>0$。在t_1到t_2间累计现金流通曲线可近似看作为一条直线,则根据相似原理,有:

$$\frac{|NV_1|}{|NV_1|+NV_2}=\frac{P_t-t_1}{t_2-t_1}$$

即:$$P_t=t_1+\frac{|NV_1|}{|NV_1|+NV_2}(t_2-t_1) \quad (8-3)$$

特殊的,若设项目初始投资为I_0,每年有净收益A,则静态投资回收期为:

$$P_t=\frac{I_0}{A} \quad (8-4)$$

投资回收期作为静态评价指标,其主要优点是概念明确、计算简单。由于它判别项目或方案的标准是回收资金的速度越快越好,因此,在投资风险分析中有一定的作用。特别是在资金短缺和特别强调项目清偿能力(即强调在一个很短时间内把全部投资回收)的情况下,尤为重要。但是,由于这个指标在计算过程中不考虑投资回收以后的经济效益,不考虑项目的服务年限,不考虑项目的最终回收资金等,因此它不能全面地反映项目的经济效益,只能作为项目评价中的辅助指标。

【例8-1】 从某拟建项目的项目投资现金流量表中摘出逐年净现金流量与累计净现金流量数值如表8-1,试计算该项目的静态投资回收期。

表8-1 某项目投资现金流量表有关数据

序号	项目	合计	计算期								
			1	2	3	4	5	6	7	8	9
3	净现金流量		−642.9	−1 071.4	−428.6	−902.4	754.6	1 576.0	1 693.3	1 693.3	…
4	累计净现金流量		−642.9	−1 714.3	−2 142.9	−3 045.3	−2 290.7	−714.7	978.6	2 671.9	…

解:$P_t=$累计净现金流量开始出现正值的年份数$-1+\frac{\text{上年累计净现金流量的绝对值}}{\text{当年净现金流量}}$

$=7-1+\frac{|-714.7|}{1\ 693.3}=6.42$(年)$=6$年5个月(从建设期开始年算起)

或2.42年(从投产期开始年算起)

上述计算也可以表达为:

$$P_t = t_1 + \frac{|NV_1|}{|NV_1| + NV_2}(t_2 - t_1)$$
$$= 6 + \frac{|-714.7|}{|-714.7| + 978.6}(7-6) = 6.42(\text{年})$$

【例 8-2】 某企业准备购买一台设备，需投资 18 000 元。估计第 1 年可获净收益 1 500 元，以后将以 10%的比率逐年递增。若基准投资回收期 P_c 为 6 年，则购置此设备是否可行？

解：解法 1：先计算在基准投资回收期内的净收益总和，然后与所需投资进行比较，决定其可行性。

利用等比序列求和公式 $S_n = \frac{a_1(q^n - 1)}{q-1}$，有：

$$\text{总净收益} = \frac{1\ 500 \times (1.1^6 - 1)}{1.1 - 1} = 11\ 573(\text{元}) < 18\ 000(\text{元})$$

所以购置此设备不可行。

解法 2：利用公式求出 P_t，然后与 P_c 比较，决定其可行性。

由于本例逐年净收益呈等比序列，因此可直接利用等比序列求和公式，而不必计算逐年累计净现金流量。即：

$$\frac{1\ 500 \times (1.1^{P_t} - 1)}{1.1 - 1} = 18\ 000$$

化简后求得：$P_t = 8.27(\text{年}) > P_c = 6(\text{年})$

所以，购置此设备不可行。

(2) 总投资收益率

总投资收益率是指项目达到设计能力后正常年份的息税前利润或生产运营期内年均息税前利润与项目总投资的比率。其计算公式为：

$$\text{总投资收益率} = \frac{\text{正常年份息税前利润或年均息税前利润}}{\text{项目总投资}} \times 100\% \tag{8-5}$$

总投资收益率是融资后分析指标，可根据利润与利润分配表、项目投资使用计划与资金筹措表求得。在财务评价中，将总投资收益率与行业的收益率参考值对比，以判别项目的盈利能力是否达到所要求的水平。

(3) 资本金净利润率

资本金净利润率是指项目达到设计生产能力后正常年份的净利润或项目生产运营期内年均净利润与项目资本金的比率。其计算公式为：

$$\text{资本金净利润率} = \frac{\text{正常年份净利润或年平均净利润}}{\text{项目资本金}} \times 100\% \tag{8-6}$$

资本金净利润率是融资后分析指标，反映了投入项目的资本金盈利能力，可根据利润与利润分配表、项目投资使用计划与资金筹措表求得。

2. 动态指标

所谓动态指标，就是在考虑(以复利方法计算)资金的时间价值情况下，对项目或方案的经济效益所进行的计算与度量。与静态指标相比，它的特点是能够动态地反映项目在整个计算期内的资金运动情况,包括投资回收期以后若干年的经济效益、项目结束时的资产余值及流动资金的回收等。

动态指标的计算是建立在资金等值换算的基础上的,即将不同时点的资金流入与资金流出换算成同一时点的价值,它为不同方案和不同项目的经济比较提供了可比的基础。动态指标对投资者和决策者树立资金周转观念、利息观念、投入产出观念,合理利用资金,提高经济效益等都具有十分重要的意义。

常用的财务评价动态指标有如下几个:

(1) 财务净现值($FNPV$)

财务净现值是指项目按设定的折现率(i_c)将各年的净现金流量折现到建设起点(计算期初)的现值之和。利用财务现金流量表可以计算出财务净现值 $FNPV$,其表达式为:

$$FNPV=\sum_{t=1}^{n}\frac{(CI-CO)_t}{(1+i_c)^t} \tag{8-7}$$

式中,i_c——设定的折现率。取部门或行业的财务基准收益率或最低可接受收益率。

n——计算期年数,包括建设期和生产运营期。

净现值的实质可以理解为一旦投资该项目,就能立即从该项目获得的净收益。这里的"净收益"应该理解为"超出设定折现率"的那部分收益。折现的意义在于从现时立场来看,扣除掉按设定的折现率所计算的那一部分收益,剩余的部分才是真正反映了投资该项目所能得到的超额净收益。因此,净现值的大小,可以作为判别该项目经济上是否可行的依据。

当 $FNPV\geqslant 0$ 时,项目可行;

当 $FNPV<0$ 时,项目不可行。

特别指出:$FNPV=0$ 只是表示项目正好达到按设定折现率所要求的收益标准,而不是表示盈亏平衡。同样,$FNPV<0$ 也并不意味着项目一定亏损,而是仅表示项目没有达到设定折现率的盈利水平。

(2) 财务内部收益率($FIRR$)

财务内部收益率是指项目在计算期内各年净现金流量现值累计等于零时的折现率。也就是说,使财务净现值等于零时所对应的折现率即为财务内部收益率,其表达式为:

$$\sum_{t=1}^{n}\frac{(CI-CO)_t}{(1+FIRR)^t}=0 \tag{8-8}$$

财务内部收益率一般可以通过计算机软件中配置的财务函数计算,也可以进行手算。手算时,可根据财务现金流量表中的净现金流量采用试差法计算,试差公式为:

$$FIRR=i_1+\frac{FNPV_1}{FNPV_1+|FNPV_2|}(i_2-i_1) \tag{8-9}$$

式中,$FNPV_1$——折现率为 i_1 时的财务净现值,$FNPV_1>0$

$FNPV_2$——折现率为 i_2 时的财务净现值,$FNPV_2<0$

i_2-i_1——i_2 与 i_1 间的距离,一般不超过2%,最大不超过5%

在财务净现值的计算中可以看出,一个项目的净现值大小与计算时采用的折现率大小有关。折现率越大,被看作按照设定折现率产生的资金增值则越大,而被看作由投资项目本身所产生的超额资金增值则越小,即净现值越小;反之,折现率越小,净现值则越大。因此,我们可以定性地看出，对于确定的各年净现金流量而言，其财务净现值与财务内部收益率之间存在对应的关系。即若在折现率 i_c 下，计算出的 $FNPV>0$，则从财务内部收益率的定义出发，为使 $FNPV=0$，就必然存在 $FIRR>i_c$；反之，若在 i_c 下，有 $FNPV<0$，则必然存在 $FIRR<i_c$；同样，若在 i_c 下，$FNPV=0$，则按照定义有 $FIRR=i_c$。由于 $FNPV$ 可作为判别一个项目经济上是否可行的依据，因此 $FIRR$ 也能作为项目经济性的判别指标，两者的判别结果应是对应一致的。即

若 $FIRR \geqslant i_c$，项目可行；

若 $FIRR < i_c$，项目不可行。

财务内部收益率的经济意义是项目对占用资金的恢复能力，也可以说内部收益率是指对初始投资的偿还能力或项目对贷款利率的最大承受能力。它实质上反映了资金在项目内部的特殊增长速率，一旦这种增长速率超过了投资者（设定）的预期收益率，则项目获得通过，否则就不能通过。

特殊地，设项目初始投资为 I_0，年净收益为 A，回收价值不计，则由内部收益率的定义有：

$$A\frac{(1+FIRR)^n-1}{FIRR(1+FIRR)^n}-I_0=0$$

$$\frac{(1+FIRR)^n-1}{FIRR(1+FIRR)^n}=\frac{I_0}{A}=P_t$$

则当计算期 n 很长时，有

$$\frac{1}{FIRR}=P_t \tag{8-10}$$

此时，项目的财务内部收益率和静态投资回收期互为倒数。

应当指出的是，在项目财务评价中，存在三个不同的内部收益率：项目投资财务内部收益率（用于融资前分析）、项目资本金财务内部收益率（用于融资后分析）和投资各方财务内部收益率（用于融资后分析）。尽管对应的财务现金流量表内涵不完全一样，但其内部收益率的表达式和计算方法是完全相同的。

财务净现值与财务内部收益率都可以考察一个项目的获利能力，两者既有联系又有区别，如表 8-2 所示。必须注意，方案比较时，净现值大的方案未必内部收益率也大。

表 8-2　*FNPV* 与 *FIRR* 对比

FNPV	*FIRR*
1. 能用绝对量表示项目获利能力	1. 能反映项目的资金增长速度
2. 各个项目的净现值可以相加	2. 各个项目的内部收益率不能相加
3. 必须已知折现率才能求得	3. 可直接求得
4. $FNPV \geqslant 0$，项目或方案可行	4. $FIRR \geqslant i_c$，项目或方案可行

【例 8-3】 某水泥厂拟建项目的各年净现金流量数据如表 8-3，若基准收益率 i_c 为 10%，求财务净现值与财务内部收益率，并判别方案是否可行。

表8-3 逐年净现金流量

单位:万元

年份	1	2	3	4	5	6~8	9~22	23
净现金流量	−10 600	−19 660	−10 657	4 207	5 057	6 658×3	6 814×14	9 525

解:① 求财务净现值

$$FNPV=\sum_{t=1}^{23}\frac{(CI-CO)_t}{(1+i_c)^t}=-\frac{10\,600}{1.1}-\frac{19\,660}{1.1^2}-\frac{10\,657}{1.1^3}+\frac{4\,207}{1.1^4}+\frac{5\,057}{1.1^5}$$
$$+6\,658\times\frac{1.1^3-1}{0.1}\times\frac{1}{1.1^8}+6\,814\times\frac{1.1^{14}-1}{0.1}\times\frac{1}{1.1^{22}}+\frac{9\,525}{1.1^{23}}$$
$$=6\,884.08(\text{万元})$$

因为,$FNPV>0$,

所以,项目可行。

② 求财务内部收益率

当 $i_1=12\%$ 时,$FNPV_1=838.44$(万元)

当 $i_2=13\%$ 时,$FNPV_2=-1\,578.46$(万元)

则 $$FIRR=i_1+\frac{FNPV_1}{FNPV_1+|FNPV_2|}(i_2-i_1)$$
$$=12\%+\frac{838.44}{838.44+|-1\,578.46|}(13\%-12\%)$$
$$=12.35\%$$

因为 $FIRR>i_c$,

所以方案可行。

(3) 财务净现值率($FNPVR$)

财务净现值率是财务净现值与全部投资现值之比,亦即单位投资现值的净现值。其表达式为:

$$FNPVR=\frac{FNPV}{I_p} \tag{8-11}$$

式中,I_p——项目的投资现值,即各年投资折现到建设起点(计算期初)的现值之和。

当 $FNPVR\geqslant 0$ 时,项目可行;

当 $FNPVR<0$ 时,项目不可行。

净现值率是在净现值基础上发展起来的,可作为净现值的补充指标,它反映了净现值与投资现值的关系。净现值率的最大化,有利于实现有限投资的净贡献最大化,它在多方案选择中有重要作用。

二、偿债能力分析

偿债能力分析主要是通过编制借款还本付息计划表、利润与利润分配表,计算利息备付率、偿债备付率、借款偿还期等指标,反映项目的借款偿还能力;并通过编制资产负债表,计算资产负债率、流动比率、速动比率等指标,考察项目的财务状况。

1. 利息备付率和偿债备付率

通常，项目的债务融资其贷款期限已预先约定，这时可以根据年利率、还款方式等融资条件，计算利息备付率和偿债备付率，以考察项目偿还利息或债务的保障能力。并根据不同的还款方式，计算约定期内各年应偿还的本金和利息数额。

(1) 利息备付率

$$\begin{aligned}利息备付率 &= 息税前利润 / 应付利息 \\ &= (利润总额 + 应付利息) / 应付利息\end{aligned} \tag{8-12}$$

式中，应付利息是指计入总成本费用的全部利息

利息备付率可以分年计算，也可以按整个借款期计算，分年计算的结果更能反映项目的偿债能力。利息备付率至少应大于 1，一般不低于 2；若低于 1 则表示没有足够的资金支付利息，偿债风险很大。

(2) 偿债备付率

$$偿债备付率 = 可用于还本付息的资金 / 应还本付息额 \tag{8-13}$$

式中，可用于还本付息的资金是指息税折旧摊销前利润(息税前利润加上折旧和摊销)减去所得税后的余额，即包括可用于还款的利润、折旧和摊销，以及在成本中列支的利息费用；应还本付息额包括还本金额及计入成本的利息额。

偿债备付率应分年计算。偿债备付率至少应大于 1，一般不宜低于 1.3；若低于 1 则表示没有足够的资金偿付当期债务，偿债风险较大。

2. 约定期限下不同还款方式的还本付息计算

(1) 等额偿还本金和利息

$$A = I_d \frac{i\,(1+i)^n}{(1+i)^n - 1} = I_d(A/P, i, n) \tag{8-14}$$

式中，A——每年还本付息额(等额年金)。

I_d——还款起始年年初的借款余额(含未支付的建设期利息)

n——约定的还款期

还本付息额中各年偿还的本金和利息是不等的，但两者之和相等。其中，偿还本金部分将逐年增多，支付利息部分将逐年减少。

$$每年支付利息 = 年初借款余额 \times 年利率$$
$$每年偿还本金 = A - 每年支付利息$$

【例 8-4】 假设建设期建设投资借款本息之和为 2 000 万元，借款偿还期为 4 年，年利率为 10%，用等额偿还本金和利息的方法，列表计算各年偿还的本金和利息各是多少？

解：每年还本付息额 $A = 2\,000(A/P,\ 10\%,\ 4) = 630.94$(万元)

列表计算如下(单位：万元)：

年份	年初借款余额	本年应计利息	本年偿还本金	本年支付利息	年末借款余额
1	2 000.00	200.00	430.94	200.00	1 569.06
2	1 569.06	156.91	474.03	156.91	1 095.03

(续表)

年份	年初借款余额	本年应计利息	本年偿还本金	本年支付利息	年末借款余额
3	1 095.03	109.50	521.44	109.50	573.59
4	573.59	57.36	573.59	57.36	0
合计			2 000.00	523.77	

(2) 等额还本、利息照付

$$每年支付利息=年初借款余额\times年利率$$

$$每年偿还本金=建设期借款本息之和(I_d)/借款偿还期(n)$$

各年度偿还本息之和是不等的。其中,偿还期内每年偿还的本金数额相等,利息将随着本金逐年偿还而减少。

【例 8-5】 假设条件同例 8-4,用等额还本、利息照付方式,列表计算各年偿还本金和利息各是多少?

解:每年偿还本金=2 000/4=500(万元)

列表计算如下(单位:万元):

年份	年初借款余额	本年应计利息	本年偿还本金	本年支付利息	年末借款余额
1	2 000.00	200.00	500.00	200.00	1 500.00
2	1 500.00	150.00	500.00	150.00	1 000.00
3	1 000.00	100.00	500.00	100.00	500.00
4	500.00	50.00	500.00	50.00	0
合计			2 000.00	500.00	

3. 借款偿还期(P_d)

在某些情况下,为了考察项目承受债务的风险,需要计算最大还款能力下的借款偿还期,即在国家财政规定及项目具体财务条件下,项目投产后以可用作还款的利润(利润总额减去所得税)、折旧、摊销及其他收益偿还建设投资借款本金(含未付建设期利息)所需要的时间。若借款偿还期满足了贷款机构的要求,则认为项目的债务风险不大。

借款偿还期的表达式为:

$$I_d=\sum_{t=1}^{P_d}R_t$$

式中,I_d——建设投资借款本金和(未付)建设期利息之和;

P_d——借款偿还期(从借款开始年计算,若从投产年算起时应予注明);

R_t——第 t 年可用于还款的最大资金额;

实际应用中,借款偿还期可由借款还本付息计划表直接推算,以年表示。其计算式为:

$$P_d=\frac{借款偿还后开始}{出现盈余的年份数}-开始借款年份+\frac{当年应还借款额}{当年可用于还款的资金额} \quad (8\text{-}15)$$

公式中的"当年应还借款额"是指有盈余资金的当年偿还建设投资借款本金(含未付建

设期利息)的数额。

需要指出的是,借款偿还期指标不应与利息备付率和偿债备付率指标并列。

【例 8-6】 某项目在第 14 年有了盈余资金。在第 14 年中,未分配利润为 7 262.76 万元,可作为归还借款的折旧和摊销为 1 942.29 万元,还款期间的企业留利为 98.91 万元。当年归还借款本金为 1 473.86 万元,归还借款利息为 33.90 万元。项目开始借款年份为第 1 年,求借款偿还期。

解:按照公式有

$$P_d = 14 - 1 + \frac{1\ 473.86}{7\ 262.76 - 98.91 + 1\ 942.29} = 13.16\text{ 年(从借款开始年算起)}$$

4. 资产负债率

资产负债率是指一定时点上负债总额与资产总额的比率,表示总资产中有多少是通过负债得来的。它是评价项目负债水平的综合指标,反映项目利用债权人提供资金进行经营活动的能力,并反映债权人发放贷款的安全程度。资产负债率可由资产负债表求得,其计算公式为:

$$\text{资产负债率} = \text{负债总额} \div \text{全部资产总额} \times 100\% \tag{8-16}$$

一般认为,过高的资产负债率表明企业财务风险太大,而过低的资产负债率则表明企业对财务杠杆利用不够,适宜的水平在 40%~60%左右。对于经营风险较高的企业,例如高科技企业,为减少财务风险应选择比较低的资产负债率;对于经营风险低的企业,例如供水、供电企业,资产负债率可以较高。我国交通、运输、电力等基础行业,资产负债率平均为 50%,加工业为 65%,商贸业为 80%。而英国、美国资产负债率很少超过 50%,亚洲和欧盟则明显高于 50%,有的成功企业达 70%。

应该指出的是,资产负债率可以在长期债务还清后不再计算。

5. 流动比率

流动比率是指一定时点上流动资产与流动负债的比率,反映项目流动资产在短期债务到期以前可以变为现金用于偿还流动负债的能力。流动比率可由资产负债表求得,其计算公式为:

$$\text{流动比率} = \text{流动资产} \div \text{流动负债} \tag{8-17}$$

国际公认的标准比率为 2.0,理由是变现能力差的存货通常占流动资产总额的一半左右。行业间流动比率会有很大差异,行业周期较长的流动比率应相应提高。到了 20 世纪 90 年代以后,由于采用新的经营方式,流动比率的平均值已降为 1.5 左右。例如,美国平均为 1.4 左右,日本为 1.2 左右,达到或超过 2 的企业已经是个别现象。

6. 速动比率

速动比率是指一定时点上速动资产与流动负债的比率,反映项目流动资产中可以立即用于偿付流动负债的能力。速动比率可由资产负债表求得,其计算公式为:

$$\text{速动比率} = \text{速动资产} \div \text{流动负债} \tag{8-18}$$

式中,速动资产=流动资产-存货

国际公认的标准比率为 1.0。但 20 世纪 90 年代以来已降为 0.8 左右。在有些行业,例如小型零售商很少有赊销业务,故很少有应收账款,因此速动比率低于一般水平,并不意味着缺乏流动性。

三、财务生存能力分析

财务生存能力分析主要是考察项目在整个计算期内的资金充足程度,分析财务可持续性,判断在财务上的生存能力。对于非经营性项目,财务生存能力分析还兼有寻求政府补助维持项目持续运营的作用。

财务生存能力分析主要是通过编制财务计划现金流量表,同时兼顾借款还本付息计划和利润分配计划进行,应从两方面加以分析:

1. 分析是否有足够的净现金流量维持正常运营

根据财务计划现金流量表考察项目在计算期内各年的投资、融资和经营活动,通过计算净现金流量和累计盈余资金,分析项目是否有足够的净现金流量维持正常运营。拥有足够的净现金流量是财务上可持续的基本条件,特别是在项目的运营初期,更要注意维持项目的资金平衡。

2. 各年累计盈余资金不出现负值是财务上可持续的必要条件

在整个运营期内,允许个别年份的净现金流量出现负值,但不能允许任一年的累计盈余资金出现负值。一旦出现累计盈余资金为负值的年份,则要分析能否通过适当的调整以满足财务上可持续的必要条件。例如,可以通过调整还款计划或融资方案,减少当年还本付息的负担;可以调整利润分配计划,以保证一定数量的累计盈余资金。也可以通过短期融资,以维持累计盈余资金不出现负值。

第五节　改扩建项目财务评价

改扩建项目是指既有法人依托现有企业进行改扩建与技术改造的项目,与新建项目相比,改扩建项目财务评价涉及面广,需要数据多,复杂程度高。

一、改扩建项目财务评价的特殊性

与从无到有的新建项目相比,改扩建项目财务评价涉及项目和企业两个层次、“有项目”与“无项目”两个方面,其特殊性主要表现在:

(1) 在不同程度上利用了原有资产和资源,以增量调动存量,以较小的新增投入取得较大的效益。在财务评价中,注意应将原有资产作为沉没费用或者机会成本处理;

(2) 原来已在生产,若不进行改扩建,原有状况也会发生变化,因此项目效益与费用的识别与计算要比新建项目复杂得多,着重于增量分析与评价。例如,项目的效益目标可以是新增生产线或新品种,可以是降低成本、提高产量或质量等多个方面;项目的费用不仅要考虑新增投资、新增成本费用,而且还可能要考虑因改造引起的停产损失和部分原有资产的拆除和迁移费用等;

(3) 建设期内建设与生产可能同步进行;

(4) 项目与企业既有联系,又有区别。既要考察项目给企业带来的效益,又要考察企业整体的财务状况,这就提出了项目范围界定的问题。对于那些难以将项目(局部)与企业(整体)效益与费用严格区分的项目,增量分析将会出现一定的困难,这时应把企业作为项目范围,从总量上考察项目的建设效果。

(5) 出现"有项目"与"无项目"计算期是否一致问题。这时应以"有项目"的计算期为基础,对"无项目"进行计算期调整。调整的手段一般是追加投资或加大各年修理费,以延长其寿命期。在某些特殊情况下,也可以将"无项目"适时终止,其后的现金流量作零处理。

二、改扩建项目效益与费用的数据

按照效益与费用识别的有无对比原则,对改扩建项目而言,为了求得增量效益与费用的数据,必须要计算五套数据。

(1) "现状"数据,反映项目实施起点时(建设期初)的效益和费用现状,是单一的状态值。

(2) "无项目"数据,指不实施该项目时,在现状基础上考虑计算期内效益和费用的变化趋势(其变化值可能大于、等于或小于零),经合理预测得出的数值序列。

(3) "有项目" 数据,指实施该项目后计算期内的总量效益和费用数据,是数值序列。

(4) 新增数据,是"有项目"与"现状" 效益和费用数据的差额。实际上大多要先估算新增数据,如新增投资,然后再加上现状数据得出"有项目"数据。

(5) 增量数据,是"有项目"与"无项目"效益和费用的差额,即"有无对比"得出的数据,是数值序列。

以上五套数据中,"无项目"数据的预测是一个难点,也是增量分析的关键所在,应采取稳妥的原则,避免人为地夸大增量效益。若将现状数据和无项目数据均看作零,则有项目数据与新增数据、增量数据相同,这时有项目就等同于新建项目。

三、盈利能力分析

改扩建项目的盈利能力分析是在明确项目范围和确定上述五套数据的基础上进行的。虽然涉及五套数据,但并不要求计算五套指标。而是强调以"有项目"和"无项目"对比得到的增量数据进行增量现金流量分析,并据此作为判断项目盈利能力的主要依据。

改扩建项目盈利能力分析的主要报表是项目投资现金流量表(增量)和利润与利润分配表(有项目)。

在某些情况下,改扩建项目的盈利能力分析也可以按"有项目"效益与费用数据编制"有项目"的现金流量表进行总量盈利能力分析,目的是考察项目建设后的总体效果,可以作为辅助的决策依据。例如企业现状为亏损,拟实施改扩建项目的目标是扭亏为盈。如果总量分析的结果显示满足盈利要求,则认为该改扩建项目财务可行。

有些改扩建项目与老厂界限清晰或涉及范围较少,可以对盈利能力增量分析进行简化,即按照"有无对比"的原则,直接判定增量数据用于报表编制,并进行增量分析。这种做法实际上就是按照新建项目的方式进行盈利能力分析的。

四、偿债能力分析

改扩建项目偿债能力分析涉及的有关表格基本上与新建项目的表格相似,指标的含义、计算以及判别基准均与新建项目相同,只是表格中采用的是"有无对比"的增量数据。

当项目范围与企业范围一致时,“有项目”数据与报表都与企业一致,可直接进行借款偿还计算;当项目的范围与企业不一致时,偿债能力分析就有可能出现项目和企业两个层次。

(1) 项目层次的借款偿还能力

由于项目自身不是偿债的主体,项目的债务是由既有法人借入并负责偿还的,因此计算得到的项目层次偿债能力指标可以给企业法人两种提示:一是靠本项目自身收益可以偿还债务,不会给企业法人增加筹资还债的额外负担;二是本项目的自身收益不能偿还债务,需要企业法人另筹资金偿还债务。

同样道理,计算得到的拟建项目偿债能力指标对银行等金融机构也有两种参考:一是本项目自身有偿债能力;二是项目自身偿债能力不够,需企业另外筹资偿还。为了满足金融机构的信贷要求,在计算项目层次的借款偿还能力的同时,企业要向银行提供前3～5年的主要财务报表。

(2) 企业层次的借款偿还能力

为了从整体上考察企业的经济实力,降低贷款的风险,银行等金融机构不仅考察现有企业的财务状况,而且还要了解企业各笔借款的综合偿债能力。为了满足债权人的要求,企业不仅要提供项目建设前3～5年的主要财务报表,还需要编制企业在拟建项目建设期和投产后3～5年内(或项目偿还期内)的综合借款还本付息计划表,并结合利润与利润分配表、财务计划现金流量表和资产负债表,分析企业整体的偿债能力。

第六节　非经营性项目财务评价

一、非经营性项目财务评价的目的和要求

1. 非经营性项目财务评价的目的

所谓非经营性项目是指不以盈利为目的,旨在实现社会目标,为社会公众提供服务的投资项目,包括社会公益事业项目(如教育项目、医疗卫生保健项目)、环境保护与环境污染治理项目、气象与地震预报、某些公用基础设施项目(如市政项目)等。

非经营性项目经济上的显著特点是为社会提供的服务和使用功能不收取费用或只收取少量费用,因此对其进行财务评价的目的不是为了作为投资决策的依据,而是为了考察项目的财务状况,了解其盈利还是亏损,以便采取措施使其能维持运营,发挥功能。有的项目旨在结合财务生存能力分析寻求适宜的融资方案,包括申请政府补助。另外,在许多情况下,对非经营性项目的财务评价实质上是在进行方案比选,以使所选择的方案能在满足项目目标的前提下,花费最少。

2. 非经营性项目财务评价的要求

非经营性项目财务评价的要求视项目的具体情况有所不同。

(1) 对于没有营业收入的项目,不需进行盈利能力分析,重点在于考察项目的财务可持续性。应同一般项目一样估算费用,包括投资和运营维护成本。在此基础上,推算项目运营期各年所需的政府补贴数额,并分析可能实现的方式。

(2) 对有营业收入的项目,应根据收入抵补支出的不同程度区别对待:

有营业收入但不足以补偿运营维护成本的项目,应估算收入和成本费用,通过两者差额来

估算运营期各年需要政府给予补贴的数额，进行财务生存能力分析，并分析政府长期提供财政补贴的可行性。进行项目财务评价时应编制借款还本付息计划表和利润与利润分配表。

有营业收入且能在抵补各项支出（抵补顺序为运营维护成本、缴纳流转税、偿还借款利息、计提折旧、偿还借款本金）后还有盈余的项目，表明项目在财务上有盈利能力和生存能力，其财务评价内容可与一般项目基本相同。

(3) 对提供服务的项目要确定合理的收费价格。收费价格的确定主要考虑消费者的承受能力和支付意愿，以及与政府发布的指导价格进行对比，也可与类似项目对比。

二、非经营性项目财务评价的比选指标

非经营性项目财务评价的比选是基于费用效果分析方法，通过对项目的预期效果和所支付的费用进行对比，寻求费用最小或者效果最大的比选方案。有以下比选指标：

(1) 单位功能(效果)建设投资

单位功能(效果)建设投资是指提供一个单位的使用功能或提供一个单位的服务所需的建设投资，如医院每张床位的投资、学校每个就学学生的投资、办公用房项目每个工作人员占用面积的投资等。

单位功能(效果)建设投资＝建设投资/设计服务能力或设施规模

进行方案比选时，在功能(效果)相同的前提下，应选取费用最小的方案。

(2) 单位功能运营费用

单位功能运营费用是指提供一个单位的使用功能或提供单位服务所需要的运营费用，如污水处理厂项目处理每吨污水的运营费用。

单位功能运营费用＝年运营费用/设计服务能力或设施规模

进行方案比选时，在费用相同的前提下，应选取功能(效果)最大的方案。

第七节 方案比较指标

方案比较是寻求合理的经济和技术决策的必要手段，也是项目经济评价工作的重要组成部分。在项目可行性研究中，对项目规模、产品方案、工艺流程和主要设备选型、原材料和燃料供应方式、场(厂)址选择、工厂布置以及资金筹措等许多技术经济问题，均应根据实际情况提出各种可能的方案。然后对可能的方案进行定性的筛选，最后对筛选出的几个方案进行经济比较与分析，经过优选后作出抉择。

一、方案之间的关系与比选类型

1. 方案之间的关系

通常，项目方案之间存在三种关系：互斥关系、独立关系和相关关系。

(1) 互斥关系。是指各个项目方案之间互不相容、互相排斥，方案比选时只能在备选的项目方案中选择一个，其余的均必须放弃，不能同时存在。

(2) 独立关系。是指各个项目方案完全独立、互不相关，方案比选时可以允许几个备选方案同时被选上。

(3) 相关关系。是指项目方案间有经济关联，一个方案被选上会对其他备选方案产生

经济影响,影响到其他备选方案被选择的可能性。

2. 方案的比选类型

(1) 局部比选和整体比选

按照比选的范围分,项目方案的比选分为局部比选和整体比选。局部比选就是仅就备选方案的不同因素计算相对经济效益,进行局部对比。整体比选就是按备选方案所含的全部因素(相同和不同因素)计算各方案的全部经济效益,进行全面对比。

(2) 综合比选和专项比选

按照比选的目的分,项目方案的比选分为综合比选和专项比选。综合比选就是针对备选方案进行整体性的综合对比,从中选择最优的方案作为推荐方案。专项比选就是针对项目的局部进行专项方案的对比,例如建设规模的确定、技术路线的选择、设备的选择等。

(3) 定性比选和定量比选

按照比选的方法分,项目方案的比选分为定性比选和定量比选。定性比选只适合于方案的初选阶段,在一些比选因素较为直观且不复杂的情况下,定性比选简单易行。例如,由于环保政策的要求,对不符合环保要求的项目方案可采用一票否决,这时定性比选就显得简单有效。定量比选适合于较为复杂的项目方案对比中,在定性比选难以达到比选目的时,应采用进一步的定量比选,通常项目方案的比选多是采用定性比选与定量比选相结合来判断方案的优劣性。

二、互斥型方案比较的静态指标

1. 差额投资回收期(P_a)

差额投资回收期(也称增量投资回收期)是指两方案比较时,投资大的方案用年经营成本节约额回收差额投资所需的时间。若差额投资回收期小于等于基准投资回收期,则投资大的方案较优;反之,则投资小的方案较优。

为什么要提出差额投资回收期这个指标呢?如前已述,投资回收期可用来衡量一个项目或方案经济上是否可行。但是,在多方案的经济比较中,能否认为投资回收期越短的方案就越好呢?并非如此!因为各方案的投资回收期只反映该方案本身的投资与年净收益之间的关系,只能反映它本身的经济性。而方案比较时,就应该用反映两方案相对经济性的数据来计算和衡量,即应该考虑两方案的相对投资(差额投资)和相对收益(反映在年经营成本的节约额上),才能比较出方案之间的优劣性。

可从下例看出差额投资回收期的意义。

【例 8-7】 方案甲投资 60 万元,年净收益 20 万元,服务年限 15 年;方案乙投资 700 万元,年净收益 100 万元,服务年限 30 年。若基准投资回收期为 8 年,试进行方案的选择。

分析:若计算各方案的静态投资回收期,则:

$$P_{t甲}=60\div 20=3(年)<P_c=8\text{ 年},方案可行;$$

$$P_{t乙}=700\div 100=7(年)<P_c=8\text{ 年},方案可行。$$

甲方案虽然投资回收期短,仅为 3 年,但是它的各年净收益却只有 20 万元,为乙方案的五分之一;且它的服务年限只有 15 年,为乙方案的二分之一。(注意:在各方案的投资回收

期的计算中，方案间的服务年限差异恰恰没能反映出来。）为了使时间上可比，可假设甲方案重复投资一次，即甲方案共投资 120 万元，年收益仍为 20 万元，服务年限延长至 30 年。即使这样，甲方案的投资回收期为 6 年，仍比乙方案短，是否甲方案好于乙方案呢？

从另一方面来看，甲方案在重复投资的情况下，在基准投资回收期 8 年内，共获净收益 20×8 =160 万元，去掉总投资 120 万元，还净得 40 万元；而乙方案在 8 年内，可获净收益 100×8=800 万元，去掉总投资 700 万元，还净得 100 万元，显然比甲方案好。若以整个 30 年为计算期，则乙方案比甲方案多净得 1 820 万元。可见，用各自的投资与净收益来计算出的投资回收期是不能比较出方案间相对经济性的。实际上，乙方案比甲方案（在重复投资的情况下）多投资 580 万元，而每年却多获净效益 80 万元。因此，可以在 7.25 年内把差额投资回收过来，满足基准投资回收期的要求，乙方案比甲方案好。这就是静态差额投资回收期的概念。

静态差额投资回收期（P_a）可由公式计算：

$$P_a = \frac{I_2 - I_1}{C'_1 - C'_2} \tag{8-19}$$

式中，P_a——静态差额投资回收期；

I_1，I_2——方案 1，2 投入的总投资；

C'_1，C'_2——方案 1，2 的年经营成本。

若两个方案的产量不同，则上述公式中 I_1，I_2 和 C'_1，C'_2 分别代表各方案的单位产品总投资和单位产品年经营成本。

当 $P_a \leqslant P_c$ 时，投资大的方案较优；

当 $P_a > P_c$ 时，投资小的方案较优。

一般地，称投资少的方案为基础方案（即公式中方案 1），投资多的方案为追加方案或比较方案（即公式中方案 2）。相对于方案 1 而言，方案 2 增加了一笔追加投资（差额投资）。通常，这笔差额投资可使方案 2 有如下好处：提高产品数量或质量，降低经营成本。对于提高产品的质量，由于涉及产品的价格变化和质量的可比等较复杂的问题，所以差额投资回收期的计算一般简化为假设产品质量不发生变化；对于提高产量，公式中已对产量不同进行了修正，使对比的方案都在单位产量下进行比较；对于降低经营成本，正是差额投资回收期计算的意义所在。方案 2 比方案 1 降低了经营成本 $\Delta C'$，意味着净收益将增加相同的数量。若这笔差额投资能在基准投资回收期内用增加的净收益收回，则方案 2 就优于方案 1，否则方案 2 就劣于方案 1。

由 $P_a = \frac{I_2 - I_1}{C'_1 - C'_2} \leqslant P_c$，方案 2（投资大的）较优，可以推导出基准投资回收期内总费用指标。总费用（C_T）由两部分组成。一部分为方案的总投资，另一部分为基准投资回收期内的总经营成本。即

$$C_T = I + C'P_c \tag{8-20}$$

各方案间总费用最低者方案最优。

【例 8-8】 四个具有同一目的（年产量相同）的建厂方案，有关数据如表 8-4。若基准投资回收期为 6 年，试判别各方案的优劣顺序。

表 8-4　四个建厂方案数据

单位:万元

方　案	总投资	年经营成本
1	24	11
2	40	7
3	20	15
4	30	12

解:(1) 用差额投资回收期法

因为方案 3 投资最少,选为基础方案;方案 1 投资次少,与方案 3 进行比较。设方案 1 对比方案 3 的差额投资回收期为 $P_{a1/3}$(下同),则:

$$P_{a1/3}=\frac{I_1-I_3}{C'_3-C'_1}=\frac{24-20}{15-11}=1(年)<P_c$$

所以,方案 1 比方案 3 好,方案 1 选作为新的基础方案。

又因为 $I_4>I_1, C'_4>C'_1$,

故方案 1 显然比方案 4 好。

因为 $P_{a2/1}=\dfrac{I_2-I_1}{C'_1-C'_2}=\dfrac{40-24}{11-7}=4(年)<P_c$,

则方案 2 优于方案 1,方案 2 是最优的方案。

又因为 $P_{a4/3}=\dfrac{I_4-I_3}{C'_3-C'_4}=\dfrac{30-20}{15-12}=3.3(年)<P_c$,

所以,方案 4 好于方案 3。

综上可知,各方案优劣顺序为:2, 1, 4, 3。

(2) 用总费用法

$C_{T1}=I_1+C'_1P_c=24+6\times 11=90$(万元)

$C_{T2}=I_2+C'_2P_c=40+6\times 7=82$(万元)

$C_{T3}=I_3+C'_3P_c=20+6\times 15=110$(万元)

$C_{T4}=I_4+C'_4P_c=30+6\times 12=102$(万元)

比较之,各方案的优劣顺序为 2, 1, 4, 3,与差额投资回收期法计算结果相同。

2. 差额投资收益率(R_a)

差额投资收益率是指两方案比较时,投资大的方案年经营成本节约额与差额投资的比值。也就是单位差额投资所能增加的净收益。其计算公式为:

$$R_a=\frac{C'_1-C'_2}{I_2-I_1} \tag{8-21}$$

显然,R_a 与差额投资回收期 P_a 互为倒数。式中符号的含义与式(8-19)中的相同。

当两方案产量不同时,要化为单位产量的总投资与单位产量的经营成本,然后再进行计算。

当 $R_a\geqslant i_c$ 时,投资大的方案较优;

当 $R_a<i_c$ 时,投资小的方案较优。

三、互斥型方案比较的动态指标

1. 差额投资内部收益率(ΔIRR)

差额投资内部收益率是两个方案各年净现金流量差额的现值之和等于零时的折现率。其表达式为：

$$\sum_{t=1}^{n}\frac{[(CI-CO)_2-(CI-CO)_1]_t}{(1+\Delta IRR)^t}=0 \tag{8-22}$$

式中，$(CI-CO)_2$——投资大的方案净现金流量，

$(CI-CO)_1$——投资小的方案净现金流量。

与财务内部收益率的经济意义一样，差额投资内部收益率反映了投资大的方案对差额投资的偿还能力或对差额投资贷款利率的最大承担能力。

当 $\Delta IRR \geqslant i_c$时，投资大的方案较优；

当 $\Delta IRR < i_c$时，投资小的方案较优。

差额投资内部收益率可由试差法求得，其计算公式形式上与单方案的内部收益率公式相同，只是把净现值改为差额净现值而已。即：

$$\Delta IRR = i_1 + \frac{\Delta NPV_1}{\Delta NPV_1 + |\Delta NPV_2|}(i_2 - i_1) \tag{8-23}$$

式中，

$$\Delta NPV_1 = \sum_{t=1}^{n}\frac{[(CI-CO)_2-(CI-CO)_1]_t}{(1+i_1)^t} > 0;$$

$$\Delta NPV_2 = \sum_{t=1}^{n}\frac{[(CI-CO)_2-(CI-CO)_1]_t}{(1+i_2)^t} < 0;$$

(i_2-i_1)——折现率之差，一般不超过2%，最大不超过5%。

如前所述，在用净现值或内部收益率判别单方案的经济性时，有：

$FNPV \geqslant 0$，必存在 $FIRR \geqslant i_c$，方案可行。

我们可以人为地把单方案看成一个与“不进行投资”的方案相比的追加方案，令前者为方案2，后者为方案1，则不投资的方案净现值为零。这样，我们就可以把单方案的判别指标扩展为两方案比较的判别指标。即：

若 $\Delta NPV = FNPV_2 - FNPV_1 \geqslant 0$，则必有 $\Delta IRR \geqslant i_c$，投资大的方案(方案2)较好；

若 $\Delta NPV < 0$，则必有 $\Delta IRR < i_c$，投资小的方案(方案1)较好。

这个结论与净现值指标的判别作用一致。即选择方案时，应选净现值大的方案。

特殊地，相对比的方案均为一次性初始投资、各年净收益等额、残值不计时，其现金流量图如图8-4所示。

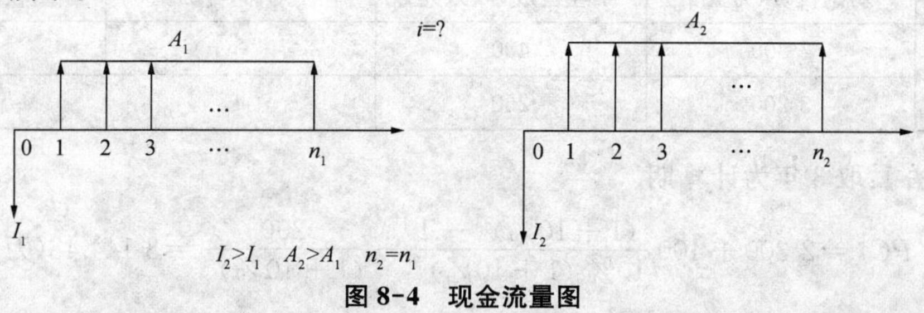

图8-4　现金流量图

若 $\Delta NPV = FNPV_2 - FNPV_1 = -(I_2 - I_1) + (A_2 - A_1)\dfrac{(1+i_c)^n - 1}{i_c(1+i_c)^n} \geqslant 0$，

则必有 $\Delta IRR \geqslant i_c$，方案 2 较好。这时，ΔIRR 满足下式：

$$\frac{(1+\Delta IRR)^n - 1}{\Delta IRR(1+\Delta IRR)^n} = \frac{\Delta I}{\Delta A} \tag{8-24}$$

当 n 很长时，有 $\Delta IRR \approx \dfrac{\Delta A}{\Delta I} = R_a$。

2. 总费用现值(PC)

当两方案的效益相同或效益基本相同但难以具体估算时，为了简化计算，可采用总费用现值指标进行比较。其特点是只计算两方案的不同因素(例如总投资和经营成本)，不计算相同因素(例如年产量或年营业收入)，总费用现值低者方案较优。

(1) 当比较方案的计算期相同时，各方案的总费用现值通用表达式为：

$$PC = \sum_{t=1}^{n} \frac{(I + C' - S_V - W)_t}{(1+i_c)^t} \tag{8-25}$$

式中，S_V——计算期末回收资产余值；

W——计算期末回收流动资金。

(2) 当比较方案的计算期不同时，可按诸方案中最短的计算期计算。其表达式为：

$$PC_1 = \sum_{t=1}^{n_1} \frac{(I_1 + C'_1 - S_{V1} - W_1)_t}{(1+i_c)^t} \tag{8-26}$$

$$PC_2 = \left[\sum_{t=1}^{n_2} \frac{(I_2 + C'_2 - S_{V2} - W_2)_t}{(1+i_c)^t}\right](A/P, i_c, n_2)(P/A, i_c, n_1) \tag{8-27}$$

式中，下标 1，2 分别表示第 1、第 2 方案；其余符号同前；$n_2 > n_1$。

当计算期不同时，还可以采用诸方案服务年限的最小公倍数作为共同的计算期，然后再计算各方案的总费用现值进行比较，其结果等价于用上述公式计算比较的结果，读者可自行推算。

特殊地，当投资为一次性初始投资，逐年经营成本相同，项目回收值为 L 时，总费用现值为：

$$PC = I + C'\frac{(1+i)^n - 1}{i(1+i)^n} - \frac{L}{(1+i)^n} \tag{8-28}$$

【例 8-9】 有两个年生产能力相同的方案，有关数据如表 8-5。若年利率为 10%，试进行方案的选择。

表 8-5 方案选择有关数据

方案	初始投资(万元)	年经营成本(万元)	寿命(年)	回收值(万元)
A	2 300	400	3	200
B	3 200	250	4	400

解：解法 1：取 3 年为计算期

$$PC_A = 2\,300 + 400\frac{(1+10\%)^3 - 1}{10\%(1+10\%)^3} - \frac{200}{(1+10\%)^3} = 3\,144.48(\text{万元})$$

$$PC_B=\left[3\ 200+250\frac{(1+10\%)^4-1}{10\%(1+10\%)^4}-\frac{400}{(1+10\%)^4}\right]\times(A/P,10\%,4)(P/A,10\%,3)$$

$$=2\ 917.87(\text{万元})$$

因为 $PC_B < PC_A$，

故应选择方案 B。

解法 2:取两方案寿命的最小公倍数 12 年为计算期,则方案 A 需再投资 3 次，方案 B 需再投资 2 次,现金流量图如图 8-5 所示。

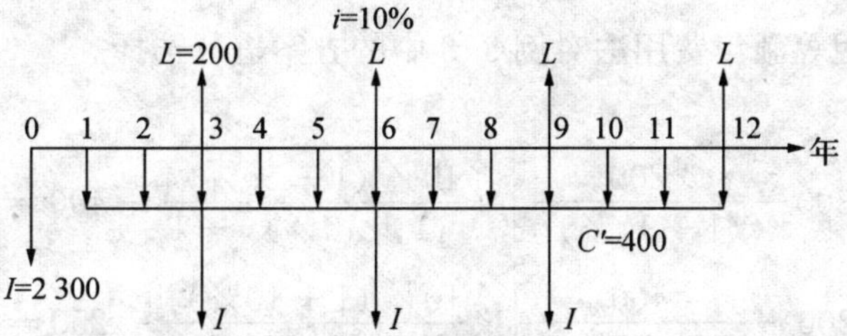

(a) 方案 A

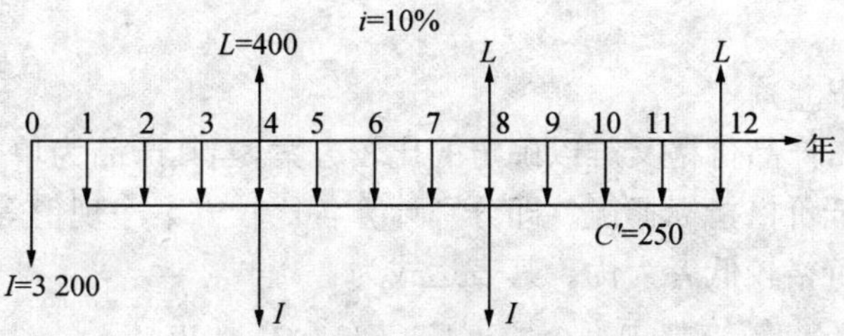

(b) 方案 B

图 8-5 两方案同计算期时的现金流量图

$$PC_A=2\ 300\times\left[1+\frac{1}{(1+10\%)^3}+\frac{1}{(1+10\%)^6}+\frac{1}{(1+10\%)^9}\right]+400\times\frac{(1+10\%)^{12}-1}{10\%(1+10\%)^{12}}-200\left[\frac{1}{(1+10\%)^3}+\frac{1}{(1+10\%)^6}+\frac{1}{(1+10\%)^9}+\frac{1}{(1+10\%)^{12}}\right]$$

$$=8\ 615.51(\text{万元})$$

$$PC_B=\left[3\ 200+250\times\frac{(1+10\%)^4-1}{10\%\times(1+10\%)^4}-\frac{400}{(1+10\%)^4}\right]\times\left[1+\frac{1}{(1+10\%)^4}+\frac{1}{(1+10\%)^8}\right]$$

$$=7\ 994.63(\text{万元})$$

因为 $PC_B < PC_A$，

所以,应选择方案 B。

3. 等额年费用(AC)

等额年费用(或等额总成本)是在效益相同或基本相同但难以具体估算的前提下,将各方案间不同因素(总投资、年经营成本)换算成等额的年费用,然后进行比较。年费用低者方

案较优。与总费用现值比较,其最大的优点是:各方案的计算期可以不同。各方案通用的年费用表达式为:

$$AC=\left[\sum_{t=1}^{n}\frac{(I+C'-S_V-W)_t}{(1+i)^t}\right]\frac{i(1+i)^n}{(1+i)^n-1} \tag{8-29}$$

特殊地,当投资为一次性初始投资、逐年经营成本相同、项目回收值为 L 时,等额年费用为:

$$AC=\left[I-\frac{L}{(1+i)^n}\right]\frac{i(1+i)^n}{(1+i)^n-1}+C' \tag{8-30}$$

【例 8-10】 试用等额年费用法对例 8-9 中的方案进行选择。

解:

$$AC_A=\left[2\ 300-\frac{200}{(1+10\%)^3}\right]\times\frac{10\%(1+10\%)^3}{(1+10\%)^3-1}+400=1\ 264.44(\text{万元})$$

$$AC_B=\left[3\ 200-\frac{400}{(1+10\%)^4}\right]\times\frac{10\%(1+10\%)^4}{(1+10\%)^4-1}+250=1\ 173.32(\text{万元})$$

可见 $AC_B<AC_A$,

故应选择方案 B。

4. 最低产品价(P_{min})

对产品质量不同,产品价格又难以确定的比较方案,当其产品为单一产品或能折合为单一产品时,可采用最低价格指标择优。即分别计算各比较方案净现值等于零时的产品价格,并进行比较,以产品价格较低者为优。其表达式为:

$$\sum_{t=1}^{n}\frac{P_{min}Q_t-(I+C'-S_V-W)_t}{(1+i)^t}=0 \tag{8-31}$$

式中,Q_t——第 t 年的产品产量;

i——财务基准折现率或社会折现率。

四、独立型项目的比选

由于项目间关系是相互独立的,因此如果没有资金约束,就必然把所有经济上可行(净现值大于等于零或内部收益率大于等于基准收益率)的项目全部入选进来,这时就没有所谓的独立型项目的比选问题了。因此,独立型项目的比选一定是指在有资金约束的条件下进行所谓的项目组合优化,以使总体效益最大,即组合后得到的净现值之和最大。

资金约束条件下的项目优化组合问题最常见的基本解法是互斥组合法,其基本思路如下:

由于每个项目有选择和拒绝两种可能,因此 N 个独立项目可以构成 2^N 个互斥型的项目组合。然后根据资金的限额,选择净现值之和最大的项目组合即可。

【例 8-11】 某企业有三个独立的投资项目 A、B、C,初始投资、年净收益和净现值如表 8-6 所示。若企业可用于投资的金额为 300 万元,应如何选取项目组合?

表 8-6 独立项目 A、B、C 的有关数据

项目	初始投资(万元)	年净收益(万元)	寿命(年)	净现值(万元)
A	100	25	8	24.19
B	200	46	8	28.51
C	150	38	8	38.77

解:因为有 3 个独立项目,因此有 $2^3=8$ 个互斥型的项目组合,各组合需要的初始投资以及产生的年净收益和净现值之和如表 8-7 所示:

表 8-7 各项目组合的有关数据

组合序号	项目组合	初始投资总额(万元)	年净收益(万元)	净现值之和(万元)
1	0	0	0	0
2	A	100	25	24.19
3	B	200	46	28.51
4	C	150	38	38.77
5	A+B	300	71	52.70
6	A+C	250	63	62.96
7	B+C	350	84	67.28
8	A+B+C	450	109	91.47

显然组合 7 和组合 8 超出了资金限额,所以不予考虑。在其余 6 个组合中净现值之和最大的是组合 6,故选择投资项目 A 和项目 C。

我们已在前几节中介绍了财务评价的静态指标、动态指标以及方案比较指标。静态指标一般比较简单、直观,使用起来较方便,在评价过程中可以根据工作阶段和深度要求的不同,计算一些静态指标进行辅助分析;动态指标能反映项目或方案资金运动变化情况,是财务评价的主要指标;方案比较指标是方案选择的判别依据。净现值、总费用现值、等额年费用、内部收益率、差额投资内部收益率、净现值率等动态指标,各有其经济意义和作用,应正确地理解和掌握概念,灵活而熟练地加以应用。

评价独立方案和项目时,$FNPV$、$FIRR$ 和 $FNPVR$ 的结论是一致的,即 $FNPV\geqslant 0$,有 $FIRR\geqslant i_c$,$FNPVR\geqslant 0$;进行互斥方案选择时,$FNPV$ 大者较优,也可用 ΔIRR 进行判别,两者的结论是一致的;在具有资金限制的条件下,从多个独立项目(方案)中选取若干个项目(方案)时,一般可用互斥组合法(适宜较少项目或方案),也可用净现值率排序法(适宜较多项目或方案),即先按净现值率顺序选择满足资金约束条件的各种可能的项目(方案)组合,然后再选取净现值较大的项目(方案)组合。

【例 8-12】 有多个投资方案,各方案数据及有关指标计算结果如表 8-8 所示。

分析:从表中看出,对某一方案而言,$FNPV$、$FIRR$、$FNPVR$ 的结论是一致的。

例如,方案 B:$FNPV_B=843.37>0$,

$FIRR_B=27.33\%>i_c=10\%$,

$$FNPVR_B = 0.843\ 4 > 0,$$

所以,方案B可行。

方案A:$FNPV_A = -39.16 < 0$,

$FIRR_A = 8.15\% < i_c = 10\%$,

$FNPVR_A = -0.078\ 3 < 0$,

则方案A不可行。

对两方案而言,$FNPV$ 大者,$FIRR$ 未必大。

例如:$FNPV_D > FNPV_B$,但 $FIRR_D < FIRR_B$。

方案D与方案B相比,$\Delta IRR = 23.7\%$,说明方案D优于方案B,与 $FNPV$ 大者较优的结论一致。

表8-8 多个投资方案有关数据及指标计算结果

方案	投资(万元)	年净收益(万元)	*FNPV*(万元)	*FIRR*	*FNPVR*
A	500	75	−39.16	8.15%	−0.078 3
B	1 000	300	843.37	27.33%	0.843 4
C	1 500	500	1 572.28	31.12%	1.048 2
D	2 300	650	1 693.97	25.30%	0.736 5
E	3 300	775	1 462.04	19.55%	0.443 0
F	4 500	885	937.94	14.67%	0.208 4
$n=10$ 年,$i_c=10\%$					

【例8-13】 资金预算限额为60万元,有A~H八个产品投资方案,各方案的净现值和净现值率见表8-9,问在投资限额内,应优先投资哪几个方案。

表8-9 方案组合有关数据

方案	投资(万元)	净现值(万元)	净现值率	按净现值排序	按净现值率排序
A	20	12.0	0.60	1	1
B	12	5.40	0.45	4	2
C	4	0.50	0.13	7	8
D	9	2.25	0.25	6	4
E	13	2.86	0.22	5	5
F	36	6.48	0.18	2	6
G	3	0.42	0.14	8	7
H	15	5.70	0.38	3	3

解:若按净现值大小排序优选方案,则应选方案A、F、C。这时,总投资为60万元,总净现值为18.98万元。

若按净现值率大小排序优选方案,则应选方案A、B、H、D、C。这时,总投资为60万元,总净现值为 25.85 万元。

可见,按净现值率排序优选,可使净贡献最大化。但问题尚未结束,还应选取总净现值最大的方案组合。

经观察,E 方案可取代 C、D 两方案。

所以最后确定应选方案 A、B、H、E,总投资为 60 万元,总净现值为 25.96 万元。

习　题

1. 某新建工程项目现金流量如题表 8-1 所示,根据表中数据:

(1) 画出所得税前累计现金流通图;

(2) 计算所得税前后静态投资回收期;

(3) 计算所得税前后财务内部收益率;

(4) 计算所得税前后财务净现值并判别项目是否可行(i_c=10%)。

题表 8-1　项目投资现金流量表

单位:万元

序号	项　目	合计	计算期						
			1	2	3	4	5	6~14	15
1	现金流入								
	营业收入				7 000	9 000	10 000	10 000×9	10 000
	销项税额				1 190	1 530	1 700	1 700×9	1 700
	回收资产余值								85.8
	回收流动资金								2 000
2	现金流出								
	建设投资		1 300	860					
	流动资金				1 400	400	200		
	经营成本				5 432	6 712	7 352	7 352×9	7 352
	进项税额				761.6	979.2	1 088	1 088×9	1 088
	应纳增值税				428.4	550.8	612	612×9	612
	税金及附加				51.4	66.1	73.4	73.4×9	73.4
3	所得税前净现金流量								
4	累计税前净现金流量								
5	调整所得税				79.2	255.5	343.7	343.7×9	343.7
6	所得税后净现金流量								
7	累计税后净现金流量								

2. 现拟建一个工程项目,第 1 年末用去投资 1 000 万元,第 2 年末又投资 2 000 万元,第 3 年末再投资 1 500 万元。从第 4 年起,连续 8 年每年年末获利 1 200 万元。假定项目余值回收不计,基准收益率为 12%,试画出该项目的资金流量图,并求出项目的财务净现值和财务内部收益率,判断该项目是否可行。

3. 某项目借款还本付息计划表如题表8-2所示,计算项目的借款偿还期。

题表8-2 借款还本付息计划表

单位:万元

序号	项目	合计	计算期		
			1	2	3
1	借款				
1.1	年初本息余额			573.87	20.11
1.2	本年借款		556.70		
1.3	本年应计利息		17.17	35.41	1.24
1.4	本年还本付息			589.17	21.35
	其中:还本			553.76	20.11
	付息			35.41	1.24
1.5	年末本息余额		573.87	20.11	0.00
2	还本资金来源			553.76	675.46
2.1	当年可用于还本的未分配利润			485.04	606.74
2.2	当年可用于还本的折旧和摊销			68.72	68.72
2.3	以前年度结余可用于还本资金				
2.4	可用于还款的其他资金				

4. 某项目建设期借款本息之和为8 000万元,借款偿还期为5年,年利率为10%。用等额还本、利息照付方式和等额偿还本金和利息方式,分别列表计算各年偿还的本金和利息。

5. 某工程项目有四个方案。相关数据见题表8-3,假定基准投资回收期为8年,试选出最合理的方案。

题表8-3 四个方案的相关数据

方案	投资(万元)	年经营成本(万元)
1	100	40
2	110	42
3	120	36
4	140	33

6. 在下列三个方案中(见题表8-4),若基准投资回收期为5年,试用差额投资回收期进行方案选择。

题表8-4 三个方案的有关数据

方案	A	B	C
投资(万元)	1 000	2 200	7 000
年经营费用(万元)	1 200	2 300	5 250
年产量(万t)	1	2	5

7. 四种具有同样功能的设备,使用寿命均为10年,回收值均为0,初始投资和年经营成本如题表8-5。试用差额投资内部收益率指标进行择优(设 $i_c=10\%$)。

题表 8-5 四种同样功能设备的有关数据

设备	A	B	C	D
初始投资/万元	3 000	3 800	4 500	5 000
年经营成本/万元	1 800	1 770	1 470	1 320

8. 选用一种设备,有两个方案可供选择,要求服务年限为20年,折现率为8%。已知数据如题表8-6。分别利用总费用现值和等额年费用指标对方案进行择优。

题表 8-6 设备方案选择的有关数据

方案	初始投资/万元	使用年限/万元	回收值/万元	年运营费用/万元
A	50 000	10	10 000	9 000
B	120 000	20	20 000	6 000

第九章　国民经济评价

第一节　国民经济评价概述

一、国民经济评价的含义

国民经济评价(又称经济分析)是项目经济评价的重要组成部分。它是按照资源合理配置的原则,采用影子价格、影子汇率和社会折现率等国民经济经济评价参数,从国家整体角度考察和确定项目的效益和费用,分析计算项目对国民经济带来的净贡献,以评价项目经济上的合理性。

众所周知,相对于人们的需要而言,任何一个国家的资源都是有限的。无论是具有不同知识水平、技术水平和管理能力的人力资源,还是资金、物资、土地和其他自然资源,在分配到各种用途中时,应力求对国家的基本目标贡献最大。由于一种资源用于某一方面,那么其他方面就不得不减少这种资源的使用量,因而国家必须按照一定的准则对资源的配置作出合理的选择。对于投资项目而言,也就不能仅仅根据财务评价的结果判定其是否合理可行。

例如,某拟建项目的主要原料之一是氯碱厂提供的氯气。假定根据市场价格,财务评价的结论表明项目是不可行的。但是从宏观上考虑,由于国内氯气不仅供大于求,而且已成为增加烧碱产量的一个主要制约因素(氯气是作为烧碱的联产品相伴按比例而生的,不能随便放入空气以防对环境造成污染),因而国家只好每年花大量外汇进口烧碱,以满足国内需要。实际上,如果该项目上马,使用了氯气,则客观上提高了烧碱产量,节省了外汇,对我国资源的整合利用会更加合理。因而该项目应该是可行的,决策的依据应该是后者,这一准则就体现在本章要讨论的国民经济评价中。

二、国民经济评价的作用

(1) 正确反映项目对社会福利的净贡献,评价项目的经济合理性

由于企业利益与国家和社会利益不总是完全一致,因此基于企业(项目)利益的财务评价至少在几个方面难以全面正确地反映项目的经济合理性:国家给予项目的补贴;企业向国家缴纳的税金;某些货物市场价格的扭曲;项目的外部效果(间接效益和间接费用)等。因而需要按照资源合理配置的原则,从国家(社会)的角度判断项目对社会福利的净贡献。

(2) 为政府合理配置资源提供依据

在现行的经济体制下,需要政府在资源配置中发挥调节作用,国民经济评价的结果将有助于政府做出资源配置决策。即对于那些本身财务效益好,但经济效益差的项目实行限制;而对那些本身财务效益差,但经济效益好的项目予以鼓励。

(3) 政府审批或核准项目的重要依据

在我国新的投资体制下,国家对项目的审批和核准重点放在项目的外部性、公共性方

面。而国民经济评价强调对项目的外部效果进行分析，因此可以作为政府审批或核准项目的重要依据。

(4) 为市场化运作的基础设施等项目提供制定财务方案的依据

对部分或完全市场化运作的基础设施，例如桥梁、公路、隧道等项目，可通过国民经济评价来论证项目的经济价值，为制定财务方案提供依据。

(5) 有助于实现企业利益、地区利益和全社会利益有机地结合和平衡

国家实行审批和核准的项目，应当特别强调要从社会经济的角度评价和考察，支持和发展对社会经济贡献大的产业项目。正确运用国民经济评价方法，在项目决策中可以有效地察觉盲目建设、重复建设项目，有效地将企业利益、地区利益和全社会利益有机地结合。

三、国民经济评价的适用范围和工作内容

并非所有项目都要做国民经济评价。例如依赖市场自行调节的行业项目，政府不必参与具体的项目决策，而由投资者通过财务评价自行决策，因此这类项目不必进行国民经济评价。而某些项目由于市场配置资源的失灵或者需要由政府进行干预，这类行业的建设项目必须进行国民经济评价。

需要进行国民经济评价的项目主要有：具有自然垄断特征的项目；产出具有公共产品特征的项目；外部效果显著的项目（如对环境和公共利益影响重大的项目）；国家控制的战略性资源开发和关系国家经济安全的项目；受过度行政干预的项目；国家给予财政补贴或者减免税费的项目；国家及地方政府参与投资的项目（如交通运输、农林水利、基础产业建设项目）；主要产出物和投入物的市场价格严重扭曲，不能反映其真实价值的项目等。

国民经济评价的主要工作包括：识别国民经济的效益和费用，测算和选取影子价格，编制国民经济评价报表，计算国民经济评价指标并进行方案比选。

四、国民经济评价与财务评价的相同点与区别

国民经济评价和财务评价是建设项目经济评价的两个层次，它们相互联系，有相同点又有区别。国民经济评价报表的编制可以单独进行，也可以在财务评价的基础上进行调整计算。

1. 相同点

(1) 两者都采用效益与费用比较的理论方法。

(2) 两者都遵循效益与费用识别的“有无对比”原则。

(3) 两者都根据资金的时间价值原理进行动态分析，计算内部收益率和净现值等指标。

2. 区别

(1) 评价角度和基本出发点不同。财务评价是站在项目层次上，从项目的财务主体、投资者、未来的债权人角度，分析项目的财务效益和财务可持续性，分析投资各方的实际收益或损失以及可能的风险，以确定投资项目的财务可行性。国民经济评价则是从国家和地区的层次上，从全社会的角度考察项目需要国家付出的代价和对国家的贡献，以确定投资项目的经济合理性。

(2) 效益和费用的含义及范围划分不同。财务评价是根据项目直接发生的实际收支确定项目的效益和费用，凡是项目的货币支出都视为费用，税金、利息等也均计为费用。国民

经济评价则着眼于项目所耗费的全社会有用资源来考察项目的费用,而根据项目对社会提供的有用产品(包括服务)来考察项目的效益。税金、国内借款利息和财政补贴等一般并不发生资源的实际增加和耗用,多是国民经济内部的“转移支付”,因此,不列为项目的费用和效益。另外,国民经济评价还需考虑间接费用与间接效益。

(3) 采用的价格体系不同。财务评价要确定投资项目在财务上的现实可行性,因而对投入物和产出物均采用财务价格即现行的市场价格(预测值),这种价格可以考虑通货膨胀因素。国民经济评价则采用反映货物的真实经济价值,反映机会成本、供求关系以及资源稀缺程度的影子价格,这种价格不考虑通货膨胀因素。

(4) 分析内容不同。财务评价包括盈利能力分析、偿债能力分析和财务生存能力分析,而国民经济评价只有盈利能力分析。

(5) 基准参数不同。财务评价最主要的基准参数是财务基准收益率,国民经济评价则采用国家统一测定和颁布的社会折现率。

五、国民经济评价结论与财务评价结论的关系

由于财务评价和国民经济评价有所区别,虽然在很多情况下两者结论是一致的,但也有不少时候两种评价结论是不同的。下面分析可能出现的四种情况及其相应的决策原则:

(1) 财务评价和国民经济评价均可行的项目,应予通过。

(2) 财务评价和国民经济评价均不可行的项目,应予否定。

(3) 财务评价不可行,国民经济评价可行的项目,应予通过。但国家和主管部门应采取相应的优惠政策,如减免税、给予补贴等,使项目在财务上也具有生存能力。

(4) 财务评价可行,国民经济评价不可行的项目,应该否定,或者重新考虑方案,进行“再设计”。

第二节　国民经济效益与费用的识别

项目国民经济评价采用“有无对比”方法,遵循统一的效益与费用划分原则。项目的效益是指项目对国民经济所作的贡献,分为直接效益和间接效益;项目的费用是指国民经济为项目付出的代价,分为直接费用和间接费用。

一、直接效益和直接费用

1. 直接效益

直接效益是指项目产出(包括产品和服务)带来的,并在项目范围内计算的,体现为生产者和消费者受益的经济效益。它有多种表现形式:

(1) 当项目产出满足国内新需求时,直接效益表现为国内新增需求的支付意愿。

(2) 当项目替代其他厂商的产品或服务,使被替代厂商减产或停产导致社会资源节省时,直接效益表现为节省这些资源的经济价值。

(3) 当项目的产出直接出口或可替代进口商品时,直接效益表现为国家外汇收入的增加或外汇支出的减少。

(4) 当项目的产出是向社会提供公共服务时,其直接效益往往与财务评价的营业收入

无关，而是体现在对社会的贡献。例如交通运输项目的直接效益为时间节约和运输成本降低，文教卫生项目直接效益为人力资本增值、生命延续或疾病预防等。

2. 直接费用

直接费用是指项目使用社会资源并在项目范围内计算的经济费用。它有多种表现形式：

(1) 当社会扩大生产规模满足项目的投入需要时，直接费用表现为社会扩大生产规模所增加耗用的社会资源价值。

(2) 当社会不能增加供给而导致其他人被迫放弃使用这些资源来满足项目需要时，直接费用表现为其他人被迫放弃使用这些资源而损失的经济效益。

(3) 当项目的投入导致进口增加或出口减少时，直接费用表现为国家外汇支出的增加或外汇收入的减少。

二、间接效益和间接费用

间接效益是指项目为国民经济作出了贡献，但在直接效益中未得以反映的效益。例如劳动力培训效果，技术扩散效果，环境改善效益，项目对上下游企业带来的相邻效果以及乘数效果等。

间接费用是指国民经济为项目付出了代价，但在项目的直接费用中未得到反映的费用。例如项目对环境及生态造成的损害，项目产品大量出口引起国内相同产品出口价格的下降等。

间接效益和间接费用统称为外部效果。对显著的外部效果应作定量分析，计入项目的总效益和总费用中；不能定量的，应尽可能作定性描述。注意在作定量分析时，不能重复计算项目的外部效果，特别要注意已在直接效益和费用中计入的，不应再在外部效果中计算。例如，钢丝子午胎项目可以为用户节油和提高行驶里程，若在确定钢丝子午胎影子价格时已考虑了对用户增加的效益，则就不应另计间接效益了。

有时为了解决项目外部效果计算上的困难，可以采用调整项目范围的办法，将几个具有关联性的项目合并成一个“大项目”，以抵消项目之间的相互支付，防止重复计算项目的外部效果。例如，在评价相互联系的煤矿、铁路运输和火力发电站项目时，可以将这几个项目合成一个大的综合能源项目，这样就可以将项目间的相互支付抵消在大项目的内部。

三、转移支付

项目与各种社会实体之间的货币转移，如缴纳的税金、国内贷款利息和补贴等一般并不发生资源的实际增加和耗用，称为国民经济内部的“转移支付”，不列为项目的效益和费用。

1. 税金

无论是增值税、消费税、企业所得税还是关税等都是政府调节分配和供求关系的手段，纳税对于企业财务评价来说，确实为一项费用支出。但是对于国民经济评价来说，它仅仅表示项目对国民经济的贡献有一部分转移到政府手中，由政府再分配。项目对国民经济的贡献大小并不随税金的多少而变化，因而它属于国民经济内部的转移支付。

2. 补贴

政府对项目的各种补贴，仅仅表示国民经济为项目所付出的代价中，有一部分来自政府财政支出中的补贴这一项。但是,整个国民经济为项目所付代价并不以这些代价来自何处为计算依据,更不会由于有无补贴或补贴多少而改变。因此,补贴也不是国民经济评价中的费用或效益。

3. 国内存贷款利息

国内存贷款利息在项目财务评价资本金现金流量表中是一项收益(流入)或费用(流出),但对于国民经济评价来说,它仅表示项目与国内贷款机构间因放弃或占用资金所得到或付出的价值转移。项目对国民经济所作贡献的大小,与所支付的国内存贷款利息多少无关。因此,它也不是效益或费用。

4. 国外贷款与还本付息

在国民经济评价中,国外贷款和还本付息根据分析的角度不同,有两种不同的处理原则。

(1) 在项目投资经济费用效益流量表中的处理

在项目投资经济费用效益流量表中,不区分投资的来源,以项目的全部投资作为计算基础,对拟建项目使用全部资源产生的经济效果进行评价。由于随着国外贷款的发放,国外相应的实际资源的支配权力也同时转移到了国内。这些国外贷款资源与国内资源一样,也存在着合理配置的问题。因此,在项目投资经济费用效益流量表中,国外贷款和还本付息与国内贷款和还本付息一样,既不作为效益,也不作为费用。

(2) 在国内投资经济费用效益流量表中的处理

为了考察国内投资对国民经济的实际贡献,应以国内投资作为计算的基础,因此在国内投资经济费用效益流量表中,把国外贷款还本付息视为费用。

第三节 国民经济评价的重要参数

一、影子价格

财务评价是确定投资项目在财务上的现实可行性,所以对投入物和产出物都采用现行的市场价格,而不管这种价格是否合理。国民经济评价是要确定投资项目对国民经济的贡献,故要准确地计量项目的费用和效益,从而要求价格能正确地反映其真实经济价值,反映市场供求关系,反映资源稀缺程度,反映资源合理配置的要求,这个价格就是影子价格。

1. 影子价格的含义

影子价格是进行项目国民经济评价专用的计算价格。影子价格是个内涵丰富和不断深化的概念,最初来自于数学规划的求解。在数学上,影子价格是目标函数对某一约束条件的一阶偏导数,表现为线性规划中的对偶解,非线性规划中的拉格朗日乘数,以及最优控制问题中的哈密尔顿乘数。而在不同的经济问题中,则由于目标不一致而显现出多变的“面孔”。在以最少费用为目标时,它表现为增加单位产品所耗费的边际成本;在以最大收益为目标时,它表现为增加单位资源投入所获得的边际贡献;若以消费者最大效用为目标,则是增加单位物品供应所增加的边际效用,或者消费者为了获取效用所愿支付的价格。

2. 投入物和产出物的分类

在确定影子价格前,首先需将项目的投入物和产出物进行分类,以便用不同的方法对投入物和产出物进行影子价格的测算。

项目的投入物或产出物按是否影响进出口把货物区分为可外贸货物和非外贸货物。可外贸货物是指其生产、使用将直接或间接影响国家进口或出口的货物，即产出物中直接出口、间接出口或替代进口的货物，投入物中直接进口、间接进口或减少出口（原可用于出口）的货物。非外贸货物则是指其生产、使用将不影响国家进口或出口的货物。其中包括“天然”不能进行外贸的货物或服务，如建筑物、国内运输等，还包括由于地理位置所限，运输费用过高或受国内外贸易政策等限制而不能进行外贸的货物。

除了上述传统的货物外，劳动力、土地以及自然资源作为特殊的投入物，人力资本、生命价值、时间节约及环境价值作为特殊的产出物，也要进行影子价格的确定。

3. 可外贸货物的影子价格

可外贸货物的影子价格以口岸价格为基础，先乘以影子汇率（SER）换算成人民币，再适当加减国内的物流费用，作为投入物或产出物的“厂门口”影子价格。在实践中，为了简化计算，可以只对项目投入物中直接进口的和产出物中直接出口的，以进出口价格为基础测定影子价格，对于间接进出口的仍按国内市场价格定价。

直接进口的投入物的影子价格（到厂价）＝到岸价×影子汇率＋ 进口费用

直接出口的产出物的影子价格（出厂价）＝离岸价×影子汇率－出口费用

式中，影子汇率是指外汇的影子价格，应能正确反映国家外汇的经济价值，由国家指定的专门机构统一发布。

进口费用和出口费用是指货物进出口环节在国内发生的各种相关费用，包括货物的交易、储运、再包装、短距离倒运、装卸、保险、检验等物流环节上的费用支出，也包括物流环节中的损失、损耗以及资金占用的机会成本，还包括工厂与口岸之间的长途运输费用。进口费用和出口费用都以人民币计价，一般情况下可直接按财务价值取值。

【例 9-1】 货物 A 进口到岸价为 100 美元/t，进口费用为 50 元/t；货物 B 出口离岸价 120 美元/t，出口费用为 40 元/t。若影子汇率为 1 美元＝6.85 元人民币，试计算货物 A、B 的影子价格各为多少？

解：货物 A 的影子价格（到厂价）＝100×6.85＋50＝735（元/t）

货物 B 的影子价格（出厂价）＝120×6.85－40＝782（元/t）

4. 非外贸货物的影子价格

非外贸货物影子价格的确定分为两种情况，一种是适用于国内市场没有价格管制的产品或服务，以市场价格为基础进行影子价格的测算；另一种是适用于由政府进行价格调控的产品或服务，以成本分解法、支付意愿法和机会成本来进行影子价格的测算。

（1）市场定价的非外贸货物的影子价格

投入物影子价格（到厂价）＝市场价格 ＋ 国内运杂费

产出物影子价格（出厂价）＝市场价格 － 国内运杂费

式中，投入物和产出物的影子价格是否含税，应视货物的供求情况，采取不同的处理：

① 若项目投入物的生产能力较富裕或较容易通过扩容来满足项目的需要，则采用社会成本作为影子价格，即采用不含税的影子价格；或者采用分解成本法来定价，即按全部成本（适于通过新增资源增加供应）或按可变成本（适于通过挖潜增加供应）计算分解成本。

② 若项目投入物供应紧张，短期内无法通过增产或扩容增加供给，只能挤占原有用户

来满足项目需求的,则影子价格按支付意愿来确定,即采用含税的影子价格。

③ 若项目产出物需求空间较大,项目产出对市场价格影响不大,则采用含税的影子价格。

④ 若项目产出物用以顶替原有市场供应的,也即挤占其他生产厂商的市场份额,则采用节约的社会成本作为影子价格,即采用不含税的影子价格。

(2) 政府调控价格的货物的影子价格

水、电、交通运输等属于政府调控价格的货物或服务,由政府发布指导价、最高限价和最低限价等,这些价格不能完全反映其真实的经济价值。在进行国民经济评价时,对其影子价格采用特殊方法进行测定:投入物按成本分解定价,产出物按消费者支付意愿定价。

水价作为项目投入物的影子价格,按后备水源的成本分解定价,或者按恢复水功能的成本定价。水价作为项目产出物的影子价格,按消费者支付意愿或者按消费者承受能力加政府补贴定价。

电价作为项目投入物的影子价格,一般按完全成本分解定价,电力过剩时按可变成本分解定价。电价作为项目产出物的影子价格,最好按电力对当地经济边际贡献测定。

交通运输服务作为项目投入物的影子价格,一般按完全成本分解定价;作为项目产出物的影子价格,按替代运输量(或转移运输量)和正常运输量的时间节约效益、运输成本节约效益、交通事故减少效益以及诱增运输量的效益等测算。

(3) 非外贸货物的成本分解法

成本分解法原则上应对某种货物的边际成本进行分解并用影子价格进行调整换算,如果缺乏资料,也可分解平均成本。必须用新增投资来增加所需投入物供应的,应按全部成本(包括各种物料、人工、土地等的投入)进行分解;可以发挥原有项目生产能力增加供应的,应按其可变成本进行分解。

成本分解法一般按下列步骤进行:

① 按生产费用要素,列出某种非外贸货物的单位财务成本,主要要素有原材料、燃料和动力、职工薪酬、折旧费、修理费、流动资金借款利息及其他支出;列出单位货物占用的固定资产原值和流动资金;列出该货物生产厂的建设期限、建设期各年投资比例、经济寿命期限、寿命期终了时的资产余值。

② 剔除上述数据中可能包括的税金。

③ 确定原材料、燃料、动力、职工薪酬等投入物的影子价格,以便计算单位经济费用。

④ 用固定资金回收费用取代财务成本中的折旧费,计算公式如下:

$$M_F = I_F(A/P, i_s, n_2) - S_V(A/F, i_s, n_2)$$

式中,M_F——单位货物固定资金回收费用;

I_F——经调整后的换算为生产期初的单位建设投资

$I_F = \sum_{t=1}^{n_1} I_t (1+i_s)^{n_1-t}$,按可变成本分解时,$I_F=0$;

S_V——计算期末回收的固定资产余值;

i_s——社会折现率;

n_1——建设期;

n_2——生产期；

I_t——建设期中第 t 年调整后的单位建设投资。

⑤ 用流动资金回收费用取代财务成本中的流动资金利息，计算公式如下：

$$M_W = W \times i_s$$

式中，M_W——单位货物流动资金回收费用；

W——单位该货物占用的流动资金额。

⑥ 财务成本中其他科目可不予调整。

⑦ 综合上述各步骤之后，即可得到该种非外贸货物的分解成本，可作为其出厂的影子价格。

【例 9-2】 某电网为满足新增用电的需要，拟建设机组为 300 MW 的火电厂，用成本分解法计算该电力的影子价格。

解：调查该机组得到有关数据如下：

该机组单位千瓦需要的建设投资为 4 000 元，建设期 2 年，分年投资比例各 50%（按年末投入），不考虑固定资产余值的回收；单位千瓦占用的流动资金为 0.6 元；生产期按 20 年计，年运行 6 600 h（折算为满负荷小时数）。发电煤耗按 330 g 标准煤/kWh，换算为标准煤的到厂价格为 127 元/t，火电厂厂用电率 6%，社会折现率为 8%。

分解步骤如下：

(1) 按成本要素列出典型的 300 MW 火电机组单位发电成本如表 9-1：

表 9-1　单位发电成本表

成本费用项目	成本费用金额(元/kWh)
燃煤成本	0.042
运营及维护费用	0.100
折旧费用	0.033
财务费用	0.033
发电成本(元/kWh)	0.216

(2) 计算分解成本

① 调整燃煤成本

当地无大型煤矿，靠安全性差的小煤矿供煤，开采燃煤对于自然资源损害严重，应当按照煤炭的市场价格作为影子价格。分析确定为 300 元/t，另加运杂费 60 元/t，这样燃煤到厂价格为 360 元/t，换算为标准煤的到厂价格为 504 元/t。燃煤成本调整为 0.167 元/kWh (0.042×504/127)。

② 计算单位千瓦固定资金回收费用 M_F

将各年建设投资换算到生产期初，求出 I_F：

$$\begin{aligned} I_F &= \sum_{t=1}^{n_1} I_t\,(1+i_s)^{n_1-t} \\ &= 4\,000 \times 50\% \times (1+8\%)^{2-1} + 4\,000 \times 50\% \times (1+8\%)^{2-2} = 4\,160(\text{元}) \end{aligned}$$

$$M_F = 4\,160 \div 6\,600 \times (A/P, 8\%, 20) = 0.064(\text{元}/\text{kWh})$$

③ 计算单位千瓦流动资金回收费用 M_W

$$M_W = 0.6 \times 8\% = 0.048(\text{元}/\text{kWh})$$

④ 将折旧费和财务费用从成本中扣除，改为按设计社会折现率计算的固定资金回收费用和流动资金回收费用：

$$0.064 + 0.048 = 0.112(\text{元}/\text{kWh})$$

⑤ 运营及维护费用不作调整，仍为 0.10

⑥ 综合以上各步得到发电分解成本：

$$\text{发电分解成本} = 0.167 + 0.10 + 0.112 = 0.379(\text{元}/\text{kWh})$$

(3) 计算电力影子价格

扣除厂用电 6%后，上网电分解成本＝0.379/(1－6%)＝0.403(元/kWh)

即电力影子价格为 0.403 元/kWh。

5. 特殊投入物的影子价格

(1) 劳动力的影子价格——影子工资

劳动力作为一种资源，是建设项目的特殊投入物。项目使用了劳动力，社会要为此付出代价，国民经济评价中用影子工资表示这种代价。影子工资一般由两部分组成：一是由于项目使用劳动力而导致别处被迫放弃的原有净效益，从这方面来看，影子工资体现了劳动力的机会成本；二是因劳动力的就业或转移增加的社会资源消耗，如迁移费用、城市基础设施配套及管理费用、培训费用等，反映了国家和社会为此付出的代价。

$$\text{影子工资} = \text{名义工资} \times \text{影子工资换算系数}$$

式中，名义工资为财务评价中的职工薪酬。影子工资换算系数的取值：对于技术性工种，换算系数为 1；对于非技术性工种，换算系数为 0.25～0.8，具体可根据当地非技术劳动力供求状况确定。非技术劳动力较为富余的地区可取低值，不太富余的可取高值，中间状态取 0.5。

(2) 土地的影子价格

在我国，土地是一种稀缺资源。项目使用了某块土地，社会就为此付出了代价，无论是否实际需要支付费用，都应该根据机会成本或消费者支付意愿计算土地的影子价格。

土地的影子价格应反映其稀缺价值，价格的确定应就高不就低。这里的“高”与“低”是指确定土地影子价格时的两种估算值，即一方面是根据项目取得土地使用权的成本加上政府为此付出的补贴或者政府给予的优惠(如果有的话)估算出来的影子价格，另一方面是根据机会成本估算出来的土地影子价格，两者中取高者作为土地的影子价格。

对于占用非生产性用地，例如住宅区、休闲区等，其影子价格应根据市场交易价格(适于市场完善情况)或者按消费者支付意愿(适于市场不完善或无市场交易价格情况)加以确定。

对于占用生产性用地，例如农林渔牧及其他生产性用地，其影子价格应根据生产用地的机会成本及因改变土地用途而发生的新增资源消耗进行确定。即：

$$\text{占用生产性用地的土地影子价格} = \text{土地机会成本} + \text{新增资源消耗}$$

式中，土地机会成本按照项目占用土地而使社会成员由此损失的该土地“最佳可行替代用途”的净效益计算，这里的净效益是指项目计算期内按影子价格计算的各年净效益的现值。注意估算净效益时，被占土地的原有用途往往并不是“最佳可行替代用途”，应该用发展的眼光在可能的用途中确定其“最佳可行替代用途”。

式中，新增资源消耗应按照有项目情况下土地被占用造成的原有土地上附属财产的损失和其他资源消耗来计算。

在实际的项目评价中，占用生产性用地土地的影子价格可以从投资估算中土地费用的财务价值出发，进行调整计算。一般情况下，项目的实际征地费用可以划分为三部分，分别按照不同的方法进行调整：

属于机会成本性质的费用，如土地补偿费、青苗补偿费等，按照机会成本计算方法调整计算；属于新增资源消耗的费用，如征地动迁费、安置补助费和地上附着物补偿费等，按影子价格调整计算；属于政府征收的税费，原则上作为内部转移支付，不再作为费用。但从我国耕地资源的稀缺程度考虑，征地费用中所包含的耕地占用税应当计入土地的经济费用中。

【例 9-3】 某建设单位准备以有偿方式取得某城区一宗土地的使用权。该宗土地占地面积 15 000 m^2，土地使用权出让金标准为 4 000 元/m^2。根据调查，目前该区域尚有平房住户 60 户，建筑面积总计 3 500 m^2，试对该土地费用进行估价。

解：土地使用权出让金＝4 000 ×15 000＝6 000(万元)

以同类地区征地拆迁补偿费作为参照，估计单价为 1 200 元/m^2，则：

土地拆迁补偿费＝1 200×3 500＝420(万元)

所以该土地费用＝6 000＋420＝6 420(万元)

【例 9-4】 某工业项目建设期 3 年，生产期 17 年，占用水稻耕地 2 000 亩，占用前 3 年平均亩产为 0.5 t，每吨收购价 2 400 元，出口口岸价预计每吨 480 美元。设该地区的水稻年产量以 4%的速度递增，社会折现率为 8%，水稻生产成本按收购价的 50%计算，影子汇率换算系数为 1.08，外汇牌价按 6.85 元/美元计，出口费用按 150 元/t 计算，试求土地费用。

解：① 每吨稻谷按口岸价格计算影子价格：

口岸价格 480 美元/吨，折合人民币为 6.85×1.08×480＝3 551.04(元)

产地影子价格＝口岸价格－出口费用＝3 551.04－150＝3 401.04(元)

② 每吨稻谷的生产成本＝2 400×50%＝1 200(元)

③ 该土地生产每吨稻谷的净效益＝3 401.04－1 200＝2 201.04(元)

④ 20 年内每亩土地的净效益现值

$$\text{净效益现值 } P=\sum_{t=1}^{20} 2\,201.04\times 0.5\times\left(\frac{1+4\%}{1+8\%}\right)^{t}=15\,162.26(\text{元})$$

⑤ 2 000 亩土地 20 年内的净效益现值＝15 162.26×2 000＝3 032.45(万元)

在国民经济评价中，以 3 032.45 万元作为土地费用计入建设投资。

(3) 自然资源的影子价格

各种有限的自然资源也属于特殊投入物，一个项目使用了矿产资源、水资源、森林资源等，社会经济就为之付出了代价，该代价应该用表示该资源经济价值的影子价格表示。

矿产等不可再生资源的影子价格应当按资源的机会成本计算，当机会成本计算难以具体应用时，可简化为用市场价格(含增值税的进项税额及资源税)作为其影子价格的最低值。含资源税的理由是：尽管资源税属于转移支付，但考虑到资源的稀缺价值，姑且将其列入投入的费用中也是不得已而为之的做法。

水和森林等可再生资源的影子价格可以按资源再生费用计算。

6. 特殊产出物的影子价格

(1) 人力资本和生命价值的影子价格

某些项目例如教育、医疗和卫生保健项目,其产出效果表现为对人力资本、生命延续或疾病防御等方面的影响,应根据具体情况测算影子价格。

教育项目的目标是提高人才素质,其效果表现为人力资本增值。在劳动力市场发育成熟的情况下,可按照有项目和无项目对比时所得税前的薪酬差额估算影子价格。据世界银行一项研究结果表明,每完成一年教育可以给受教育者增加约5%的月收入。

医疗卫生项目的目标是维系生命,其效果常常表现为减少死亡和疾病,可根据社会成员为避免死亡和减少疾病而支付的费用进行估算。当缺乏资料时,可通过分析人员的死亡而导致为社会创造价值的减少来测算生命的价值;或者通过分析伤亡风险高低的薪酬差别来间接测算人们对生命价值的支付意愿。

卫生保健项目的目的是预防疾病,其效果表现为对人们增进健康的影响。一般可通过分析由于健康状况改善而增加的工作收入、发病率下降而减少的各种相关支出,并综合考虑人们为避免疾病而获得健康生活所愿意付出的代价,并据此测算其影子价格。

(2) 时间节约价值的影子价格

交通运输等项目,其产出效果表现为时间的节约,应按照有无对比的原则,根据项目具体特点分别测算出出行时间的节约和货物运送时间的节约,并据此测算出影子价格。

如果所节约的时间用于工作,时间节约的价值应为因时间节约而进行生产从而引起产出增加的价值。在完善的劳动力市场下,可以将企业负担的所得税前薪酬用于估算时间节约价值的影子价格。如果节约时间用于闲暇,应根据支付意愿估算其影子价格。

对于货物运送时间节约的价值,其影子价格应根据受益者为得到这种节约所付出的支付愿意来测算。

(3) 环境价值的影子价格

环境工程项目的效果表现为对环境质量改善的贡献,可采用相应的环境价值评估方法来测定。

二、影子汇率

影子汇率是指能正确反映外汇真实价值的汇率,即外汇的影子价格。在国民经济评价中,影子汇率通过影子汇率换算系数计算。影子汇率换算系数是影子汇率与国家外汇牌价的比值,由国家专门机构根据现阶段我国外汇收支情况、进出口结构、进出口环节税费及出口退税补贴等情况统一组织测定和发布。

$$影子汇率=外汇牌价\times影子汇率换算系数$$

作为建设项目国民经济评价中的通用参数,影子汇率取值的高低,会影响项目评价中的进出口选择。国家可以利用影子汇率作为杠杆,对进出口项目施加影响。影子汇率越高,外汇的影子价格就越高,产品是可外贸货物的项目经济效益就越好,评价的结论将有利于出口项目方案。同时,影子汇率较高时,引进方案的费用就高,评价的结论将不利于引进项目。

三、社会折现率

社会折现率反映社会成员对于社会费用效益价值的时间偏好,也即对于现在的社会价值与未来价值之间的权衡，又代表着社会投资所要求的最低动态收益率。

社会折现率根据社会经济发展目标、发展战略、发展优先顺序、发展水平、宏观调控意图、社会成员的费用效益时间偏好、社会投资的边际收益水平、资金供求状况、资金机会成本等因素综合分析，由国家专门机构统一组织测定和发布。目前我国发布的社会折现率为8%，供各类建设项目评价统一使用。

对于永久性工程或者收益期超长的项目，如水利工程等大型基础设施和具有长远环境保护效益的建设项目，社会折现率可适当降低，但不应低于6%。

社会折现率是项目经济评价的重要通用参数，在项目国民经济评价中作为计算经济净现值的折现率，并作为经济内部收益率的判别基准，只有经济内部收益率大于或等于社会折现率的项目才可行。

社会折现率可用于间接调控投资规模。当国家需要缩小投资总规模时，就可以提高社会折现率，反之则降低社会折现率。它也是项目和方案相互比较选择的主要判据，社会折现率越高，越不利于初始投资大而后期费用节约或收益增大的方案或项目，因为后期的效益折算为现值时其折减率较高。当社会折现率较低时，情况正好反过来。

第四节　国民经济评价的报表编制

一、国民经济评价的主要报表

(1) 基本报表1——项目投资经济费用效益流量表(见本章附表9-1)

该表不考虑融资方案，以全部投资作为计算的基础，用以计算项目投资经济内部收益率、项目投资经济净现值等指标，考察项目全部投资对国民经济的净贡献，并据此判别项目的经济合理性。

(2) 基本报表2——国内投资经济费用效益流量表(见本章附表9-2)

该表以国内投资作为计算的基础，将国外借款利息和本金的偿付作为费用，用以计算国内投资经济内部收益率、国内投资经济净现值等指标，作为利用外资项目经济评价和方案比较取舍的依据。

(3) 辅助报表1——国民经济评价建设投资调整估算表(见本章附表9-3)

该表是在财务评价基础上，采用影子价格、影子汇率等参数对项目建设投资进行调整，以计算出国民经济评价的项目建设投资。

(4) 辅助报表2——国民经济评价流动资金调整估算表(见本章附表9-4)

该表是在财务评价基础上，对不涉及社会资源消耗的应收、应付、预收、预付款项剔除后，采用影子价格对项目的流动资金调整，以计算出国民经济评价的流动资金需要量。

(5) 辅助报表3——国民经济评价经营费用调整估算表(见本章附表9-5)

该表是在财务评价基础上，采用影子价格等参数对经营费用进行调整，以计算出国民经济评价不同负荷下项目的经营费用。

(6) 辅助报表4——国民经济评价营业收入调整估算表(见本章附表9-6)

该表是在财务评价基础上，采用影子价格、影子汇率等参数对营业收入进行调整，以计算出国民经济评价不同负荷下项目的营业收入。

二、国民经济评价的调整计算

国民经济评价报表可以单独直接进行编制,也可以在财务评价的基础上进行调整编制,即将财务评价的投资、经营费用和营业收入等按照国民经济评价的要求进行调整计算,包括效益、费用范围的调整和数值调整两个方面。

效益与费用范围的调整主要包括:识别属于国民经济内部转移支付的内容,并逐项从效益和费用流量中剔除,如税金及附加、增值税、国内借款利息等;据实确定项目的间接效益和间接费用。

效益与费用的数值调整主要是采用影子价格重新计算投资、经营费用和营业收入等。

(1) 建设投资调整

用影子价格、影子汇率逐项调整构成建设投资的各项费用,剔除涨价预备费、税金、国内借款建设期利息等转移支付项目。

进口设备价格调整通常要剔除进口关税、增值税等转移支付。建筑工程费和安装工程费按材料费、劳动力的影子价格进行调整(劳动力也可以不予调整);土地费用按土地影子价格进行调整。

(2) 流动资金调整

构成流动资金总额的应收账款、应付账款、预收账款、预付账款并不造成国家资源的实际耗费,因此在国民经济评价中不作为费用,将其从流动资金总额中剔除。一般的处理方法是:如果财务评价中的流动资金是采用扩大指标法估算的,国民经济评价仍按扩大指标法,以调整后的营业收入、经营费用等乘以相应的流动资金指标系数进行估算;如果财务评价中的流动资金是采用分项详细估算法估算的,则应用影子价格重新分项估算。

(3) 经营费用调整

用影子价格调整各项经营费用,主要对原材料、燃料及动力费用用影子价格进行调整;对职工薪酬用影子工资进行调整。

(4) 营业收入调整

首先确定项目产品所属的货物类型,然后用影子价格调整计算项目产出物的营业收入。

(5) 外汇价值调整

国民经济评价各项营业收入和费用支出中的外汇部分,应用影子汇率进行调整,计算外汇价值。从国外引入的资金和向国外支付的投资收益、贷款本息,也用影子汇率进行调整。

(6) 回收资产余值一般不必调整。

第五节　国民经济评价指标

国民经济评价主要是进行经济盈利能力分析,其主要指标是经济内部收益率和经济净现值。此外,还可以根据需要和可能计算间接费用和间接效益,纳入费用效益流量中,对难以量化的间接费用、间接效益应进行定性分析。

(1) 经济内部收益率(*EIRR*)

经济内部收益率是指项目在计算期内各年经济净效益流量的现值累计等于零时的折现

率。它是反映项目对社会经济所作净贡献的相对指标，也表示项目占用资金所获得的动态收益率。其表达式为：

$$\sum_{t=1}^{n} \frac{(B-C)_t}{(1+EIRR)^t}=0$$

式中，B——国民经济效益流量；

C——国民经济费用流量；

$(B-C)_t$——第 t 年的国民经济净效益流量；

n——计算期。

经济内部收益率大于或等于社会折现率，表明项目对社会经济的净贡献超过或达到了社会收益率的要求，应认为项目可以接受。

(2) 经济净现值($ENPV$)

经济净现值是指用社会折现率将项目计算期内各年的净效益流量折算到建设期初的现值之和。它是反映项目对社会经济所作净贡献的绝对指标，其表达式为：

$$ENPV=\sum_{t=1}^{n} \frac{(B-C)_t}{(1+i_s)^t}$$

式中，i_s——社会折现率。

当经济净现值大于或等于零时，表示社会经济为拟建项目付出代价后，可以得到超过或符合社会折现率所要求的以现值表示的社会盈余，应认为项目可以接受。

本章附表：

附表 9-1　项目投资经济费用效益流量表

单位：万元

序号	项　目	合计	计算期					
			1	2	3	4	…	n
1	效益流量							
1.1	项目直接效益							
1.2	资产余值回收							
1.3	项目间接效益							
2	费用流量							
2.1	建设投资							
2.2	流动资金							
2.3	经营费用							
2.4	项目间接费用							
3	净效益流量(1−2)							

计算指标：

项目投资经济内部收益率：

项目投资经济净现值($i_s=8\%$)：

附表 9-2　国内投资经济费用效益流量表

单位:万元

序号	项　目	合计	计算期					
			1	2	3	4	…	*n*
1	效益流量							
1.1	项目直接效益							
1.2	资产余值回收							
1.3	项目间接效益							
2	费用流量							
2.1	建设投资中国内资金							
2.2	流动资金中国内资金							
2.3	经营费用							
2.4	流至国外的资金							
2.4.1	国外借款本金偿还							
2.4.2	国外借款利息支付							
2.4.3	其他							
2.5	项目间接费用							
3	国内投资净效益流量(1−2)							

计算指标:

国内投资经济内部收益率:

国内投资经济净现值(i_s=8%):

附表 9-3　国民经济评价建设投资调整估算表

单位:万元或万美元

序号	项　目	财务评价				国民经济评价			
		外币	折合人民币	人民币	合计	外币	折合人民币	人民币	合计
1	工程费用								
1.1	建筑工程费								
1.2	设备购置费								
1.3	安装工程费								
2	工程建设其他费用								
	其中:(1) 土地费用								
	(2) 专利及专有技术费								
3	预备费用								
3.1	基本预备费								
3.2	涨价预备费								
	合计(1+2+3)								

附表 9-4　国民经济评价流动资金调整估算表

单位：万元

序号	项　目	财务评价			国民经济评价		
	生产负荷	%	%	100%	%	%	100%
1	流动资产						
1.1	应收账款						
1.2	存货						
1.3	现金						
1.4	预付账款						
2	流动负债						
2.1	应付账款						
2.2	预收账款						
3	流动资金						

附表 9-5　国民经济评价经营费用调整估算表

单位：万元

序号	项　目	财务评价			国民经济评价		
	生产负荷	%	%	100%	%	%	100%
1	外购原材料						
1.1	原材料 A						
1.2	原材料 B						
1.3	……						
2	外购燃料和动力						
2.1	煤						
2.2	水						
2.3	电						
2.4	……						
3	职工薪酬						
4	修理费						
5	其他费用						
	合　计						

附表 9-6　国民经济评营业收入调整估算表

单价单位:元或美元

营业收入单位:万元或万美元

序号	项目	财务评价				国民经济评价			
		单价	%	%	100%	单价	%	%	100%
1	产品 A								
2	产品 B								
3	产品 C								
4	……								
	营业收入合计								

习　题

1. 某产品共有三种原料,A,B两种原料为非外贸货物,其国内市场价格总额每年分别为200万元和50万元,影子价格与国内市场价格的换算系数分别为1.2和1.5。C原料为进口货物,其到岸价格总额每年为100万美元,进口费用为15万元。设影子汇率换算系数为1.08,外汇牌价为6.535 0元/美元,求该产品国民经济评价的年原料成本总额。

2. 某项目年产某产品15万t。项目投产后,可以减少该产品进口5万t,其到岸价格为800美元/t;可以增加国内市场供给6万t,使国内市场价格由每吨6 000元降为5 000元;可以替代落后企业使其减产4万t,被替代企业的财务成本为5 600元/t,按可变成本调整后的影子价格为4 000元/t。外汇牌价为6.535 0元/美元,影子汇率换算系数为1.08,不考虑进口费用,求该项目国民经济评价的年营业收入。

3. 某种原料是拟建项目的主要投入物,需要对其进行成本分解以求得影子价格。调整得到全国平均生产每吨该种货物换算为生产期初的建设投资为1 507元,占用流动资金为250元。项目生产期为15年,社会折现率为8%。

(1) 试求年资金回收费用(M),不考虑固定资产残值。

(2) 在成本分解法中,用年资金回收费用调整原料财务成本中的哪些项目?

第十章　环境影响评价与社会评价

投资项目的实施一般都会对环境产生影响，有时不良影响还十分严重，不仅造成生态平衡的破坏，还对人们的居住环境产生威胁。因此在投资项目实施之前，应当进行环境影响评价，以预防或减轻项目对环境的不良影响，促进经济效益、社会效益和环境效益的协调发展。我国实行环境影响评价制度，并制定了严格的环境影响评价管理程序和一系列相关法律法规，环境影响评价已经成为投资项目前期工作的一项必不可少的工作。

工程项目在其建设和运营过程中，会产生各种各样的社会影响。项目的利益相关者根据其获得收益或受到损失的情况，会以不同的途径和方式对项目的建设施加各种影响。科学发展观强调在项目的建设和运营过程中，必须按照以人为本的要求，关注公共利益，满足建设社会主义和谐社会的要求。因此，在项目决策分析与评价中，社会评价将越来越受到重视。

第一节　环境影响评价

一、环境影响评价的概念

1. 环境的概念

《中华人民共和国环境保护法》(1989 年颁布)给出了环境的定义："本法所称环境，是指影响人类生存和发展的各种天然的和经过人工改造的自然因素的总体，包括大气、水、海洋、土地、矿藏、森林、草原、野生动物、自然遗迹、人文遗迹、自然保护区、风景名胜区、城市和乡村等。"这里的环境作为环境保护的对象，至少具有两个特点：第一，主体是人类；第二，既包括天然的自然环境，也包括人工改造后的自然环境。

2. 环境影响评价的概念

《中华人民共和国环境影响评价法》(2002 年颁布)给出了环境影响评价的法律定义为："本法所称环境影响评价，是指对规划和建设项目实施后可能造成的环境影响进行分析、预测和评估，提出预防或者减轻不良环境影响的对策和措施，进行跟踪监测的方法和制度。"该法明确环境影响评价的适用范围是规划和建设项目，包括方法和制度两方面的含义。

《中华人民共和国环境保护法》和其他相关法律还规定："建设项目防治污染的设施，必须与主体工程同时设计、同时施工、同时投产使用(简称"三同时")。防治污染的设施必须经原审批环境影响报告书的环境保护行政主管部门验收合格后，该建设项目方可投入生产或者使用。""三同时"制度和建设项目竣工环境保护验收是对环境影响评价的延续，从广义上讲，也属于环境影响评价范畴。

我国目前建立了由法律、国务院行政法规、政府部门规章、地方性法规和一系列环境影响评价的技术导则。

二、建设项目环境影响评价

(一) 建设项目环境影响评价的分类管理

1. 建设项目环境影响评价分类管理的原则规定

国家对建设项目环境保护实行分类管理。根据项目对环境影响的程度,环境影响评价分为三种类型:

(1) 可能造成重大环境影响的,应当编制环境影响报告书,对产生的环境影响进行全面评价。

(2) 可能造成轻度环境影响的,应当编制环境影响报告表,对产生的环境影响进行分析或者专项评价。

(3) 对环境影响很小、不需要进行环境影响评价的,只填报环境影响登记表。

《建设项目环境影响评价分类管理名录》(2008 年 10 月 1 日起施行)对分类管理作出了具体规定。跨行业、复合型建设项目,其环境影响评价类别按其中单项等级最高的确定。

2. 环境敏感区的界定

建设项目所处环境的敏感性质和敏感程度是确定建设项目环境影响评价类别的重要依据,环境影响评价文件应当就该项目对环境敏感区的影响作重点分析。

所谓环境敏感区是指依法设立的各级各类自然、文化保护地,以及对建设项目的某类污染因子或者生态影响因子特别敏感的区域,主要包括:

(1) 自然保护区、风景名胜区、世界文化和自然遗产地、饮用水水源保护区。

(2) 基本农田保护区、基本草原、森林公园、地质公园、重要湿地、天然林、珍稀濒危野生动植物天然集中分布区、重要水生生物的自然产卵场及索饵场、越冬场和洄游通道、天然渔场、资源性缺水地区、水土流失重点防治区、沙化土地封禁保护区、封闭及半封闭海域、富营养化水域。

(3) 以居住、医疗卫生、文化教育、科研、行政办公等为主要功能的区域,文物保护单位,具有特殊历史、文化、科学、民族意义的保护地。

(二) 环境影响评价原则

按照以人为本,建设资源节约型、环境友好型社会和科学发展的要求,遵循以下原则开展环境影响评价工作:

1. 依法评价原则

环境影响评价过程中应贯彻执行我国环境保护相关的法律法规、标准、政策,分析建设项目与环境保护政策、资源能源利用政策、国家产业政策和技术政策等有关政策及相关规划的相符性,并关注国家或地方在法律法规、标准、政策、规划及相关主体功能区等方面的新动向。

2. 早期介入原则

环境影响评价应尽早介入工程前期工作中,重点关注选址(或选线)、工艺路线(或施工方案)的环境可行性。

3. 完整性原则

根据建设项目的工程内容及其特性,对工程内容、影响时段、影响因子和作用因子进行分析、评价,突出环境影响评价重点。

4. 广泛参与原则

环境影响评价应广泛吸收相关学科和行业的专家、有关单位和个人及当地环境保护管理部门的意见。

（三）建设项目环境影响评价的内容

1. 建设项目环境影响报告书的内容

建设项目的环境影响报告书至少应当包括下列内容：

（1）建设项目概况。

（2）建设项目周边环境现状。

（3）建设项目对环境可能造成影响的分析、预测和评估。

（4）建设项目环境保护措施及其技术、经济论证。

（5）建设项目对环境影响的经济损益分析。

（6）对建设项目实施环境监测的建议。

（7）环境影响评价的结论。

2. 环境影响报告表的内容

《建设项目环境影响报告表（试行）》必须由具有环评资质的环评机构填写。其填报内容主要有：建设项目基本情况、建设项目所在地自然环境社会环境简况、环境质量状况、主要环境保护目标、评价适用标准、工程内容及规模、与本项目有关的原有污染情况及主要环境问题、建设项目工程分析、项目主要污染物产生及预计排放情况、环境影响分析、建设项目拟采取的防治措施及预期治理效果、结论与建议等。

需要注意的是，环境影响报告表如不能说明项目产生的污染及对环境造成的影响，应根据建设项目的特点和当地环境特征，选择 1～2 项进行专项评价，专项评价按照环境影响评价技术导则中有关要求进行。

3. 环境影响登记表的内容

《建设项目环境影响登记表（试行）》一般由建设单位自行填写，不要求具备环评资质。其填报内容包括四个表：表一为项目基本情况；表二为项目地理位置示意图和平面布置示意图；表三为周围环境概况和工艺流程与污染流程；表四为项目排污情况及环境措施简述。

三、规划环境影响评价

为全面实施可持续发展战略，从规划决策源头防治环境污染和生态破坏，2003 年实施的《中华人民共和国环境影响评价法》将环境影响评价从建设项目拓展到规划领域，并通过制定行政法规《规划环境影响评价条例》（2009 年 10 月 1 日起施行）对规划环境影响评价作出了具体规定。

（一）规划环境影响评价的适用范围和责任主体

1. 规划环境影响评价的适用范围

国务院有关部门、设区的市级以上地方人民政府及其有关部门，对其组织编制的土地利用的有关规划和区域、流域、海域的建设、开发利用规划（以下称综合性规划），以及工业、农业、畜牧业、林业、能源、水利、交通、城市建设、旅游、自然资源开发的有关专项规划（以下称专项规划），应当进行环境影响评价。

编制综合性规划，应当根据规划实施后可能对环境造成的影响，编写环境影响篇章或者说明。编制专项规划,应当在规划草案报送审批前编制环境影响报告书。编制专项规划中的指导性规划,应当编写环境影响篇章或者说明。

2. 规划环境影响评价的责任主体

规划环境影响篇章或者说明、规划环境影响报告书,由规划编制机关编制或者组织规划环境影响评价技术机构编制。规划编制机关应当对环境影响评价文件的质量负责。

(二) 规划环境影响评价的内容

1. 规划环境影响评价的分析、预测和评估内容

(1) 规划实施可能对相关区域、流域、海域生态系统产生的整体影响。

(2) 规划实施可能对环境和人群健康产生的长远影响。

(3) 规划实施的经济效益、社会效益与环境效益之间以及当前利益与长远利益之间的关系。

2. 综合规划环境影响篇章或者说明的内容

(1) 规划实施对环境可能造成影响的分析、预测和评估。主要包括资源环境承载能力分析、不良环境影响的分析和预测以及与相关规划的环境协调性分析。

(2) 预防或者减轻不良环境影响的对策和措施。主要包括预防或者减轻不良环境影响的政策、管理或者技术等措施。

3. 专项规划环境影响报告书的内容

除包括上述内容外,还应当包括环境影响评价结论。主要包括规划草案的环境合理性和可行性,预防或者减轻不良环境影响的对策和措施的合理性及有效性,以及规划草案的调整建议。

(三) 规划环境影响评价的公众参与

规划编制单位对可能造成不良环境影响并直接涉及公众环境权益的专项规划,应当在规划草案报送审批前,采取调查问卷、座谈会、论证会、听证会等形式,公开征求有关单位、专家和公众对环境影响报告书的意见。但是,依法需要保密的除外。有关单位、专家和公众的意见与环境影响评价结论有重大分歧的,规划编制机关应当采取论证会、听证会等形式进一步论证。

规划编制单位应当在报送审查的环境影响报告书中附具对公众意见采纳与不采纳情况及其理由的说明。

(四) 规划环境影响的跟踪评价

对环境有重大影响的规划实施后,规划编制单位应当及时组织规划环境影响的跟踪评价,将评价结果报告规划审批机关,并通报环境保护等有关部门。

规划环境影响的跟踪评价应当包括下列内容:

(1) 规划实施后实际产生的环境影响与环境影响评价文件预测可能产生的环境影响之间的比较分析和评估。

(2) 规划实施中所采取的预防或者减轻不良环境影响的对策和措施有效性分析和评估。

(3) 公众对规划实施所产生的环境影响的意见。

(4) 跟踪评价的结论。

规划实施过程中产生重大不良环境影响的,规划编制单位应当及时提出改进措施,向规

划审批机关报告，并通报环境保护等有关部门。环境保护主管部门发现规划实施过程中产生重大不良环境影响的，应当及时进行核查。经核查属实的，向规划审批机关提出采取改进措施或者修订规划的建议。规划审批机关在接到规划编制单位的报告或者环境保护主管部门的建议后，应当及时组织论证，并根据论证结果采取改进措施或者对规划进行修订。

四、环境影响的经济损益分析

（一）环境影响经济损益分析概述

2003 年 9 月 1 日起施行的《中华人民共和国环境影响评价法》规定：建设项目的环境影响报告书应当包括建设项目对环境影响的经济损益分析。

环境影响的经济损益分析，也称环境影响的经济评价，即估算某一项目、规划或政策所引起的环境影响的经济价值，并将环境影响的经济价值纳入项目、规划或政策的经济费用效益分析中去，以判断这些环境影响对该项目、规划或政策的可行性会产生多大的影响。对负面的环境影响估算出的是环境费用，对正面的环境影响估算出的是环境效益。

（二）环境影响经济损益分析的步骤

任何建设项目在运营过程中都会产生费用，其目的是为了取得一定的效果。所支出的费用包括生产成本、社会付出的代价和环境受到的损害等；所得到的效果包括经济效果、社会效果和环境效果。

环境影响经济损益分析就是在经济费用效益分析中体现出环境影响的作用，即先把环境受到的损害货币化后计入费用（外部费用）、把得到的环境效果货币化后计入效益（外部效益）然后再进行经济费用效益分析。

环境影响经济损益分析一般按以下四个步骤进行：

（1）筛选环境影响：环境影响被筛选为三大类，一类是被剔除、不再作任何评价分析的影响，如内部的、小的以及能被控抑的影响；另一类是需要作定性说明的影响，如那些大的但可能很不确定的影响；最后一类才是那些需要并且能够量化和货币化的影响。

（2）量化环境影响后果：通过确定环境受影响程度与环境功能损害后果之间的关系，即剂量—反应关系，将前一阶段已经预测的环境影响程度转化为易于下一步进行价值评估的量化的功能损害后果，如将污染物浓度转化为发病率、死亡率的增加值。

（3）评估环境影响价值：采用环境经济学的环境经济损益分析方法，对量化后的环境功能损害后果进行货币化估价，即对建设项目的环境费用或环境效益进行估价。

（4）将环境影响价值纳入项目的经济分析：将货币化的环境影响价值纳入经济费用效益流量表，通过折现计算出费用效益经济净现值和经济内部收益率这两个重要的项目可行性指标，以判断是否改变和多大程度上改变了原有的可行性评价指标，从而判断项目的环境影响在多大程度上影响了项目的可行性。

上述环境影响经济损益分析步骤中，最重要的是对环境影响的货币化价值进行评估，以下将就环境价值的定义和评估方法进行简要介绍。

（三）环境价值的定义

1. 环境总经济价值的组成

为了有别于传统的忽视环境价值的理论和方法，环境经济学家把环境的价值称为总经济价值（*TEV*），包括环境的使用价值和非使用价值。

(1) 环境的使用价值。环境的使用价值(UV)又称有用性价值,是指环境资源被生产者或消费者使用时,满足人们某种需要或偏好所表现出的价值,又分为直接使用价值、间接使用价值和选择价值。

① 直接使用价值。直接使用价值(DUV)是由环境资源对目前的生产或消费的直接贡献来决定的。

以森林为例,木材、药品、休闲娱乐、植物基因、教育、人类住区等都是森林的直接使用价值。直接使用价值在概念上是易于理解的,但这并不意味着在经济上易于衡量。森林产品的价值可以根据市场或调查数据进行估算,但是药用植物的价值却难于衡量。

② 间接使用价值。间接使用价值(IUV)包括从环境所提供的用来支持目前的生产和消费活动的各种功能中间接获得的效益。间接使用价值类似于生态学中的生态服务功能。

仍以森林为例,营养循环、水域保护、减少空气污染、小气候调节等都属于间接使用价值的范畴。它们虽然不直接进入生产和消费过程,但却为生产和消费的正常进行提供了必要条件。

③ 选择价值。选择价值(OV)又称期权价值。我们在利用环境资源的时候,并不希望它的功能很快消耗殆尽,也许会设想未来该资源的使用价值会更大。因此,我们可能会具有保护环境资源的愿望。选择价值同人们愿意为保护环境资源以备未来之用的支付意愿的数值有关,包括未来的直接和间接使用价值(生物多样性、被保护的栖息地等)。选择价值相当于消费者为一个未利用的资产所愿意支付的保险金,仅仅是为了避免在将来失去它的风险。

(2) 环境的非使用价值。环境的非使用价值(NUV)又称内在价值,相当于生态学家所认为的某种物品的内在属性,它与人们是否使用它没有关系。

(3) 总经济价值的组成。我们可以用下式表示环境总经济价值的组成:

$$\begin{aligned}\text{环境总经济价值} &= \text{环境使用价值} + \text{环境非使用价值}\\ &= (\text{环境直接使用价值} + \text{环境间接使用价值}\\ &\quad + \text{环境选择价值}) + \text{环境非使用价值}\end{aligned} \tag{10-1}$$

即:

$$TEV = UV + NUV = (DUV + IUV + OV) + NUV$$

2. 环境价值的度量

环境价值的恰当度量是人们的最大支付意愿,即一个人为获得某件环境物品(服务)而愿意付出的最大货币量。影响支付意愿的因素有:收入、替代品价格、年龄、教育、个人独特偏好以及对该环境物品的了解程度等。

市场价格在有些情况下(如对市场物品)可以近似地衡量物品的价值,但不能准确度量一个物品的价值。市场价格是由物品的总供给和总需求决定的,它通常低于消费者的最大支付意愿,二者之差是消费者剩余。三者的关系为:

$$\text{价值} = \text{支付意愿} = \text{市场价格} \times \text{消费量} + \text{消费者剩余} \tag{10-2}$$

由于市场往往不能准确反映环境物品或服务的公共物品的市场价值,导致环境物品或服务在市场上的低价甚至是无价的状况。人们在消费许多环境服务或环境物品时,常常没有支付价格,那么这些环境物品或服务的价值就等于人们享受这些环境物品或服务时所获得的消费者剩余。有些环境价值评估技术就是通过测量这一消费者剩余来评估环境的价值。

（四）环境价值评估方法

环境经济学家已经建立了一套估计环境物品或服务的货币化价值的理论与原则，其基础是人们对于环境效益的支付意愿，或是忍受环境损害的接受赔偿意愿。

目前，获得人们的偏好、支付意愿或接受赔偿的意愿的途径主要有以下三类：从直接受到影响的物品的相关市场信息中获得；从其他事物中所蕴含的有关信息间接获得；通过直接调查个人的支付意愿或接受赔偿的意愿获得。

按照上述途径的不同，目前，主要环境价值评估方法大致可划分为直接市场评估法、间接市场评估法和意愿调查评估法三种类型。

1. 直接市场评估法

直接市场评估法把环境质量看作是一个生产要素，正如劳动、土地资本等生产要素一样。环境质量的变动导致生产率和生产成本的变化，进而导致产品价格和产出水平的变化，这种变化是可以从直接受影响的市场价格观察并测量的。直接市场评估法利用市场价格，赋予环境损害或环境效益以价值。

（1）生产力变动法

生产力变动法认为，把环境看成是生产要素，环境质量的变化可以通过生产过程导致生产力和生产成本的变化，进而引起产值和利润的变化，或是通过消费品的供给与价格变动影响消费者福利。而产值、利润和价格是可以计量的。

例如：酸雨使玉米减产10%～15%，减产量乘以当年玉米价格，可作为酸雨的农业危害损失。

又如：水污染将使水产品产量或价格下降，给渔民带来经济损失；而兴建水库则可以带来新的捕鱼机会，对渔民产生有利影响。

（2）疾病成本法与人力资本法

疾病成本法和人力资本法是用于估算环境变化造成的健康损失成本的主要方法，或者说是通过评价反映在人体健康上的环境价值的方法。

疾病成本法和人力资本法将环境污染引起人体健康的经济损失分为直接经济损失和间接经济损失两部分。直接经济损失有：预防和医疗费用、死亡丧葬费；间接经济损失有：影响劳动工时造成的损失（包括病人和非医务人员护理、陪住费）。这种方法一般通常用在对环境有明显毒害作用的特大型项目。

例如：大气中二氧化硫污染会使哮喘发病率增加。一例哮喘发布的治疗费用若是150元/天，每次发病约持续7天，则避免该疾病一次发病的支付意愿最少有1 050元。这里还需要剂量—反应关系才能完成二氧化硫污染损害价值的评估。

又如：儿童铅中毒可降低智商，减少预期收入，所减少的预期收入可作为这一环境污染造成健康危害的损害价值。

（3）机会成本法

在评估经济效益不能直接估算的自然资源方面，机会成本法是一种很有用的评价技术。机会成本法特别适用于对自然保护区或具有唯一性特征的自然资源的开发项目的评估。

例如，保护热带森林自然保护区的机会成本，可以用该资源作为其他用途（如农业开发、林业）时可能获得的收益来表征。

又如：某发电厂征用良田40公顷，原用途是菜地，为该地利用的最佳方式，每公顷地年创净效益15万元。若作为发电厂用地则其经济损失为 $40\times15=600$(万元),这600万元就是该土地作为发电厂使用时的机会成本。

2. 间接市场评估法

间接市场评估法又称揭示偏好法,是通过考察人们与市场相关的行为,特别是在与环境联系紧密的市场中所支付的价格或他们获得的利益,间接推断出人们对环境质量变化的估价,即环境质量变化的经济价值。

(1) 内涵资产定价法

内涵资产定价法基于这样一种理论,即人们赋予环境的价值可以从他们购买的具有环境属性的商品的价格中推断出来。

内涵资产定价法通常选用房地产市场进行分析。例如:大气污染、水污染、环境舒适性和生态系统环境服务功能等环境因素会影响房地产的价格。市场中形成的房地产价格,包含了人们对其环境因素的评估。由于房地产价格受周围环境因素影响的同时,还受自身建筑特点(如面积、朝向、建成时间)、所在区域特点(如离商店的远近、当地学校的质量、交通状况、犯罪率)等影响,通过回归分析,可以从房地产价格中分离出环境因素引起的那部分房地产价格变化,从而确定人们对环境因素的估价。

除了房地产市场外,在不同职业和地点的工资差别中也可以发现类似的情形。在其他条件相同时,劳动者工作场所环境条件的差异(如噪声的高低,是否接触污染物等)会影响到劳动者对职业的选择。在其他条件相同时,劳动者会选择工作环境比较好的职业或工作地点。为了吸引劳动者从事工作环境比较差的职业并弥补环境污染给他们造成的损失,厂商就不得不在工资、工时、休假等方面给劳动者以补偿。这种用工资水平的差异(工时和休假的差异可以折合成工资)来衡量环境质量的货币价值的方法,也是内涵资产定价法的一种,称为工资差额比较法。

(2) 防护支出法

防护支出法根据人们为防止环境退化所准备支出的费用多少推断出人们对环境的估价。多用于评估噪声、危险品和其他污染造成的损失。

面对环境变化,人们可能会采取的防护行为主要包括:

① 采取防护措施。人们会采取措施尽力避免居住地环境质量的下降以保护自己不受影响,这些因为采取保护措施而发生的费用即为防护费用。如购买空气净化器以防止大气污染,安装隔音设施以防止噪声,都可用相应的防护费用来表示环境影响的损害价值。

② 购买环境替代品。为了防止环境质量变化所带来的影响,人们可能会通过购买环境服务功能的替代品来避免可能的损害。如为了避免因水源地受到污染而使公共供水系统受到影响时,人们可能会购买瓶装水,购买这些代用品的费用可被视为一种防护支出。

③ 迁移。对环境变化反映较强烈的人会迁出受污染的区域,这种迁移所发生的费用可视为一种防护支出。

如森林具有涵养水源的生态功能。假如一片森林涵养水源量是100万 m^3,在当地建造一个100万 m^3 库容的水库的费用是150万元,则可以用这150万元的建库费用来表示这片森林涵养水源生态功能的价值。

(3) 旅行费用法

旅行费用法常被用来评价那些没有市场价格的自然景点或者环境资源的价值。它要评估的是旅游者通过消费这些商品或服务所获得的效益，或者说对这些旅游场所的支付意愿。

旅行费用法后面隐含的原则是，尽管这些自然景点可能并不需要旅游者支付门票费等，但是旅游者为了进行参观，却需要承担交通费用、花费自己的时间，旅游者为此而付出的代价可以看做是对这些环境商品或服务的实际支付。由于支付意愿等于消费者的实际支付与其消费某一商品或服务所获得的消费者剩余之和，要准确确定旅游者支付意愿的大小，还要通过边际旅行费用增加对不同区域内旅游人数（旅游率）的影响估算出旅游者的消费者剩余。

3. 意愿调查评估法

意愿调查评估法（简称 CV 法）是指通过调查等方法，让消费者直接表述出他们对环境物品或服务的支付意愿（或接受赔偿意愿），或者对其价值进行判断。在很多情形下，它是唯一可用的方法。如用于评价环境资源的选择价值和内在价值。

在意愿调查评估法中有两个广泛应用的概念，即对某一环境改善效益的支付意愿和对环境质量损失的接受赔偿意愿。意愿调查评估通常将一些家庭或个人作为样本，询问他们对于一项环境改善措施或一项防止环境恶化措施的支付愿望，或者要求住户或个人给出一个对忍受环境恶化而接受赔偿的愿望。与直接市场评估法和揭示偏好法不同，意愿调查法不是基于可观察到的或间接的市场行为，而是基于调查对象的回答。他们的回答告诉我们在假设的情况下，他们将采取什么行为。调查过程一般通过问卷或面对面询问的方式进行。直接询问调查对象的支付意愿或接受赔偿意愿是意愿调查法的特点。

例如：对某一森林公园的价值估算，可询问森林公园的使用者，为了维护公园的开放是否愿意每年支付 5 元，如果回答是肯定的，所支付的费用继续提高，每次增加 1 元，一直提高到回答否定为止。如果对开始要求支付的 5 元就不同意，就采用相反的程序，直到肯定为止，从询问中找到愿意支付的准确数据。

第二节 社会评价

一、社会评价的概念和特点

社会评价是对建设项目中的社会因素、社会事项及其产生的影响进行评价的一种方法。要求应用社会学、人类学、项目评估学的理论和方法，通过系统地调查、收集与项目相关的社会资料和数据，识别项目实施过程中的各种社会因素、利益相关者和可能出现的各种社会事项，分析项目可能产生的社会影响、社会问题和社会风险，提出尽可能扩大正面社会效果、减少或避免项目负面社会影响的措施，编制社会管理措施方案，并在项目实施过程中监测和评估项目社会效果的实现，保证项目顺利实施并使项目正效果持续发挥。

社会评价的特点包括：

1. 宏观性和长期性

进行投资项目的社会评价时，要考虑与建设项目相关的各种可能的影响因素，这种分析和考察是全面的，是全社会性质的，是广泛而宏观的。同时，社会评价是长期的，它通常要考虑一个国家或地区的中期和远期发展规划和要求，涉及对这些领域的影响或效益往往是几十年、上百年，甚而是关乎几代人的。

2. 目标的多样性和复杂性

社会评价的目标是多层次的,是针对国家、地方和当地社区各层次的发展目标,以各层次的社会政策为基础展开的。因此,社会评价需要从国家、地方、社区三个不同的层次进行分析,做到宏观分析与微观分析相结合。社会评价的目标分析还是多样性的,它要综合考虑社会生活的各个领域与项目之间的相互关系和影响,必须分析多个社会发展目标、多种社会政策、多种社会效益和多样的人文因素和环境因素。需要分析各个不同的社会发展目标对项目的影响程度,究竟孰轻孰重,孰先孰后,要结合项目的性质和特点,具体问题具体分析。因此,综合考察项目的社会可行性,通常采用多目标综合评价法。

3. 评价指标和评价标准的差异性

社会评价由于涉及的社会环境多种多样,影响因素比较复杂,社会目标多元化和社会效益本身的多样性使得难以使用统一的量纲、指标和标准来计算和比较社会影响效果,因而在不同行业和不同地区的项目评价中差异明显,评价指标的设定往往因项目而异。同时,社会评价的各个影响因素,有的可以定量计算,但更多的社会因素难以定量计算。这些难以定量计算的影响因素,一般使用定性分析的方法加以研究。因此,在社会评价中,通用评价指标少,专用指标多;定量指标少,定性指标多。这就要求在具体的社会评价中,充分发挥评价人员的主观能动性。

二、社会评价的作用

(1) 有利于国民经济发展目标与社会发展目标协调一致,防止单纯追求项目的经济效益。

(2) 有利于项目所在地区利益协调一致,减少社会矛盾和纠纷,防止可能产生的不利的社会影响和后果,促进社会稳定。

(3) 有利于避免或减少项目建设和运营的社会风险,提高投资效益。

三、社会评价的内容

社会评价是一项系统性分析评价工作,可以归结为社会调查、社会分析、社会管理方案制订三项主要内容。

(一) 社会调查

社会调查是项目社会评价的重要环节。社会评价的过程实质上是以收集到的社会信息为基础,对相关信息资料调查、整理和分析的过程。

(二) 社会分析

社会分析应从社会发展的角度,研究项目的实施目标及影响,通过人口因素、社会经济因素、社会组织、社会政治背景和利益相关者需求的系统调查,分析评价社会影响和风险,消除或缓解不利社会影响。

1. 社会影响分析

项目的社会影响分析在内容上可分为三个层次的分析,即分析在国家、地区、项目(社区)三个层次上展开。包括经济层面的社会影响分析和社会层面的社会影响分析。

通过社会影响分析,对项目的社会影响做出评价,并编制项目社会影响分析表,见表10-2。

表 10-2　项目社会影响分析表

序号	社会因素	影响的范围、程度	可能出现的后果	措施建议
1	对居民收入的影响			
2	对居民生活水平与生活质量的影响			
3	对居民就业的影响			
4	对不同利益群体的影响			
5	对脆弱群体的影响			
6	对地区文化、教育、卫生的影响			
7	对地区基础设施、社会服务容量和城市化进程的影响			
8	对少数民族风俗习惯和宗教的影响			

2. 社会互适性分析

互适性分析主要是分析预测项目能否为当地的社会环境、人文条件所接纳，以及当地政府、居民支持项目存在与发展的程度，考察项目与当地社会环境的相互适应关系。通过项目与所在地的互适性分析，评价当地社会对项目的可接受程度和项目对当地社会条件的适应性，编制社会与项目的互适性分析表，见表 10-3。

表 10-3　社会与项目的互适性分析表

序号	社会因素	适应程度	可能出现的问题	措施建议
1	不同利益相关者的态度			
2	当地社会组织的态度			
3	当地社会环境条件			

3. 社会风险分析

项目的社会风险分析是对可能影响项目的各种社会因素进行识别和排序，选择影响面大、持续时间长，并容易导致较大矛盾的社会因素进行预测，分析可能出现这种风险的社会环境和条件。那些可能诱发民族矛盾、宗教矛盾的项目要注意这方面的分析，并提出防范措施。通过分析社会风险因素，编制项目社会风险分析表，见表 10-4。

表 10-4　社会风险分析表

序号	社会风险因素	持续时间	可能导致的后果	措施建议
1	移民安置问题			
2	民族矛盾、宗教问题			
3	弱势群体支持问题			
4	受损补偿问题			

4. 社会可持续性分析

项目的社会可持续性分析是对项目生命周期的总体发展的分析。包括：

(1) 社会效果可持续性分析。主要分析项目社会效果的可持续程度,以及实现项目社会效果可持续的必要条件。

项目社会效果包括减缓贫困、促进社会公平、促进社会性别公平、促进少数民族发展、促进文化遗产保护、提高弱势群体社会保障与社会福利水平等。

(2) 项目受益者对社会可持续性的影响分析。主要分析项目受益者支付能力的动态变化趋势及其对项目建设运营的持续性影响,特别是可能导致项目工期延误、成本增加、效率降低等使项目的社会可持续性所受到的影响。

(3) 项目受损者对社会可持续性的影响分析。主要分析项目受损者受项目影响的程度,导致项目的社会可持续性所受到的影响。

(三) 社会管理方案制订

社会管理方案是社会评价的重要成果,是对项目实施阶段的社会行动、措施及其保障条件的总体性安排。社会管理方案的制订是在社会影响分析、社会互适性分析、社会风险分析和社会可持续性分析的基础上,结合项目所处的社会环境与条件进行编制,目的是强化项目的正面社会影响,化解项目的负面社会影响,使项目社会效果可持续,社会风险可控。

社会管理方案包括利益加强计划、负面影响减缓计划、利益相关者参与计划和社会监测评估计划。

四、社会评价方法

项目涉及的社会因素、社会影响和社会风险不可能用统一的指标、量纲和判据进行评价,因此社会评价应根据项目的具体情况采用灵活的评价方法。按是否量化分为定性分析和定量分析,按应用领域分为通用方法和专用方法。

(一) 定性分析和定量分析

1. 定性分析方法

定性分析法就是在进行项目的社会评价时,主要采用文字描述为主的形式,详细说明相关的情况、性质、程度、优劣,并据以做出判断或得出结论。定性分析应该尽量引用直接或间接的数据,以便更准确地说明问题的性质和影响程度。

进行定性分析,首先要合理确定所分析指标的标准;然后在可比的基础上按照有无分析法的原则对该指标进行对比分析,注意在调查时要制定定性分析的调查提纲,以利于调查和分析工作的有序和深入;最后在衡量影响重要程度的基础上,对各指标进行权重的确定和排序,为项目的综合评价做好准备。

项目社会评价中定性分析的指标可以随行业和项目而有所不同。

2. 定量分析方法

定量分析方法就是依据既定的数学公式或模型,在调查分析得到的原始数据的基础上,通过一定的数学计算得出结果并结合一定的标准进行分析的评价方法。定量分析一般要有统一的量纲,一定的计算公式和一定的判别标准。一般认为,用数据和公式说话,比较客观、科学。但是对于项目评价来说,大量的、复杂的社会因素都要进行定量计算,显然难度很大。因此,单纯依靠定量分析方法并不能完成社会评价,定性分析和定量分析应相辅相成,共同使用。

(二)通用方法和专用方法

1. 通用方法

通用方法除了运用于社会评价,同时也广泛用于项目决策分析与评价中的其他评价。如社会评价中采用的对比分析法,是项目决策分析与评价中的重要方法,在技术分析、财务分析、经济分析中都广泛应用;社会调查中用到的文献调查、问卷调查等方法也应用于市场调查;逻辑框架法是社会评级的重要评价方法,也在项目规划研究、项目后评价中得以应用。

2. 专用方法

社会评价的专用方法是相对的,是相对于项目决策分析与评价的其他方面,主要在社会评价中应用,如利益相关者分析方法、参与式方法等。

习 题

1. 为什么要进行环境影响评价和社会评价?
2. 环境价值评估方法包括哪些?
3. 社会评价的特点是什么?
4. 社会评价的主要内容包括哪些?

第十一章　不确定性分析与风险分析

第一节　概　述

一、不确定性与决策风险

任何一项工程项目，无论在前期论证阶段做了多么详尽的调查与研究工作，其实际运行的情况往往总会与人们所预测的结果产生偏差，这种偏差就形成了项目的不确定性。有时这种不确定性还会给项目带来实际的或潜在的损失，造成项目的决策风险。

在生产经营实际中，引起项目不确定性的因素是多种的：

(1) 由于市场供需原因引起的原材料价格上涨或降低；

(2) 工艺技术的改变引起投入和产出的变化，从而引起成本和收入的变化；

(3) 项目经营期内达不到原设计生产能力；

(4) 建设投资估算和流动资金估算不准确；

(5) 产品销售价格的变化；

(6) 建设工期的拖延；

(7) 市场需求量减少；

(8) 贷款利率上升；

(9) 其他因素的不利变化。

由于这些不确定性因素的存在，都可能使投资方案达不到预期的经济效果，甚至发生亏损。况且，在工程项目的实践过程中，还可能发生某种由于自然原因而引起的灾难性事件，如火灾、水灾、风灾、雷击、地震等。因此，对于决策者来说，无论选择何种方案，都将会承担一定的风险，而这些引起风险的因素的变化又是随机的，是客观存在的，因而也是决策者无法判断和控制的。

二、不确定性分析与风险分析的含义

不确定性分析与风险分析是相互区别又有所联系的两个概念。

不确定性分析就是分析不确定因素发生变化时对项目投资效益的影响程度。具体表现在：当某个或某些重要因素发生一定范围的变化时，分析对经济评价指标的影响程度；或者为了使某个经济评价指标不低于临界值，某个或某些重要因素所允许的最大变化范围等。然而，不确定性分析并不能知道不确定性因素可能出现的各种状况及发生变化的可能性。

与不确定性分析相区别，风险分析则主要通过识别风险因素以及对某个或某些风险因素发生变化的概率进行预测，进而根据发生损失的可能性与损失的严重性对项目的风险程度进行判断。

不确定性与风险的区别体现在以下四个方面：

(1) 不确定性与风险可否量化。风险是可以量化的,即其发生概率是已知的或通过努力可以知道的;而不确定性则是不可以量化的。因而,风险分析可以采用概率分析方法,分析各种情况发生的概率及其影响;而不确定性只能进行假设分析,假定某些情况发生后,分析不确定因素对项目的影响。

(2) 不确定性与风险可否保险。风险是可以保险的,而不确定性是不可以保险的。由于风险概率是可以知道的,理论上保险公司就可以计算确定的保险收益,从而提供有关保险产品。

(3) 概率可获得性。风险的发生概率是可知的,而不确定性的发生概率是未知的。

(4) 影响大小。不确定性代表不可知事件,因而有更大的影响。而如果同样事件可以量化风险,则其影响可以防范并得到有效降低。

不确定性分析与风险分析之间是有联系的:通过不确定性分析可以预测哪些因素对项目投资效益有重大影响,它为风险分析时选择风险因素提供了依据。如:敏感性分析可以得知影响项目有效的敏感因素和敏感程度,但不知这种影响发生的可能性。如需得知可能性,就必须借助于概率分析,而敏感性分析所找出的敏感因素又可以作为概率分析风险因素的确定依据。因此,项目投资决策者可以借助不确定性分析与风险分析,了解在不确定因素影响下项目获利性的变化,分析预测项目可能承担的风险,从而证明项目投资的可靠性和稳定性,以便为决策者和经营者采取控制、预防措施提供依据。

三、不确定性分析与风险分析常用的方法

不确定性分析方法包括盈亏平衡分析和敏感性分析,风险分析则包括定性分析与定量分析,其中定量分析主要采用概率分析方法。盈亏平衡分析一般只用于财务评价,而敏感性分析和概率分析可同时用于财务评价和国民经济评价。

第二节　盈亏平衡分析

盈亏平衡分析是通过分析投资方案的产品产量(销售量)、可变成本、固定成本、产品价格和营业税金等之间的平衡关系,找出方案盈利与亏损在产量及产品价格、生产能力利用率等方面的界限,从而确定在经营条件(如产品价格、销售量、原材料、燃料动力价格、薪酬等)发生不利变化时项目的承受能力或抗风险能力。

按照项目投产后总成本费用与产量关系的数学特征,可分为线性盈亏平衡分析和非线性盈亏平衡分析。

一、线性盈亏平衡分析

1. 假定条件

由于成本与生产规模、生产负荷密切相关,因此要通过产量—成本—盈利的相关分析,求得各个不确定因素的单因素临界值。为了分析线性关系下的盈亏状态,有以下假定条件:

(1) 产量等于销售量,即当年生产的产品当年完全销售;

(2) 总成本费用是产量的线性函数,即单位可变成本不随产量变化;

(3) 产品销售价格不随销量变化,即营业收入是销售量的线性函数;

(4) 只生产单一产品,或者生产多种产品,但可换算为单一产品计算,也即不同产品负荷率的变化是一致的。

2. 平衡关系

按上述假定,在正常生产状况下,年营业收入 TR、年总成本费用 TC、年税金及附加 TX 都是产量 Q 的线性函数。即:

$$TR = PQ$$
$$TC = F + C_V Q$$
$$TX = T_r Q$$

式中,P——单位产品售价(不含税);

F——年固定成本;

C_V——单位产品可变成本;

T_r——单位产品税金及附加。

而收入、成本、税金及盈利关系为:

$$TR = TC + TX + B$$

即:

$$PQ = F + C_V Q + T_r Q + B \tag{11-1}$$

式中,B——年利润总额。

3. 盈亏平衡点解析计算

在盈亏平衡状态下,即相当于不盈不亏的状态下,$B=0$,此时的产量称为盈亏平衡产量,用 BEP(产量)表示,即

$$BEP(\text{产量}) = \frac{F}{P - C_V - T_r} \tag{11-2}$$

盈亏平衡产量是盈亏平衡分析中体现盈亏平衡点的主要形式,也称产量盈亏平衡点。除此之外,还有以下几种表示方法:

盈亏平衡生产能力利用率 $BEP(\%)$:

$$BEP(\%) = \frac{BEP(\text{产量})}{Q_0} \times 100\% = \frac{F}{Q_0(P - C_V - T_r)} \times 100\% \tag{11-3}$$

式中,Q_0——年设计能力。

即 $$BEP(\%) = \frac{\text{年总固定成本}}{\text{年营业收入} - \text{年总可变成本} - \text{年税金及附加}} \times 100\%$$

上式中,营业收入和成本均是以不含税价格计算的。若采用含税价格计算,则上式的分母中还应减去年增值税。

若按设计生产能力生产,产品能够全部销售,则以(不含税)价格表示的盈亏平衡点为:

$$BEP(\text{产品售价}) = \frac{F}{Q_0} + C_V + T_r \tag{11-4}$$

在盈亏平衡点的计算中,要注意两点:

(1) 应按项目达产年份的数据计算,不能按计算期内的平均值计算。这是由于盈亏平衡点表示的是相对设计生产能力下,达到多少产量或负荷率多少时才能盈亏平衡,或为保持盈亏平衡最低价格是多少,故必须按项目达产年份的营业收入和成本费用数据计算,如按计算期内的平均数据计算就失去了意义。

(2) 当计算期内各年数值不同时,最好按还款期间和还完借款以后的年份分别计算。即便在达产后的年份,由于固定成本中的利息各年不同,折旧费和摊销费每年也不相同,所以成本费用数值可能因年而异,具体按哪一年的数值计算盈亏平衡点,可以根据项目情况进行选择。一般而言,最好按还款期间(第一个达产年)和还完借款以后的年份分别计算,以便分别计算出最高的盈亏平衡点和最低的盈亏平衡点。

4. 盈亏平衡点图解测定

以成本或营业收入(扣除税金及附加)为纵坐标,以产量或销售量为横坐标,将营业收入线与总成本费用线作图,两线交点即为盈亏平衡点产量,如图 11-1 所示。该产量将图划分为两个区域范围。当产量 $Q<BEP$ 时,营业收入(扣除营业税金及附加)小于总成本费用,为亏损区;产量 $Q>BEP$ 时,营业收入(扣除营业税金及附加)大于总成本,则为盈利区。因此,盈亏平衡产量也是企业保本的产量。

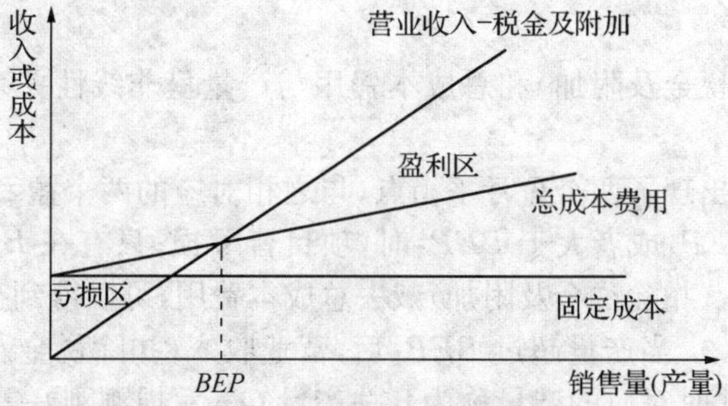

图 11-1 线性盈亏平衡分析图

5. 应用分析

盈亏平衡产量的大小与许多因素有关。从平衡式及分析图中可以看出,固定成本越高,单位可变成本越高,销售价格越低,则盈亏平衡产量越大。因此,要从加强管理、提高效率、压缩开支、降低消耗、稳定市场出发,采取相应措施,尽量降低盈亏平衡产量,以增强项目抗御各种不利变化带来的风险的能力。

【例 11-1】 已知某化工项目,设计年产量为 6 000 t,估计产品售价(不含税)为 70 万元/t。固定成本为 66 000 万元/年,可变成本为 28 万元/t,其营业收入和总成本费用与产量皆呈线性关系,税金及附加为 10 万元/t,求以产量、生产能力利用率、销售价格表示的盈亏平衡点。

解:① 盈亏平衡产量

$$BEP(\text{产量})=\frac{F}{P-C_V-T_r}=\frac{66\ 000}{70-28-10}=2\ 062.5\ (\text{t})$$

② 盈亏平衡生产能力利用率

$$BEP(\%)=\frac{BEP(\text{产量})}{Q_0}\times 100\%=\frac{2\ 062.5}{6\ 000}\times 100\%=34.38\%$$

③ 盈亏平衡销售价格

$$BEP(\text{产品售价})=\frac{F}{Q_0}+C_V+T_r=\frac{66\ 000}{6\ 000}+28+10=49(\text{万元 /t})$$

通过计算可知,如果单位产品价格、生产成本与预测值相同,项目不亏损的条件是销售量不低于2 062.5t,生产能力利用率不低于34.38%;如果按设计能力生产并能全部销售,生产成本与预测值相同,则项目不亏损的条件是产品价格不低于49万元/t(注:假定单位产品税金及附加与产品售价无关)。

二、非线性盈亏平衡分析

1. 假定条件

在实际生产中,成本与产量之间并不简单地表现为线性相关,而经常是非线性的,即当项目的产量超过一定限度后,有关消耗费用会大幅度增加。同样,销售价格与(产)销量之间的关系,则与市场供需情况有关。产(销)量增加到一定程度时,必然会导致价格下降,也表现为非线性关系。下面按照上述非线性关系对比线性关系进行盈亏平衡分析。

2. 图解测定

当营业收入(扣除税金及附加)和总成本费用与产量呈非线性关系时,其图解关系如图11-2所示。

从图中可以看出,出现了两个盈亏平衡点,与之相对应的两个盈亏平衡产量为BEP_1和BEP_2。当产量小于BEP_1或者大于BEP_2时,项目皆亏损;只有在BEP_1和BEP_2之间时,才能盈利。用营业收入(扣除税金及附加)减去总成本费用,可以得到盈利曲线B,并在盈利区内取得最大盈利B_{max}。当产量超过BEP_2后,营业收入(扣除税金及附加)等于可变成本时,就到达了开关点,此时对应的产量称为开关产量Q_s,亏损额刚好等于年固定成本。如果继续提高产量,亏损额比全部停产的损失还要大。产量介于BEP_2和Q_s之间时,虽然项目亏损,但比全部停产时损失要少一些,属勉强开工生产。

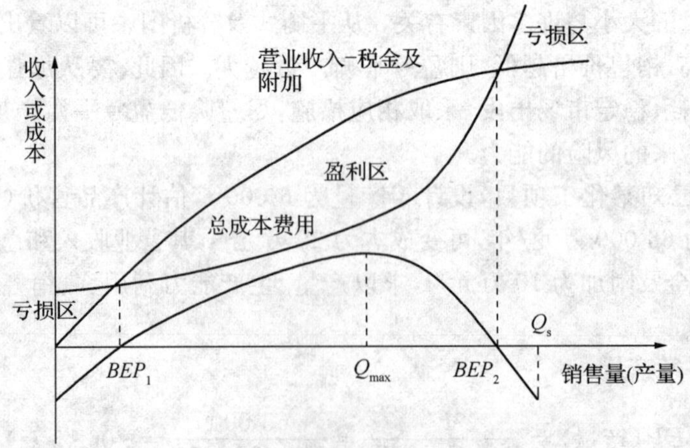

图11-2 非线性盈亏平衡分析图

3. 平衡关系

投资项目投产后的产量、收入和成本的非线性关系可以用二次曲线函数式表示：

$$f(Q)=aQ^2+bQ+c \tag{11-5}$$

假定营业收入(扣除税金及附加)是产量的二次曲线函数 $TR=f_1(Q)$，总成本费用也是产量的二次曲线函数 $TC=f_2(Q)$，则盈利函数 $B(Q)=f_1(Q)-f_2(Q)$。在盈亏平衡状态下 $B(Q)=0$，则 $f_1(Q)-f_2(Q)=0$。运用一元二次方程求根公式，可解得平衡点的产量 BEP。

$$BEP=\frac{-b\pm\sqrt{b^2-4ac}}{2a} \tag{11-6}$$

由此解得的 BEP_1 和 BEP_2 分别是低盈亏平衡点产量和高盈亏平衡点产量。在这两个平衡点之间是盈利区间，且存在着最大盈利点。在这个点的左侧利润增大，而右侧利润减少。而在最高盈利点上，利润变化率为零。对盈利函数求一阶导数，并令其等于零，即可求得盈利最大时的产量 Q_{max}：

$$\frac{d[B(Q)]}{dQ}=\frac{d}{dQ}[f_1(Q)-f_2(Q)]=0 \tag{11-7}$$

$$\frac{d[f_1(Q)]}{dQ}=\frac{d[f_2(Q)]}{dQ}$$

由上式看出，当达到最高盈利时的产量 Q_{max} 时，每增加一个销售单位产品所带来的收入等于多生产一个单位产品所增加的费用，即边际收入等于边际费用。

若产量继续增大，则会出现边际费用大于边际收入即利润下降的情况，一直到第二个平衡点。若产量继续增大，则开始亏损。当亏损金额刚好等于年固定成本时，相应的产量称为开关产量，相当于企业停产关门时的损失。

$$B(Q)=f_1(Q)-f_2(Q)=-F \tag{11-8}$$

从经济分析角度，项目建设的起始规模就是 BEP_1，在 BEP_1 与 BEP_2 之间就是合理规模，Q_{max} 则是最佳经济规模。由于企业自身及市场的原因，企业不可能固定在某一特定产量下生产，而是在最佳经济规模附近区域从事生产经营活动。当产量超过 BEP_2 时，决策的临界点是盈亏平衡点而不是开关点。只有在固定资产已经投资，且固定投资和职工无法迅速转移的情况下，选择生产方案才考虑开关点。

【例 11-2】 生产某种化工产品，年营业收入(扣除税及附加)为 $400Q-0.04Q^2$(元)，年总固定成本为 255 000 元，年总可变成本为 $200Q-0.02Q^2$(元)。试进行盈亏平衡分析。

解：① 求盈亏平衡点

盈利函数 $B=(400Q-0.04Q^2)-(255\,000+200Q-0.02Q^2)$

$=-0.02\,Q^2+200Q-255\,000$

因为在盈亏平衡点处，$B=0$，

所以 $BEP=\dfrac{-200\pm\sqrt{200^2-4\times(-0.02)\times(-25\,500)}}{2\times(-0.02)}$

即 $BEP_1=1\,500$(单位)

$BEP_2 = 8\ 500$(单位)

② 求最大盈利时的产量 Q_{max}

对于盈利函数求导,并令其等于零,即可求得:

$$\frac{dB}{dQ} = \frac{d}{dQ}(-0.02Q^2 + 200Q - 255\ 000) = -0.04Q + 200 = 0$$

得 $Q_{max} = 5\ 000$(单位)

$$B_{max} = -0.02 \times 5\ 000^2 + 200 \times 5\ 000 - 255\ 000$$
$$= 245\ 000(元)$$

③ 求开关点

由 $-B = F$

即 $-(-0.02Q^2 + 200Q - 255\ 000) = 255\ 000$

$0.02Q^2 - 200Q = 0$

得 $Q_1 = 0, Q_s = 10\ 000$(单位)

显然,开关点产量为 10 000 单位。

三、优劣平衡分析

1. 假定条件

盈亏平衡分析方法不但用于单个投资方案的分析,从而得到在某些不确定因素变化下的各种临界点。也可以用于多个方案的比较和选择。假定若干个互斥方案存在某一个共同的不确定因素影响,那么通过某种平衡关系,就可以得到优劣方案所处的范围及其分界点,从而使决策者做出正确的取舍。

2. 平衡关系

设两个互斥方案的经济效果都受到某不确定因素 x 的影响,因而经济效果可以表示为 x 的函数:

$$E_1 = f_1(x) \tag{11-9}$$

$$E_2 = f_2(x) \tag{11-10}$$

式中 E_1 和 E_2 分别是方案 1 与方案 2 的经济效果指标。如果要知道在 x 任意变量值下两个方案优劣的比较,那么通过两个方案经济效果相同时的平衡式就可以得到。

$$E_1 = E_2$$

$$f_1(x) = f_2(x)$$

从方程式中求解得到的 x 值,就是方案 1 和方案 2 优劣的分界点,依此就可做出正确选择。

在很多情况下,多个互斥方案相比较时,产出目标和要求是相同的。那么,只要在各方案之间建立总投入的成本费用平衡式,解出某个不确定因素的变量值,就是方案优劣的临界点。

3. 应用举例

【例 11-3】 某企业拟生产 A 产品,有三种方案可选择。方案 1:从国外引进成套生产线，预计年固定成本为800万元，单位产品可变成本为10元/件；方案2：从国外仅购买关键设备，其余国内配套，预计年固定成本为500万元，单位产品可变成本为20元/件；方案3：全部采用国产设备，年固定成本为300万元，单位产品可变成本为30元/件。试分析各个方案在不同生产规模下的相对优劣。

解：各方案年总成本均可表示为产量Q（万件）的函数：

$$TC_1 = 800 + 10Q$$
$$TC_2 = 500 + 20Q$$
$$TC_3 = 300 + 30Q$$

其年总成本函数曲线如图11-3所示。

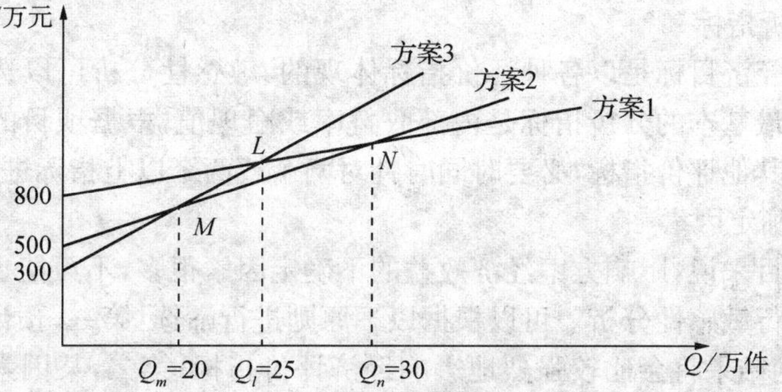

图11-3　各方案年总成本函数曲线

由图11-3看出，三条成本线分别相交于M、L、N三点，其中M点对应的产量Q_m是方案2和方案3优劣的分界点；同理Q_l是方案1和方案3优劣的分界点；Q_n是方案1和方案2优劣的分界点。将成本线两两联立，可以求解出$Q_m=20$万件，$Q_l=25$万件，$Q_n=30$万件。

显然，当预期产量低于20万件时，应采用方案3；当产量在20～30万件时，应选择方案2；当产量高于30万件时，方案1最好。

在上例中，我们是采用产量作为优劣平衡分析的共有变量。根据实际需要，也可以用投资额、产品价格、经营成本、贷款利率、项目寿命期、折现率等作为分析的共有变量，用净现值、内部收益率、年总成本费用等动态指标来衡量和比较方案的经济效果。

第三节　敏感性分析

一、概述

1. 敏感性分析的含义和内容

敏感性分析是通过分析项目主要不确定因素发生变化时，对经济评价指标的影响程度，从中找出敏感因素，并确定项目效益对它们的敏感程度，粗略预测项目可能承担的风险，为进一步的风险分析打下基础。

通常，敏感性分析是通过计算敏感度系数和临界点找出敏感因素，并将敏感性分析的结果汇总于敏感性分析表中；也可以通过绘制敏感性分析图，直观地显示各因素的敏感程度和临界点。最后对敏感性分析结果进行说明,提出防范和减轻不确定性因素对项目经济效益影响的措施建议。

敏感性分析包括单因素敏感性分析和多因素敏感性分析。单因素敏感性分析是指每次只改变一个因素的数值,用以估算单个因素的变化对项目效益产生的影响;多因素分析则是同时改变两个或两个以上因素的数值,用以估算多因素同时发生变化对项目效益的影响。为了找出关键的敏感因素,通常多进行单因素敏感性分析。必要时,可以同时进行单因素敏感性分析和多因素敏感性分析。

敏感性分析方法简单,容易掌握,对于提高项目经济效益评价的可靠性有现实意义,在财务评价和国民经济评价中同样适用。

2. 敏感性分析的步骤

(1) 选取分析指标

评价方案的经济目标是以各种评价指标体现的,敏感性分析可以选定其中一项或几个主要指标进行。最基本的分析指标是内部收益率或净现值,根据项目的实际情况也可以选择投资回收期等其他评价指标,必要时同时针对两个或两个以上指标进行敏感性分析。

(2) 选定不确定因素

对于工业项目来说,影响方案经济效益的不确定因素很多,不可能也没有必要对所有的不确定因素都进行敏感性分析。可以根据以下原则进行筛选:第一,预计在可能的变化范围内,某因素的变动结果将会比较强烈地影响经济评价指标;第二,某因素的数据在预测和估算时误差比较大。

经验表明,通常应予进行敏感性分析的因素包括产品售价、销售量、主要投入物价格或可变成本、建设投资、汇率等。

(3) 计算变动结果

计算各不确定因素不同幅度的变化所导致的经济评价指标的变动结果,并根据计算结果编制敏感性分析表和绘制敏感性分析图。若是只考虑一个因素变动,则称为单因素敏感性分析;若考虑两个及其以上因素同时变动,则称为多因素敏感性分析。

为了全面地反映不确定性因素对经济评价指标的影响,一般应考虑不确定性因素朝着不利和有利的方向变化,为了作图的需要可分别选取±5%、±10%、±15%、±20%等。对于那些不便用百分数表示的因素,如建设期,可采用延长一段时间表示,例如延长一年。

敏感性分析的目的并不在于考察项目效益在某个具体的百分数变化下发生的具体数值,而只是借助于它进一步计算敏感性分析指标。

(4) 确定敏感因素

敏感因素是通过计算敏感性分析指标加以确定的,敏感性分析指标包括敏感度系数和临界点。

① 敏感度系数。敏感度系数是指项目经济评价指标变化的百分率与不确定因素变化的百分率之比。敏感度系数高,表示项目对不确定因素的敏感程度高,提示应重视该不确定因素对项目经济效益的影响。敏感度系数计算公式如下:

$$E=\frac{\Delta A/A}{\Delta F/F} \tag{11-11}$$

式中,E——经济评价指标 A 对于不确定因素 F 的敏感度系数;

$\Delta A/A$——评价指标 A 的变化率(%)；

$\Delta F/F$——不确定因素 F 的变化率(%)。

$E>0$,表示经济评价指标与不确定因素同方向变化；$E<0$,表示经济评价指标与不确定因素反方向变化。$|E|$较大者敏感系数高,也就意味着经济评价指标对该不确定因素的敏感程度高,该因素就是敏感因素。

敏感度系数的计算结果可能受到不确定因素变化率取值不同的影响,所以敏感度系数的数值会有所变化。但其数值大小并不是计算该项指标的目的,重要的是各不确定因素敏感度系数的相对值,借此了解各不确定因素的相对影响程度,以选出敏感度较大的不确定因素。因此虽然敏感度系数有以上不足,但在判断各不确定因素对项目效益的相对影响程度上仍然具有作用。

② 临界点

临界点是指不确定因素的极限变化,即不确定因素的变化使项目由可行变为不可行的临界数值,也可以说是该不确定因素使内部收益率等于基准收益率或净现值变为零时的变化率。可以通过敏感性分析图求得临界点的近似值,但由于项目经济评价指标的变化与不确定因素变化之间不一定是直线关系,有时误差较大,因此最好采用试算法或函数求解。

临界点的高低与设定的基准收益率有关。对于同一个投资项目,随着设定的基准收益率的提高,临界点就会变低;而在一定的基准收益率下,临界点越低,说明该因素对项目效益指标的影响越大,项目对该因素就越敏感,该因素就是敏感因素。

计算出的敏感度系数和临界点可以放在敏感性分析表中,以使评价指标的变动结果与敏感因素对应起来。

(5) 进行综合分析

通过敏感性分析可以看出哪些因素最敏感。这就能够使决策者和项目的经营者结合不确定因素变化的可能性,预测这些因素变化对项目带来的风险,并采取相应的控制、弥补措施,使项目力求保持在经济上可行的程度。

【例 11-4】 某项目进行单因素敏感性分析,敏感性分析表见表 11-1,试对该表计算结果进行说明并对敏感度系数进行验证。

解:根据表中计算结果可以看出,在不确定性因素相同的变动幅度下,产品售价的变化使项目内部收益率的变动值最大,因此产品售价是最敏感因素,其对应的敏感度系数绝对值最大,临界点的绝对值最小。当产品售价下降 10%时,内部收益率只有 10.6%,小于基准收益率 15.3%,项目将变得不可行。汇率因素是最不敏感因素,当汇率上升 32.2%时,内部收益率才降到基准收益率水平。

以建设投资增加 10%和产品售价降低 10%为例,说明表 11-1 中的敏感性系数的计算。

建设投资增加 10%时,

$$\frac{\Delta A}{A}=\frac{12.6\%-15.3\%}{15.3\%}=-0.176$$

$$E_{建}=\frac{-0.176}{0.1}=-1.76$$

$E_{建}$为经济评价指标对建设投资的敏感度系数。其值系数为负,说明建设投资增加导致内部收益率降低,两者变化方向相反。

产品售价减低10%时，

$$\frac{\Delta A}{A}=\frac{10.6\%-15.3\%}{15.3\%}=-0.307$$

$$E_{售}=\frac{-0.307}{-0.1}=3.07$$

$E_{售}$为经济评价指标对产品售价的敏感度系数。其值系数为正,说明产品售价降低导致内部收益率降低,两者变化方向相同。

比较建设投资和产品售价两个敏感度系数的绝对值,可以看出$|E_{售}|>|E_{建}|$,说明产品售价的敏感程度高于建设投资的敏感程度。

表11-1 敏感性分析表

序号	不确定因素	不确定因素变化率(%)	项目内部收益率	敏感度系数	临界点
	基本方案		15.3%		
1	建设投资变化	10%	12.6%	-1.76	12.3%
		-10%	18.4%	-2.03	
2	产品售价变化	10%	19.6%	2.81	-7.1%
		-10%	10.6%	3.07	
3	主要原材料价格变化	10%	13.8%	-0.98	22.4%
		-10%	16.7%	-0.92	
4	汇率变化	10%	14.2%	-0.72	32.2%
		-10%	16.4%	-0.72	
5	正常年生产负荷变化	10%	17.9%	1.70	-11.2%
		-10%	12.4%	1.90	

说明：

(1) 基准收益率为15.3%。

(2) 表中仅列出不确定因素变化率为±10%的情况。为了绘制敏感性分析图,还可以测算不确定因素变化率为±20%和±30%的情况。

3. 敏感性分析的用途与不足

敏感性分析是显示项目的经济效益对各项因素变动的敏感程度,是对投资项目可靠性进行检验的一种手段,其主要用途有以下几点：

(1) 比较选择方案。通过各个方案的敏感性分析,比较敏感程度大小,可以选择敏感程度小的,即风险小的投资方案。

(2) 调整完善方案。对于经济效果好而敏感程度大的方案,可以吸取其他方案的优点,想法调整完善方案,以力求减少风险。

(3) 控制不利因素。决策者可全面了解主要因素变化引起项目经济评价指标的变动,从而掌握风险程度,积极采取措施,控制不利因素,以减少或避免风险。

敏感性分析虽然可以找出项目效益对之敏感的不确定因素,并估计其对项目效益的影响程度，但却并不能得知这些影响发生的可能性有多大，这是敏感性分析最大的不足之处。

二、单因素敏感性分析

单因素敏感性分析是假定其他因素不变的情况下，研究项目经济效果对某一因素的敏感程度。它可以表示为该因素按一定百分率变化时所得到的评价指标值，也可以表示为评价指标达到临界点（如 $FIRR=i_c$，或 $FNPV=0$）时，允许某一因素变化的最大比率即极限变化率。前者可列表表示，后者可绘制敏感性分析图，从中求出极限变化率。

【例 11-5】 某工业项目财务现金流量表见表 11-2，表中的数据均为预测估计值。估计产品产量、产品价格（含税）和建设投资这三个因素可能在 20%的范围内变化。基准收益率为 15%，试对上述三个不确定因素分别进行单因素敏感性分析。

解：以财务净现值和财务内部收益率为项目经济目标。

$$FNPV=-1000(P/F,15\%,1)+290(P/A,15\%,9)(P/F,15\%,1)+232(P/F,15\%,10) \tag{11-12}$$

可以计算出，该项目财务净现值（$i_c=15\%$）为 391.1 万元，财务内部收益率为 26.2%。

表 11-2　项目财务现金流量表

单位：万元

序号	项目	计算期		
		1	2～9	10
1	现金流入			
1.1	产品营业收入		1 000×8	1 000
1.2	回收资产余值			32
1.3	回收流动资金			200
2	现金流出			
2.1	建设投资	800		
2.2	流动资金	200		
2.3	经营成本		600×8	600
	其中：固定成本		130×8	130
	可变成本		470×8	470
2.4	税金及附加和增值税		110×8	110
3	净现金流量	−1 000	290×8	522

设产品价格、产品产量和建设投资变化的百分数分别为 X、Y 和 Z，则有：

$$\begin{aligned}FNPV=&[-800(1+Z)-200](P/F,15\%,1)+[(1\,000-110)(1+X)(1+Y)-130\\&-470(1+Y)](P/A,15\%,9)(P/F,15\%,1)+232(P/F,15\%,10)\end{aligned} \tag{11-13}$$

上式中,当产品价格变动时(X 不为零),会导致营业收入、税金及附加和增值税的同比例变动;当产品产量变动时(Y 不为零),会导致营业收入、税金及附加和增值税以及可变成本的同比例变化;而对于建设投资的变动(Z 不为零),忽略了对回收资产余值的影响。

对于算式(11-13),可以整理得:

$$FNPV=391.1+3\,692.79X+1\,742.66Y+3\,692.79XY-695.62Z \qquad (11\text{-}14)$$

利用算式(11-14)可以很方便地进行单因素敏感性分析。当某一因素变动时,其他因素均保持不变。如产品价格先变化,X 分别为±5%、±10%、±15%、±20%,Y 和 Z 都为零,分别代入算式(11-14),可求得产品价格变动时对净现值的影响;用同样的方法,也可以求出其他两个因素分别变动时对净现值的影响。敏感性分析计算结果见表 11-3。

表 11-3 不确定因素变化对财务净现值的影响

单位:万元

不确定因素	变动率(%)								
	−20	−15	−10	−5	0	5	10	15	20
产品价格	−347.5	−162.9	21.8	206.4	391.1	575.7	760.3	945.0	1 129.6
产品产量	42.5	129.7	216.8	303.9	391.1	478.2	565.3	652.5	739.6
建设投资	530.2	495.4	460.6	425.8	391.1	356.3	321.5	286.7	251.9

由算式(11-14),当 Y、Z 为零时,令 $FNPV=0$,可以求得产品价格变化的临界点 $X=-10.59\%$;同理,可以求得产品产量和建设投资变化的临界点:$Y=-22.44\%$,$Z=+56.22\%$。

将算式(11-13)的折现率变换,并使算式等于零,可得:

$$[-800(1+Z)-200](P/F,FIRR,1)+[(1\,000-110)(1+X)(1+Y)-130$$
$$-470(1+Y)](P/A,FIRR,9)(P/F,FIRR,1)+232(P/F,FIRR,10)=0$$
$$(11\text{-}15)$$

按上述计算不确定因素变化对财务净现值影响的办法,使 X、Y、Z 逐个分别变化,代入算式(11-15),可求解出单因素变化时对财务内部收益率的影响。计算结果见表 11-4。

表 11-4 不确定因素变化对财务内部收益率的影响

不确定因素	变动率(%)								
	−20	−15	−10	−5	0	5	10	15	20
产品价格	3.9%	10.0%	15.6%	21.0%	26.2%	31.2%	36.1%	40.8%	45.6%
产品产量	16.3%	18.8%	21.3%	23.8%	26.2%	28.5%	30.9%	33.2%	35.5%
建设投资	32.5%	30.7%	29.1%	27.6%	26.2%	24.9%	23.6%	22.5%	21.4%

根据表 11-3 和表 11-4 中数据,可分别绘出敏感性分析图,如图 11-4 和图 11-5。

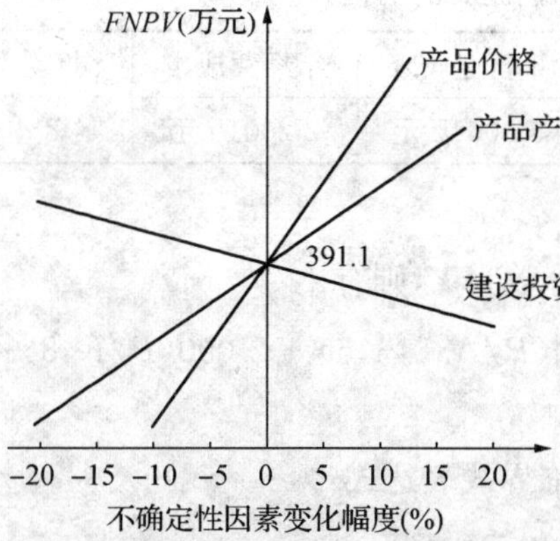

图 11-4　以财务净现值为目标的敏感性分析图

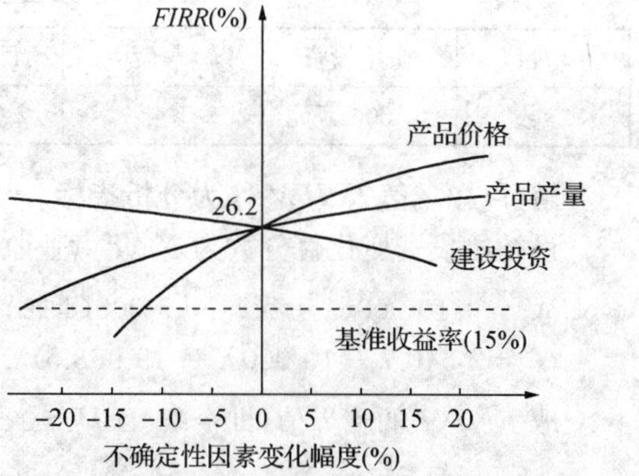

图 11-5　以财务内部收益率为目标的敏感性分析图

从表 11-3、表 11-4 和图 11-4、图 11-5 可以看出，当产品价格下降超过 10.6%时，财务净现值开始变为负值，相应的财务内部收益率也已小于基准收益率(15%)，方案变得不可行了。可以看出，产品价格是最为敏感的因素，其敏感度系数值也最大。为此，就应该对未来产品价格的变动情况作进一步的分析，如果产品价格降低 10%以上的概率较大，那么这个方案就有较大的风险，应慎重考虑。

其次，产品产量线的斜率小于产品价格线的斜率，所以产品产量对经济目标也是比较敏感的因素，下降 22.5%以上也会导致方案不可行。所以，对于未来的决策者、经营者一定要努力做到满负荷运行，不断开拓市场，加强营销工作，以便保证其经济效果。而建设投资属不敏感因素，其变化不会引起项目太大风险。

讨论：例 11-5 是用数学解析的方法进行单因素敏感性分析的，它基于项目的现金流量表，只对表中不确定性因素进行简单地数值增减，进而计算评价指标并判断敏感性。实际上这种简单的处理是不够严谨的，因为产品价格、产品产量的变化都会引起表中流动资金的变化，评价指标的计算结果也会发生改变。因此，在实际应用中，应通过数据和表格的链接将相关因素关联起来，这样就能得出正确的敏感性分析结果。

三、双因素敏感性分析

在进行单因素敏感性分析时，每当要计算某特定因素变动对经济效益指标的影响，都假定其他因素都保持不变。实际上，不确定因素往往是同时变化的，所以有必要进行多因素敏感性分析。

多因素敏感性分析要考虑被分析的各因素可能的不同变动幅度的多种组合，计算起来比单因素敏感性分析要复杂得多。如果需要分析的不确定因素不超过三个，而且经济效果评价指标的计算比较简单，可以用解析法与作图法相结合的方法进行分析。

单因素敏感性分析在敏感性分析图上能得到一个临界点，而双因素敏感性分析即两个因素同时变化的敏感性分析，在敏感性分析图上得到的则是一个临界面。

【例 11-6】　某投资方案的基础数据如表 11-5，试进行初始投资和年营业收入双因素敏感性分析。

表 11-5　双因素敏感性分析基础数据

项目	初始投资	寿命	回收余值	年营业收入	年经营成本	折现率
参数	10 000 万元	5 年	2 000 万元	5 000 万元	2 200 万元	8%

解:以净现值 $FNPV$ 作为分析指标。

设初始投资变化百分数为 X,年营业收入变化百分数为 Y,则有:

$$FNPV = -10\,000(1+X) + [5\,000(1+Y) - 2\,200](P/A,8\%,5) + 2\,000(P/F,8\%,5)$$
$$= 2\,540.7 - 10\,000X + 19\,963.5Y$$

取 $FNPV$ 的临界值,即令 $FNPV=0$,则可求得临界线表达式:

$$2\,540.7 - 10\,000X + 19\,963.5Y = 0$$
$$Y = 0.5X - 0.127\,3$$

取 X 和 Y 两因素的变动量均为±10%和±20%作图,可得到图 11-6 所示的双因素敏感性分析图。

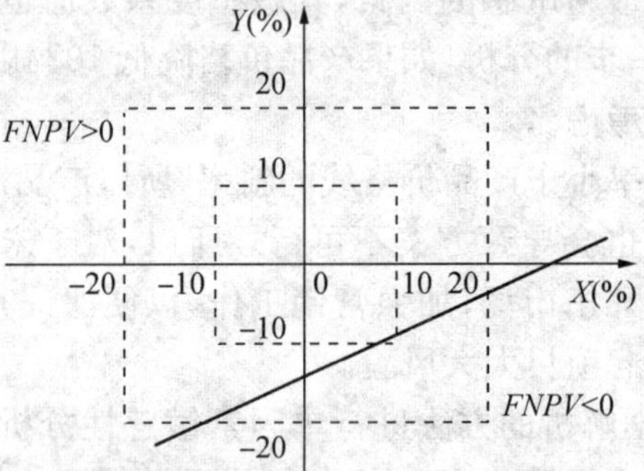

图 11-6　双因素敏感性分析图

图 11-6 中,X 与 Y 的任一组合代表初始投资和年营业收入变化的一个可能状态,直线 $Y=0.5X-0.127\,3$ 是一条临界线。在临界线上,$FNPV=0$;在临界线左上方的区域,$FNPV>0$;在临界线右下方的区域,$FNPV<0$。当初始投资和年营业收入同时变动时,若变动量所对应的点落到了 $FNPV<0$ 的区域,方案就会变为不可行。(注:此例忽略初始投资变化对回收余值的影响,不考虑税金及附加)

第四节　概率分析

一、概述

敏感性分析是最常用的一种不确定性分析方法,可以指出项目评价指标对各不确定因素的敏感程度。但是,它无法使投资者知道某因素某一幅度变化出现的可能性大小。因而,不能使投资者最终了解项目风险的大小。甚至会出现:某因素虽属敏感因素,但在未来发生某一幅度变化的概率却很小,以致可以不考虑它的影响;相反,另一因素虽属不敏感因素,但其发生某一幅度变化的概率却很大，以致必须考虑它的影响。这个问题是敏感性分析无法解决的，必须借助于风险分析，其定量分析方法主要是概率分析。

概率分析是研究预测各种风险因素发生变化的可能性及对项目评价指标影响的一种定量分析方法，它是建立在主观概率的基础上的。然而，要确定各种可能发生情况的概率是很复杂的，往往会受主观因素的影响，需积累大量资料和进行专门研究才能减少这种影响。

在项目经济评价中，不要求一律进行概率分析。根据项目特点和实际需要，有条件时可作概率分析。一般是计算项目净现值的期望值及净现值大于或等于零的累计概率。累计概率越大，说明项目承担的风险越小。

二、简单概率分析

计算项目净现值的期望值及净现值大于或等于零的累计概率的方法称为简单概率分析，一般计算步骤如下：

(1) 列出各种应考虑的不确定因素。

(2) 设想各不确定因素可能发生的变化情况，常以增减百分比率表示。

(3) 分别设定每种情况出现的可能性，即概率。每种不确定因素可能发生情况的概率之和必须等于1。

(4) 用投资风险分析决策树图的形式表示出在一定的不确定条件下可能发生的事件（各不确定因素以不同的变化率同时发生变化的组合），分别求出各可能发生事件的净现值、加权净现值，然后求出净现值的期望值。

(5) 求出净现值大于或等于零的累计概率。

【例 11-7】 某工业项目，其产品年产量为150万件，产品销售价格、销售量与经营成本相互独立。投资、产品售价和年经营成本可能发生的数值及其概率见表11-6、表11-7和表11-8。试计算其净现值的期望值。

表 11-6　项目投资可能发生的数值及其概率

单位：万元

年份	1		2	
可能发生情况	Ⅰ	Ⅱ	Ⅰ	Ⅱ
数值	1 000	1 200	2 000	2 400
概率	0.8	0.2	0.7	0.3

表 11-7　项目产品售价可能发生的数值及其概率

单位：元/件

年份	3～12		
可能发生情况	Ⅰ	Ⅱ	Ⅲ
数值	5	6	7
概率	0.4	0.4	0.2

表 11-8　项目年经营成本可能发生的数值及其概率

单位:万元

年份	3～12		
可能发生情况	Ⅰ	Ⅱ	Ⅲ
数值	150	200	250
概率	0.2	0.6	0.2

解:① 求出各年净现金流量 Y_t 的期望值 $E(Y_t)$

$E(Y_1)=-1\,000\times0.8-1\,200\times0.2=-1\,040$(万元)

$E(Y_2)=-2\,000\times0.7-2\,400\times0.3=-2\,120$(万元)

$$E(Y_3\sim Y_{12})=150\times(5\times0.4+6\times0.4+7\times0.2)-(150\times0.2+200\times0.6+250\times0.2)$$
$$=670(\text{万元})$$

② 求财务净现值 $FNPV$ 的期望值 $E[FNPV]$(按基准收益率 10%计)

$$E[FNPV]=\sum_{t=1}^{12}E(Y_t)(1+i)^{-t}=-1\,040\times(1+0.1)^{-1}-2120\times(1+0.1)^{-2}$$
$$+670(P/A,10\%,10)(P/F,10\%,2)$$
$$=704.8(\text{万元})$$

【例 11-8】　某项目需投资 20 万元,建设期 1 年。根据预测,项目生产期的年收入(各年相同)为 5 万元、10 万元和 12.5 万元的概率分别为 0.3、0.5 和 0.2。在每一收入水平下生产期为 2 年、3 年、4 年和 5 年的概率分别为 0.2、0.2、0.5 和 0.1。折现率为 10%,试进行概率分析。

解:根据已知条件,可以画出图 11-7 左面的概率树形图。从图中可以看出,年收入有 3 种可能性,每年年收入下又有 4 种生产期,这样总共有 12 种可能发生的状态或事件。

① 年收入 5 万元,生产期为 2 年的事件

发生概率$=P(A=5\text{ 万元})\times P(N=2\text{ 年})$

$=0.3\times0.2=0.06$,

净现值$=-200\,000\times(1+0.1)^{-1}+50\,000\times[(1+0.1)^{-2}+(1+0.1)^{-3}]$

$=-102\,930$(元)

② 年收入 5 万元,生产期为 3 年的事件

发生概率$=P(A=5\text{ 万元})\times P(N=3\text{ 年})=0.3\times0.2=0.06$,

净现值$=-200\,000\times(1+0.1)^{-1}+50\,000\times[(1+0.1)^{-2}+(1+0.1)^{-3}+(1+0.1)^{-4}]$

$=-68\,779$(元)

同样的,可以计算出其余 10 个事件发生的概率及其净现值。计算结果列于图 11-7 中。

将每个事件的净现值乘以其发生概率,即可得到加权净现值,加权净现值之和为方案净现值的期望值。

将各个事件的净现值按从小到大顺序排列,再将它们的发生概率累加,可得到净现值累计概率表(表 11-9)。

根据净现值累计概率表可绘出净现值累计概率图(图 11-8)。

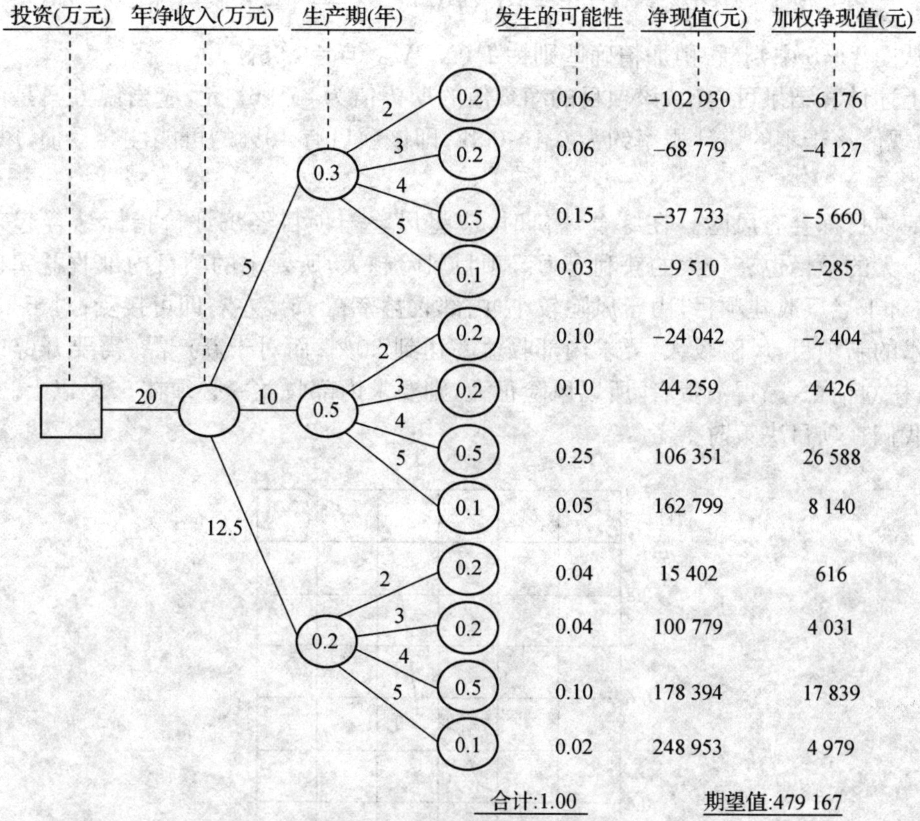

图 11-7　净现值期望值计算

表 11-9　净现值累计概率表

净现值	累计概率
−102 930元	0.06
−68 779元	0.12
−37 733元	0.27
−24 042元	0.37
−9 510元	0.40
15 402元	0.44
44 259元	0.54
100 779元	0.58
106 351元	0.83
162 799元	0.88
178 394元	0.98
248 953元	1.00

由表 11-9 和图 11-8 可看出，净现值大于或等于零的累计概率 $P(NPV\geqslant 0)$ 为：

$$P(NPV \geqslant 0)=1-P(NPV<0)=1-0.4=0.6$$

若从图 11-8 中判断,稍加精确些则为 $P(NPV \geqslant 0)=0.58$。

从上述计算结果可看出,该项目的净现值的期望值为 47 967 元,应当说方案是可行的。但是,净现值小于零的累计概率约为 0.4～0.42,即该项目有 40%的可能性会亏损,风险是相当大的。

任何项目都会有风险。在综合评价时,应将风险与项目经济评价指标结合起来考虑。一般风险大的项目也有较大的获利潜力。项目风险越大,所要求的项目内部收益率也越大。在国外,对于老厂改建项目,由于风险较小,内部收益率在 15%左右即可接受;对于采用新工艺新技术的新项目,风险较大,要求内部收益率达到 30%;而对于新产品,需要开辟市场,参与竞争,树立信誉,赢得消费者,所以风险很大,则要求内部收益率必须在 50%以上。这些要求可供我们在项目决策时参考。

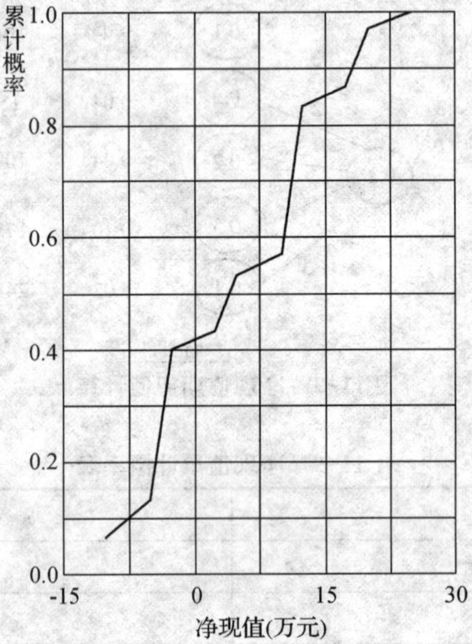

图 11-8 净现值累计概率图

习 题

1. 某产品的营业收入和总成本与产量呈线性关系。设计能力为年产 10 000 t,产品价格为 5 000 元/t,固定成本每年为 1 000 万元,单位产品可变成本为 2 500 元,产品销项税率和原材料、燃料进项税率均为 13%,其他税种及附加不计。试分别以产量、生产能力利用率、销售价格表示盈亏平衡点。

2. 某产品的营业收入 TR 与产量 Q 的关系为 $TR=6Q-0.004Q^2$,总成本 TC 与产量 Q 的关系为 $TC=100+4Q$。试求盈亏平衡点产量、开关点产量、最大盈利的营业额和最大盈利(税额不计)。

3. 某项目有关数据如题表 11-1 所示,基准收益率为 10%。估计产品产量、产品价格和建设投资三个因素可能在 10%范围内变化,试分别分析这三个因素变化对财务净现值的影响(假设流动资金保持不变)。

题表 11-1　项目有关数据

单位:万元

项目	年份		
	1	2～11	12
现金流入			
1. 产品营业收入		2 500×10	2 500
2. 回收资产余值			100
3. 回收流动资金			500
现金流出			
1. 建设投资	2 000		
2. 流动资金	500		
3. 经营成本		1 500×10	1 500
其中:变动成本		1 100×10	1 100
4. 税金及附加		250×10	250

4. 某投资方案的基础数据如题表 11-2 所示,以净现值为分析指标,用解析法并作图进行初始投资和营业收入双因素敏感性分析(忽略初始投资变化对回收余值的影响,不考虑税金及附加)。

题表 11-2　投资方案的基础数据

项目	初始投资	生产期	资产余值	年营业收入	年经营成本	折现率
数值	100 万元	10 年	20 万元	120 万元	80 万元	10%

5. 某项目投资 10 万元,每年营业收入扣除经营成本后可余 2 万元,固定资产余值随生产期长短而变动,其概率如题表 11-3 所示。求净现值的期望值和净现值不小于零的累计概率。基准收益率为 12%。

题表 11-3　固定资产余值随生产期变化的概率

预期生产期(年)	固定资产余值(万元)	概率
5	3.0	0.20
6	2.5	0.20
7	2.0	0.15
8	1.5	0.15
9	1.0	0.15
10	0.5	0.15

6. 由于计算机技术的飞速发展,使得所提供的计算机服务系统的服务寿命具有不确定性。若某公司新开发的计算机系统原始投资一次为 1 000 万元,在服务期内每年可获得净收益 450 万元,如果服务寿命变动的概率如题表 11-4 所示。当基准收益率为 10%时,净现

值的期望值为多少?

题表11-4　服务寿命变动的概率

服务寿命(年)	1	2	3	4	5
概率	0.1	0.2	0.4	0.2	0.1

7. 东方石化公司拟开发一项新产品,初始投资为40万元,建设期2年,各年投入一半,第3年开始投产,并达到满负荷生产。预计生产期10年,年营业收入为25万元,年经营成本为10万元,最终资产余值假设为零。基准收益率为15%。

(1) 以净现值为评价指标,分析该项目是否可行。

(2) 以净现值为经济目标,分析初始投资、年营业收入、年经营成本及生产期等单因素发生变化时,对项目效益影响的极限变化率。其中最敏感的因素是哪一个?

(3) 以净现值为目标,进行初始投资、年营业收入的双因素敏感性分析,并用图指出盈利区域(假设不确定因素的变化范围为±20%)。

第十二章 经济评价案例——某直投式发酵剂项目财务评价

为了使投资估算、成本估算、经济评价、不确定性分析等内容有机地联系在一起，本章以某直投式发酵剂项目财务评价为例，通过案例剖析，提高理论分析与实际操作相结合的能力。虽然财务评价中某些参数和数据(例如报表中项目构成、投资与成本估算参数以及判别基准等)随时间的推移会有所变动，但其评价方法和分析思路是有指导和示范意义的。因此，在学习案例时，应重点放在数据的取得和走向上，应对照规范化的表格弄清楚数据的来龙去脉，并能根据表格计算出有关的经济评价指标，这样就能有助于提高分析问题能力和实际动手能力。

第一节 项目概述

某直投式发酵剂项目属于新建项目。该项目的财务评价是在可行性研究完成市场需求预测、建设规模、工艺技术方案、原材料、燃料及动力的供应、建厂条件和厂址方案、公用工程和辅助设施、环境保护、工厂组织和劳动定员以及项目实施规划诸方面进行研究论证和多方案比较后，确定了最佳方案的基础上进行的。

项目生产国内外市场需求量很大的食品发酵剂，这种发酵剂是食品工业不可缺少的原料。项目投产后可降低发酵食品的生产成本，提高发酵食品的安全性，从而提高我国发酵食品在国际市场上的竞争力。

主要技术采用国内自行研发的技术，主要设备由国内提供。

厂址位于城市近郊，靠近铁路、公路，交通运输方便，原材料和燃料动力供应可靠。土地通过政府划拨方式获得。

该项目主要建设工程及设施包括生产主车间，与生产工艺相配套的辅助工程、公用工程以及厂区围墙、厂内道路、办公室等。

第二节 基础数据

1. 建设规模和产品方案

建设规模为年产 500 t 直投式发酵剂。产品方案为发酵剂 A 100 t，发酵剂 B 350 t，发酵剂 C 50 t。

2. 项目实施进度

项目建设期 2 年，生产运营期 8 年，计算期共 10 年。

达产进度：投产后第 1 年达 60%，第 2 年达 80%，其余各年达 100%。

3. 项目总投资及资金筹措

(1) 建设投资估算

第一部分工程费用 4 640.00 万元(含可抵扣固定资产进项税额 496.13 万元)。其中建筑工程费 1 000.00 万元(含可抵扣固定资产进项税额 82.57 万元),设备购置费 3 480.00 万元(含可抵扣固定资产进项税额 400.35 万元),安装工程费 160.00 万元(含可抵扣固定资产进项税额 13.21 万元)。

第二部分工程建设其他费用 740.00 万元(含可抵扣固定资产进项税额 16.98 万元)。其中固定资产其他费用 600.00 万元(用于建设管理费、可行性研究费、研究试验费、环评费等),无形资产费用 100.00 万元(用于专有技术),其他资产费用 40.00 万元(用于项目开办费)。

预备费用:基本预备费取第一部分与第二部分费用之和的 10%,涨价预备费不计。

(2) 建设投资使用计划与资金筹措

项目建设期为 2 年,第 1、2 年分别安排建设投资的 40%和 60%。在每年的建设投资中资本金占比 70%,其余为借款,年利率 6%。建设投资借款在投产后 5 年以等额偿还本金和利息的方式偿还。

(3) 建设期利息以均衡借款方式计算,当年建设期利息用资本金支付。

(4) 流动资金估算与资金筹措

流动资金按分项详细估算法估算,各项周转次数:应收账款 4 次,原辅材料 12 次,燃料动力 12 次,在产品 36 次,产成品 8 次,现金 12 次,应付账款 4 次。

生产运营期内流动资金按达产进度进行投资安排,每年投资额中资本金占 30%,其余为借款,年利率 5.8%。流动资金借款本金在计算期末偿还。

4. 产品售价(不含税)

发酵剂 A 8 万元/t,发酵剂 B 10 万元/t,发酵剂 C 20 万元/t。

5. 产品税金及附加和增值税

项目产品销项税率为 13%;进项税率:原辅材料税率为 13%,燃料动力中自来水和蒸汽税率为 9%、电力税率为 13%;城市维护建设税税率为 7%,教育费附加费率为 5%。

6. 总成本费用估算依据

(1) 外购原材料费(以 100%生产负荷计)658.12 万元(不含税)。

(2) 外购燃料和动力费(以 100%生产负荷计)178.76 万元(不含税)。

(3) 职工薪酬。劳动定员 38 人。其中:工人 25 人,人均工资 5 万元/年;技术人员 3 人,人均工资 10 万元/年;管理人员 10 人,人均工资 15 万元/年;福利费为工资总额的 14%。

(4) 修理费:取固定资产原值(扣除建设期利息)的 5%计提。

(5) 折旧费:固定资产按年限平均法分类进行折旧计算。新增房屋、建筑物按 20 年折旧,机器设备按 10 年折旧,其他固定资产按 10 年折旧,净残值率均取为 5%。

(6) 摊销费:无形资产按 8 年摊销,其他资产按 5 年摊销,均不计残值。

(7) 其他费用:其他管理费取职工薪酬总额的 200%,其他制造费用取固定资产原值(扣除建设期利息)的 2%,其他营业费取当年销售收入的 5%。

根据项目特点,外购原材料费、外购燃料和动力费作为可变成本,其他费用均作为固定成本。

7. 其他计算依据

(1) 财务基准收益率为 10%;

(2) 企业所得税率为 25%;

(3) 法定盈余公积金取净利润的 10%,任意盈余公积金取净利润的 5%。

第三节　编制辅助报表

财务评价的报表分为辅助报表和基本报表，辅助报表的编制一般可根据给定的基础数据和计算参数求得结果填入表中，基本报表的编制则基本上是从辅助报表中获取数据。本案例参照第八章图 8-2 的基本流程完成辅助报表的编制。

1. 建设投资估算表

根据给出的基础数据，参照项目建设方案确定的各项工程及设备清单（为节省篇幅，略去）将相关数据填入建设投资估算表（概算法）（见附表 12-1）及建设投资估算表（形成资产法）（见附表 12-2）中。

表中，基本预备费＝（工程费用＋工程建设其他费用）×10％

＝（4 640.00＋740.00）×10％

＝538.00（万元）

项目建设投资为 5 918.00 万元，其中形成固定资产原值 5 264.89 万元，形成无形资产原值 100.00 万元，形成其他资产原值 40.00 万元，可抵扣固定资产进项税额 513.11 万元。

2. 项目总投资使用计划与资金筹措表

有了建设投资额，就可以根据项目拟定的建设进度进行资金的投放和资金筹措，完成项目总投资使用计划与资金筹措表（见附表 12-5）的部分编制。

项目建设期 2 年，第 1 年投资 40％为 2 367.20 万元，其中资本金占比为 70％，金额为 1 657.04 万元，借款 710.16 万元；第 2 年投资 60％为 3 550.80 万元，其中资本金 2 485.56 万元，借款 1 065.24 万元。

3. 建设期利息估算表

有了建设期各年的借款额，就可以根据借款利率计算建设期利息，完成建设期利息估算表（见附表 12-3）的编制。

建设期利息按均衡借款方式计算，借款利率为 6％：

第 1 年建设期利息＝710.16/2×6％＝21.3 万元（注：当年用资本金归还建设期利息）

第 2 年建设期利息＝（710.16＋1 065.24/2）×6％＝74.57 万元

建设期利息合计为 95.87 万元。

将各年建设期利息回填到项目总投资使用计划与资金筹措表中，这样就完成了建设投资及建设期利息的分年使用与资金筹措的编制。

4. 固定资产折旧费估算表

考虑到折旧费计入总成本费用，继而影响到利润与利润分配表、借款还本付息计划表、资产负债表等一系列表格的编制，因此本案例从融资后的角度来编制固定资产折旧费估算表。

融资前固定资产原值＝工程费用＋固定资产其他费用＋预备费－可抵扣固定资产进项税

＝4 640＋600＋538－513.11＝5 264.89 万元

融资后固定资产原值＝融资前固定资产原值＋建设期利息

＝5 264.89＋95.87＝5 360.76 万元

可见融资后固定资产原值要比融资前原值大，其差额就是建设期利息 95.87 万元，这种差别应在（用于融资后分析的）项目资本金投资现金流量表的“回收资产余值”中体现出来。

固定资产按年限平均法分类计算折旧,按照给定的基础数据,计算出融资后年折旧额为465.69万元。在项目计算期末(第10年末),回收固定资产余值为1 635.21万元(若为融资前分析,则年折旧额为456.59万元,回收固定资产余值为1 612.20万元,读着可自行验证)。

固定资产折旧费估算见附表12-10。

5. 无形资产及其他资产摊销费估算表

项目形成无形资产(专有技术)100.00万元,按8年摊销,年摊销费为12.50万元。其他资产为40.00万元,按5年摊销,年摊销费为8.00万元,无形资产与其他资产无余值回收。

无形资产及其他资产摊销费估算见附表12-11。

6. 外购原材料费估算表

根据项目生产所需要的原辅材料消耗量及单价(不含税),可以计算出不同生产负荷下年外购原材料费及进项税额,见附表12-8。

满负荷状态下,年外购原材料费为658.12万元,年进项税额为85.56万元。

7. 外购燃料和动力费估算表

根据项目生产所需要的燃料和动力消耗量及单价(不含税),可以计算出不同生产负荷下年外购燃料和动力费以及进项税额,见附表12-9。

满负荷状态下,年外购燃料和动力费178.76万元,年进项税额为22.49元。

8. 职工薪酬估算表

按照项目给定的劳动定员及工资标准,可以计算出年工资总额为305.00万元。福利费取工资总额的14%为42.70万元,年职工薪酬为347.70万元。

职工薪酬估算见附表12-12。

9. 营业收入、税金及附加和增值税估算表

按照给定的产品品种设定产量、单价(不含税)及增值税率,可以计算出不同生产负荷状态下年销售收入及销项税额;销项税额减去可抵扣的进项税额(包括可抵扣固定资产进项税额)就可以得到每年应纳增值税额,继之计算出每年应缴纳的税金及附加数额,这样就完成了对报表的编制。以第3年、第4年为例:

第3年:发酵剂A产量60 t,单价8万元/t,销售收入480.00万元,销项税额62.40万元;发酵剂B产量210 t,单价10万元/ t,销售收入2 100.00万元,销项税额273.00万元;发酵剂C产量30 t,单价20万元/ t,销售收入600.00万元,销项税额78.00万元。

第3年销售收入合计3 180.00万元,销项税额合计413.40万元。扣减进项税额85.50万元后尚有327.90万元用于抵扣固定资产进项税额,这样当年应纳增值税额为零,税金及附加也为零。

同理,第4年销项税额为551.20万元,扣减进项税额114.00万元及抵扣固定资产进项税额185.21万元(至此可抵扣固定资产进项税额513.11万元已全部抵扣完毕)后尚有251.99万元作为当年应纳增值税额。

城市维护建设税按增值税的7%计取,教育费附加按增值税的5%计取:

第4年城市维护建设税=251.99×7%=17.64(万元)

第4年教育费附加=251.99×5%=12.60(万元)

第4年税金及附加=17.64+12.60=30.24(万元)

年营业收入、税金及附加和增值税估算见附表12-6。

10. 总成本费用估算表

总成本费用估算表的编制分为两步走：首先需完成经营成本的编制，为流动资金的估算提供条件；待流动资金估算完成后，再完成报表剩余内容的编制。

表中组成经营成本的各项费用以及折旧费、摊销费可由前面已完成的报表及给定的计算参数方便地求得结果并填入表中(见附表 12-7)。唯有“利息支出”一项需在流动资金估算完成及各年投放资金的筹措方案落实后，才可以结合利润与利润分配表、借款还本付息计划表完成编制。

项目在满负荷状态下，年经营成本为 2 513.52 万元。

应该指出的是，经营成本在融资前和融资后数额不变，但是否用含税价计算经营成本却有较大差别。除了外购原材料费、外购燃料和动力费外，其他营业费的计算(通常，其他营业费等于销售收入乘以某个百分比率)也涉及含税与否的问题，这在流动资金估算中要特别引起注意。(本案例用含税价计算时，满负荷状态下年经营成本为 2 656.02 万元，读着可自行演算)

11. 流动资金估算表

通常，流动资金按分项详细估算法以含税价为依据，根据给定的周转次数和计算公式可以很方便地完成报表的编制。

本案例项目在满负荷状态下(从计算期第 5 年开始)需要流动资金 968.84 万元(见附表 12-4)。

在完成流动资金估算后，需将各年流动资金的投入量回填到项目总投资使用计划与资金筹措表中，完成流动资金的使用与资金筹措的编制，同时也完成了项目总投资使用计划与资金筹措表的最终编制。

例如，根据流动资金估算表，项目在第 3 年“流动资金当期增加额”为 839.29 万元，将其回填到项目总投资使用计划与资金筹措表第 3 年的“流动资金”中；再根据资本金占比 30%为 251.79 万元，借款为 587.50 万元，将数据填入相应的单元格中(见附表 12-5)。

至此，财务评价的辅助报表编制告一段落。

项目总投资＝建设投资＋建设期利息＋流动资金

＝5 918.00＋95.87＋968.84

＝6 982.71(万元)

项目的资金筹措：资本金 4 529.12 万元，其中用于建设投资 4 142.60 万元，用于流动资金 290.65 万元，用于偿还建设期利息 95.87 万元；项目债务资金 2 453.59 万元，其中用于建设投资 1 775.40 万元，用于流动资金 678.19 万元。

第四节　财务评价

一、盈利能力分析

1. 融资前分析

融资前分析主要根据项目投资现金流量表计算财务内部收益率和财务净现值，考察项目在不考虑债务融资的情况下，项目对财务主体和投资者的价值贡献。

(1) 项目投资现金流量表的编制

项目投资现金流量表(见附表 12-13)中现金流入和现金流出各项数据均取自于辅助报表,可以通过复制、粘贴等方法在 Excel 表中方便地编制表格,具体操作方法不再赘述。需要指出的是:

① 现金流入中回收资产余值包括了融资前回收固定资产余值和回收无形资产及其他资产余值。本案例在第 10 年末回收固定资产余值 1 612.20 万元,因无形资产与其他资产无余值回收,故回收资产余值为 1 612.20 万元。

② 现金流出中调整所得税应区别于利润与利润分配表中的所得税,它是以融资前的息税前利润为基础,乘以所得税税率求得。报表据此可以在所得税前净现金流量的基础上求得所得税后的净现金流量,并计算出所得税前后的评价指标,以满足项目有关各方不同层次的要求。

以第 5 年的调整所得税计算为例:

息税前利润=利润总额+利息支出=销售收入-税金及附加-经营成本-折旧-摊销

=5 300.00-65.58-2 513.52-456.59-20.5=2 243.81 万元

调整所得税=2 243.81×25%=560.95 万元

(注:利润与利润分配表中第 5 年息税前利润为 2 234.70 万元,所得税为 531.94 万元)

(2) 项目投资盈利能力评价指标的计算

所得税前:项目投资财务内部收益率为 26.64%,项目投资财务净现值为 5 428.33 万元,项目投资回收期为 5.42 年(从建设期初算起)。

所得税后:项目投资财务内部收益率为 21.02%,项目投资财务净现值为 3 392.95 万元,项目投资回收期为 6.03 年(从建设期初算起)。

根据计算结果,项目满足设定的基准要求或达到行业基准,项目可行。

项目投资的累计净现金流量图(所得税前)见图 12-1。

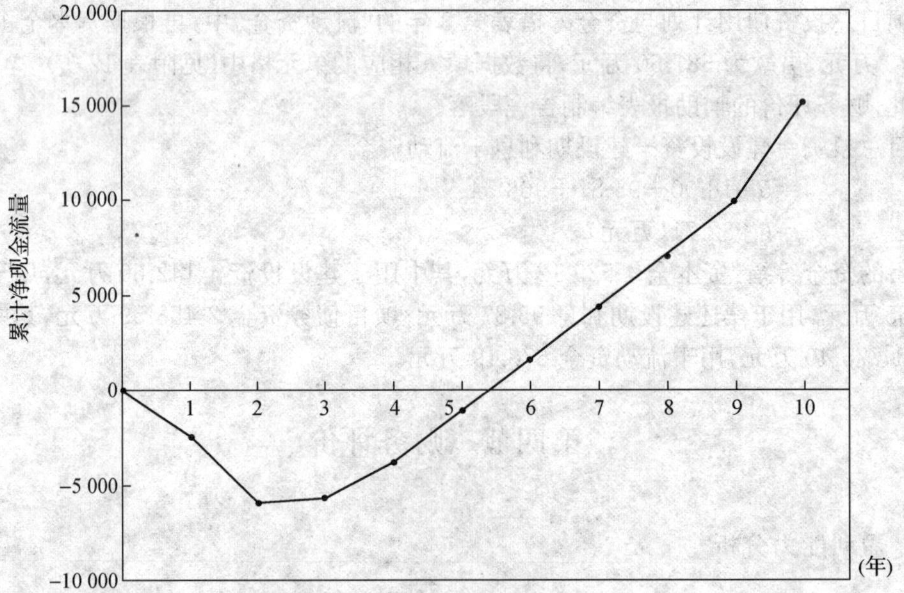

图 12-1 累计净现金流量图

2. 融资后分析

融资后盈利能力分析是根据项目资本金现金流量表、利润与利润分配表、项目总投资使用计划与资金筹措表等，进行财务内部收益率、财务净现值、总投资收益率、资本金净利润率等动态和静态指标的计算，判断融资方案的可行性，是比选融资方案，进行融资决策和投资者最终出资的依据。

(1) 项目资本金现金流量表的编制

项目资本金现金流量表(见附表 12-14)与项目投资现金流量有许多相同之处，同样可以通过复制、粘贴等方法在 Excel 表中方便地编制，在此不作赘述。以下仅对两表有明显区别，需要借助其他报表进行编制的内容做简单的说明：

① 在现金流入中，回收资产余值要大于项目投资现金流量表中的数据，这是因为融资后建设期利息纳入了固定资产原值，使得回收价值变大了。

本案例融资后建设期利息 95.87 万元计入固定资产原值，按照 10 年折旧年限和 5%的净残值率计算：

$$第10年末的折余价值 = 95.87 - 8 \times \frac{95.87(1-5\%)}{10} = 23.01(万元)$$

这 23.01 万元正是由于建设期利息使得回收固定资产余值多出的部分，即融资前回收固定资产余值为 1 612.20 万元，融资后回收固定资产余值为 1 635.21 万元。

② 在现金流出中，仅仅显现了资本金用于项目建设投资、用于支付建设期利息和用于流动资金的出资数量，因此从投入资金的角度看，两表有很大的区别。

③ 在现金流出中，多出了借款还本付息的内容，需要借助借款还本付息计划表、总成本费用估算表以及项目总投资使用计划与资金筹措表的数据进行报表的编制。

④ 所得税来自利润与利润分配表，反映了项目在融资后每年的实际税赋情况。

用项目资本金现金流量表可以计算得到如下评价指标：

项目资本金财务内部收益率为 25.57%，项目资本金财务净现值为 3 704.75 万元，均满足设定的基准要求，说明在设定的融资方案下项目可行。

讨论：从融资后分析可以看出项目的盈利能力比融资前要强，融资前税后内部收益率为 21.02%，比融资后的 25.57%要低。假如调整融资比例，长期借款按建设投资的 50%和 70%进行融资，可以分别计算出融资后内部收益率为 33.80%(税后)和 47.77%(税后)，与 30%的融资比例相比较，融资后指标更优化了(计算过程读者可自行验算)。可以发现，随着融资比例的提高，融资后内部收益率逐渐提高，这是利用资金的杠杆作用的必然结果。但是融资比例不可能无限提高，因为：(1) 国家对每个行业有最低资本金要求；(2) 融资比例提高会增加利息费用、从而增加总成本费用、减少利润，融资比例高到一定程度会导致当年没有足够的资金还本付息。

进一步讨论：假设其他条件不变，发酵剂 B 单价由 10 万元/t，下调到 6.5 万元/t，这时候计算出融资前内部收益率为 9.96%(税后)，低于基准收益率 10%，项目不可行；而按建设投资 30%进行债务融资的融资后内部收益率为 11.37%(税后)，项目可行。说明了融资前后的分析没有必然的顺序关联，这似乎与“只有在融资前分析得出可行的结论下才考虑融资方案，才做融资后分析”相悖。作者认为，问题主要出在收入与费用不对应上面。倘若(按项目实际操作状态)将借款也作为现金流出，则计算出的融资后税后内部收益率必然比融资前税后内部收益率要低，投资的风险性就显现出来了。

由于本项目没有两个及以上投资者，故无需编制投资各方现金流量表(表格式样见附表

12-15)及计算投资各方的财务内部收益率指标。

(2) 利润与利润分配表的编制

利润与利润分配表(见附表12-16)的编制基础是销售收入、税金及附加和增值税估算表、总成本费用估算表。表中利润总额的计算公式为:

$$利润总额=销售收入-税金及附加-总成本费用+补贴收入$$

有了利润总额,就可以进行利润的分配,包括缴纳所得税、提取公积金、向投资方分配利润等。用该表可以计算反映融资后盈利能力的静态指标总投资收益率和资本金净利润率。

以第8年为正常年份:

$$总投资收益率=\frac{正常年份息税前利润或年均息税前利润}{项目总投资}\times 100\%$$

$$=2\ 242.70/6\ 982.71\times 100\%=32.12\%$$

$$资本金净利润率=\frac{正常年份净利润或年平均净利润}{项目资本金}\times 100\%$$

$$=1\ 652.52/4\ 529.12\times 100\%=36.49\%$$

二、偿债能力分析

偿债能力分析是在编制借款还本付息计划表和资产负债表的基础上,通过计算利息备付率、偿债备付率、资产负债率、流动比率、速动比率等比率指标,考察项目是否能按计划偿还债务资金,考察项目的财务状况和资金结构的合理性,从而分析判断项目的偿债能力和财务风险。

1. 借款还本付息计划表的编制

该报表的编制(见附表12-19)是针对偿还建设投资借款(及未付的建设期利息)而言的,根据设定的借款偿还方式计算每年的还本付息额,并计算利息备付率、偿债备付率指标。

以本案例第3年为例。由于建设期末项目建设投资借款余额为1 775.4万元,该借款按照等额偿还本金和利息的方式在投产后5年内还清,因此在还款期内:

$$每年还本付息额\ A=1\ 775.4(A/P,6\%,5)=421.47(万元)$$

其中,每年支付利息=年初借款余额×年利率

每年偿还本金=A-每年支付利息

第3年支付利息=1 775.4×6%=106.52(万元)

当年还本=421.47-106.52=314.95(万元)

利息备付率=息税前利润/应付利息×100%=621.04/140.60×100%=4.42

偿债备付率=可用于还本付息的资金/应还本付息额

=(息税折旧摊销前利润-所得税)/应还本付息额

=(1 107.23-120.11)/(314.95+140.60)

=2.17

特别注意:借款还本付息计划表的编制与总成本费用估算表、利润与利润分配表构成循环,直到长期借款还清以后为止。以第3年、第4年的循环编制为例:

总成本费用估算表中，利息支出＝长期借款利息＋流动资金借款利息＋短期借款利息

从借款还本付息计划表得到第3年初(即建设期末)借款余额为1 775.4万元，从项目总投资使用计划与资金筹措表得到第3年流动资金借款587.50万元，因此：

第3年利息支出＝1 775.40×6%＋587.50×5.8%＝140.60(万元)

从而得到第3年总成本费用为2 699.56万元，将其填入利润与利润分配表，计算得到第3年利润总额为480.44万元；

第3年可用于偿还长期借款本金的资金＝利润总额－所得税＋折旧＋摊销

＝480.44－120.11＋465.69＋20.5＝846.52(万元)

由于可用于还本的资金大于当年应还本额，所以当年还本数额为314.95万元，否则还本数额将减少。第3年还本后长期借款余额为1 460.45万元。

第4年长期借款利息＝1 460.45×6%＝87.63(万元)

第4年增借流动资金45.34万元，使得流动资金借款利息增大为36.71万元

第4年利息支出＝87.63＋36.71＝124.34(万元)

从而得到第4年总成本费用为2 903.68万元，利润总额为1 306.08万元，可用于偿还长期借款本金的资金为1 465.75万元，当年还本333.85万元，还本后长期借款余额为1 126.60万元。

以此类推，直至长期借款还清后(本案例在第7年末还清长期借款，所以从第8年起)才完成“三表循环”的编制流程。

2. 资产负债表的编制

资产负债表是财务评价报表编制的最后环节，是检验其他报表填制是否正确的试金石，报表中的数据直接取自于其他报表或经适当计算填入，反映了某时点(年末)的财务状况。该表遵循会计等式“资产＝负债＋所有者权益”，只要这个等式没有成立，就说明其他报表的编制出现了问题，需要向前追溯查找原因。

利用资产负债表可以计算资产负债率、流动比率和速动比率等指标。

编制该报表(参见附表12-18)需要注意以下容易出错的地方：

(1) 资产中“在建工程”和“其他”并非孤立地反映建设期每年的投资额，而是具有累加性，即前一年的投资额需累加到下一年中去。

例如第1年投入资金2 388.50万元，其中建设投资2 367.20万元，建设期利息21.30万元，(取自项目总投资使用计划与资金筹措表)，由于全面营改增，投资中有205.25万元作为可抵扣固定资产进项税，所以将2 388.50万元剥离成“在建工程”2 183.26万元和“其他”205.25万元。

同样的原因，第2年投入资金3 625.37万元，剥离成“在建工程”3 317.50万元和“其他”307.87万元。这时，报表就不能在“在建工程”中填入3 317.50万元，而应该填写两年的累加额5 500.76万元。同样的道理，“其他”中不能填写307.87万元，而应该是513.11万元。

(2) 负债及所有者权益中，“建设投资借款”在建设期随着每年借款而具有累加性，在生产运营期随着偿还借款本金而逐年下降，直至还清借款数值变零。

例如本案例，建设期第1年借款710.16万元，第2年借款1 065.24万元(取自项目总投资使用计划与资金筹措表)，应该在第2年的“建设投资借款”中填入借款累加额1 775.40万元。而在生产运营期，由于建设投资借款需在5年内还清，因此从第3年起随着借款偿还，“建设投资借款”数额逐年下降，直至第7年末“建设投资借款”数值为零(参见附表12-19借款还本付息计划表)。

(3)“流动资金借款”随着生产负荷增加借款额逐渐增大,直至达到项目满负荷时(计算期第5年末)维持借款数额678.19万元不变。在项目计算期末(第10年末)由于偿还了流动资金借款本金,“流动资金借款”数额变零。

利用资产负债表计算指标,以第5年为例:

资产负债率=负债总额/资产总额×100%=2 200.26/9 665.10×100%=22.77%

流动比率=流动资产/流动负债=5 622.92/749.35=7.50

速动比率=速动资产/流动负债=(流动资产-存货)/流动负债

=(5 622.92-420.41)/749.35=6.94

三、财务生存能力分析

财务生存能力分析是在编制财务计划现金流量表的基础上,通过考察项目计算期内各年的投资、融资和经营活动所产生的各项现金流入和现金流出,计算净现金流量和累计盈余资金,分析项目是否能为企业创造足够的净现金流量维持正常运营,进而考察实现财务可持续性的能力。

1. 财务计划现金流量表的编制

财务计划现金流量表(见附表12-17)中净现金流量由三部分组成,即经营活动净现金流量、投资活动净现金流量和筹资活动净现金流量。每一部分现金流入和现金流出数据均取自其他报表,将净现金流量进行累加就可以得到累计盈余资金,为进行财务生存能力分析和编制资产负债表提供重要依据。

2. 财务生存能力分析

从附表12-17中可以看到,项目在计算期内,除了建设期由于投资使用与资金筹措数额平衡使得项目净现金流量及累计盈余资金为零外,在生产运营期内各年净现金流量和累计盈余资金均大于零,说明项目有足够的净现金流量维持正常运营,项目财务可持续性强。

第五节 不确定性分析

一、敏感性分析

本案例作了所得税前项目投资的敏感性分析。考虑项目实施过程中一些不确定因素的变化,分别对建设投资、原材料价格、产品价格作了提高10%和降低10%的单因素变化对项目投资财务内部收益率影响的敏感性分析,结果见表12-1。

表12-1 敏感性分析表

序号	项 目	基本方案	建设投资		原材料价格		产品价格	
			10%	-10%	10%	-10%	10%	-10%
1	财务内部收益率(%)	21.02%	18.72%	23.69%	20.40%	21.64%	25.31%	16.46%
2	较基本方案增减(%)		-2.30%	2.67%	-0.62%	0.62%	4.29%	-4.56%
3	敏感度系数		-1.09	-1.27	-0.30	-0.29	2.04	2.17

从表 12-1 可以看出，产品价格的提高或降低对财务内部收益率影响最大，其敏感度系数的绝对值也最大，所以产品价格是最敏感因素；其次是建设投资，原材料价格相对最不敏感。敏感性分析图见图 12-2。

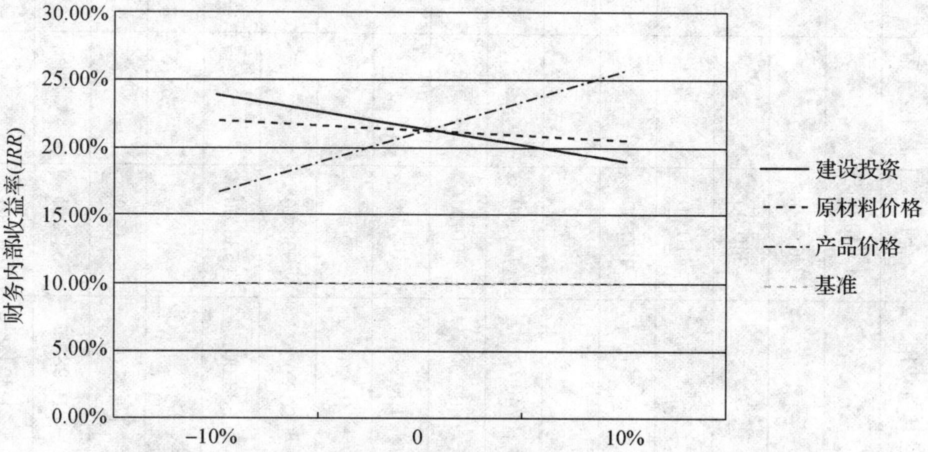

图 12-2　敏感性分析图

从图 12-2 中可以看出，产品价格线斜率最大，说明它对财务内部收益率的影响最大；其次是建设投资，影响最小的是原材料价格，这与敏感度系数的绝对值大小完全一致。另外，产品价格增加时财务内部收益率变大，而原材料价格和建设投资增加时财务内部收益率变小，因此曲线的方向不一致，这从敏感度系数的正负号也可以看出。

二、盈亏平衡分析

分别以还款期间的第一个达产年(第 5 年)和还清长期借款后的年份(第 8 年)计算生产能力利用率表示的最高盈亏平衡点和最低盈亏平衡点：

第 5 年：$BEP(\%)=2\ 269.77\div(5\ 300.00-65.58-836.88)=51.61\%$

第 8 年：$BEP(\%)=2\ 194.18\div(5\ 300.00-65.58-836.88)=49.90\%$

计算结果表明，该项目在还清长期借款后只要达到设计能力的 49.90%，也就是年产量达到 249.5 t，企业就可以保本。由此可见，该项目风险较小。

第六节　财务评价结论

从以上财务评价的结果看，财务净现值大于零，财务内部收益率高于基准收益率，项目盈利能力强；在规定的还款期限内，利息备付率和偿债备付率满足贷款机构的要求，项目有较强的偿债能力；项目在生产运营期每年的净现金流量和累计盈余资金均大于零，项目有很好的财务生存能力。从不确定性分析看，项目的产品价格是最敏感的因素，但只要达到 49.90%以上的生产负荷就可以使项目获利，项目具有一定的抗风险能力。综合起来，项目从财务上讲是可行的。

附表 12-1　建设投资估算表(概算法)

单位:万元

序号	工程或费用名称	建筑工程费	设备购置费	安装工程费	其他费用	合计	其中:外币	比例(%)
1	工程费用	1 000.00	3 480.00	160.00		4 640.00		78.40%
1.1	主体工程	420.00	3 100.00	140.00		3 660.00		
1.2	辅助工程	240.00	100.00			340.00		
1.3	公用工程	150.00	240.00	20.00		410.00		
1.4	总图运输工程	150.00				150.00		
1.5	服务性工程	40.00	40.00			80.00		
2	工程建设其他费用				740.00	740.00		12.50%
2.1	固定资产其他费用				600.00	600.00		
2.2	无形资产费用				100.00	100.00		
2.3	其他资产费用				40.00	40.00		
3	预备费用				538.00	538.00		9.09%
3.1	基本预备费用				538.00	538.00		
3.2	涨价预备费用							
4	建设投资合计	1 000.00	3 480.00	160.00	1 278.00	5 918.00		100.00%
	其中:可抵扣固定资产进项税额	82.57	400.35	13.21	16.98	513.11		
	比例(%)	16.90%	58.80%	2.70%	21.60%	100.00%		

附表 12-2　建设投资估算表(形成资产法)

单位:万元

序号	工程或费用名称	建筑工程费	设备购置费	安装工程费	其他费用	合计	其中:外币	比例(%)
1	固定资产费用	1 000.00	3 480.00	160.00	600.00	5 240.00		88.54%
1.1	工程费用	1 000.00	3 480.00	160.00		4 640.00		
1.1.1	主体工程	420.00	3 100.00	140.00		3 660.00		
1.1.2	辅助工程	240.00	100.00			340.00		
1.1.3	公用工程	150.00	240.00	20.00		410.00		
1.1.4	总图运输工程	150.00				150.00		
1.1.5	服务性工程	40.00	40.00			80.00		
1.2	固定资产其他费用				600.00	600.00		
2	无形资产费用				100.00	100.00		1.69%
2.1	专有技术				100.00	100.00		
3	其他资产费用				40.00	40.00		0.68%
3.1	开办费				40.00	40.00		
4	预备费用				538.00	538.00		9.09%
4.1	基本预备费用				538.00	538.00		
4.2	涨价预备费用							
5	建设投资合计	1 000.00	3 480.00	160.00	1 278.00	5 918.00		100.00%
	其中:可抵扣固定资产进项税额	82.57	400.35	13.21	16.98	513.11		
	比例(%)	16.90%	58.80%	2.70%	21.60%	100.00%		

附表 12-3　建设期利息估算表

单位:万元

序号	项目	合计	建设期					
			1	2	3	4	……	n
1	借款							
1.1	建设期利息		21.30	74.57				
1.1.1	期初借款余额			710.16				
1.1.2	当期借款	1 775.40	710.16	1 065.24				
1.1.3	当期应计利息	95.87	21.30	74.57				
1.1.4	期末借款余额		710.16	1 775.40				
1.2	其他融资费用							
1.3	小计(1.1+1.2)							
2	债券							
2.1	建设期利息							
2.1.1	期初债券余额							
2.1.2	当期债券金额							
2.1.3	当期应计利息							
2.1.4	期末债券余额							
2.2	其他融资费用							
2.3	小计(2.1+2.2)							
3	合计(1.3+2.3)							
3.1	建设期利息合计(1.1+2.1)	95.87	21.30	74.57				
3.2	其他融资费用合计(1.2+2.2)							

附表 12-4　流动资金估算表

单位：万元

序号	项　目	最低周转天数	周转次数	计算期							
				3	4	5	6	7	8	9	10
1	流动资产			981.03	1 093.05	1 205.07	1 205.07	1 205.07	1 205.07	1 205.07	1 205.07
1.1	应收账款	90	4	539.57	601.79	664.00	664.00	664.00	664.00	664.00	664.00
1.2	存货			330.79	375.60	420.41	420.41	420.41	420.41	420.41	420.41
1.2.1	原材料	30	12	37.18	49.58	61.97	61.97	61.97	61.97	61.97	61.97
1.2.2	燃料	30	12	10.06	13.42	16.77	16.77	16.77	16.77	16.77	16.77
1.2.3	在产品	10	36	36.22	41.66	47.10	47.10	47.10	47.10	47.10	47.10
1.2.4	产成品	45	8	247.32	270.95	294.57	294.57	294.57	294.57	294.57	294.57
1.3	现金	30	12	110.67	115.66	120.65	120.65	120.65	120.65	120.65	120.65
1.4	预付账款										
2	流动负债			141.74	188.98	236.23	236.23	236.23	236.23	236.23	236.23
2.1	应付账款	90	4	141.74	188.98	236.23	236.23	236.23	236.23	236.23	236.23
2.2	预收账款										
3	流动资金(1—2)			839.29	904.07	968.84	968.84	968.84	968.84	968.84	968.84
4	流动资金当期增加额			839.29	64.78	64.78	0.00	0.00	0.00	0.00	0.00

附表 12-5 项目总投资使用计划与资金筹措表

单位:万元

序号	项 目	合计	1	2	3	4	5
1	总投资	6 982.71	2 388.50	3 625.37	839.29	64.78	64.78
1.1	建设投资	5 918.00	2 367.20	3 550.80			
1.2	建设期利息	95.87	21.30	74.57			
1.3	流动资金	968.84			839.29	64.78	64.78
2	资金筹措	6 982.71	2 388.50	3 625.37	839.29	64.78	64.78
2.1	项目资本金	4 529.12	1 678.34	2 560.13	251.79	19.43	19.43
2.1.1	用于建设投资	4 142.60	1 657.04	2 485.56			
2.1.2	用于流动资金	290.65			251.79	19.43	19.43
2.1.3	用于建设期利息	95.87	21.30	74.57			
2.2	债务资金	2 453.59	710.16	1 065.24	587.50	45.34	45.34
2.2.1	用于建设投资	1 775.40	710.16	1 065.24			
2.2.2	用于建设期利息						
2.2.3	用于流动资金	678.19			587.50	45.34	45.34

附表 12-6　营业收入、税金及附加和增值税估算表

单位:万元

序号	项　目	合计	计算期									
			1	2	3	4	5	6	7	8	9	10
1	营业收入	39 220.00			3 180.00	4 240.00	5 300.00	5 300.00	5 300.00	5 300.00	5 300.00	5 300.00
1.1	发酵剂 A 营业收入	5 920.00			480.00	640.00	800.00	800.00	800.00	800.00	800.00	800.00
	单价(不含税,万元/t)				8.00	8.00	8.00	8.00	8.00	8.00	8.00	8.00
	数量(t)	740.00			60.00	80.00	100.00	100.00	100.00	100.00	100.00	100.00
	销项税额	769.60			62.40	83.20	104.00	104.00	104.00	104.00	104.00	104.00
1.2	发酵剂 B 营业收入	25 900.00			2 100.00	2 800.00	3 500.00	3 500.00	3 500.00	3 500.00	3 500.00	3 500.00
	单价(不含税,万元/t)				10.00	10.00	10.00	10.00	10.00	10.00	10.00	10.00
	数量(t)	2 590.00			210.00	280.00	350.00	350.00	350.00	350.00	350.00	350.00
	销项税额	3 367.00			273.00	364.00	455.00	455.00	455.00	455.00	455.00	455.00
1.3	发酵剂 C 营业收入	7 400.00			600.00	800.00	1 000.00	1 000.00	1 000.00	1 000.00	1 000.00	1 000.00
	单价(不含税,万元/t)				20.00	20.00	20.00	20.00	20.00	20.00	20.00	20.00
	数量(t)	370.00			30.00	40.00	50.00	50.00	50.00	50.00	50.00	50.00
	销项税额	962.00			78.00	104.00	130.00	130.00	130.00	130.00	130.00	130.00
2	营业税金及附加	423.72			0.00	30.24	65.58	65.58	65.58	65.58	65.58	65.58
2.1	消费税											
2.2	城市维护建设税	247.17			0.00	17.64	38.26	38.26	38.26	38.26	38.26	38.26
2.3	教育费附加	176.55			0.00	12.60	27.33	27.33	27.33	27.33	27.33	27.33
3	增值税	3 531.03			0.00	251.99	546.51	546.51	546.51	546.51	546.51	546.51
3.1	销项税额	5 098.60			413.40	551.20	689.00	689.00	689.00	689.00	689.00	689.00
3.2	进项税额	1 054.46			85.50	114.00	142.49	142.49	142.49	142.49	142.49	142.49
3.3	可抵扣固定资产进项税额				513.11	185.21						
3.4	当期抵扣固定资产进项税额	513.11			327.90	185.21						
3.5	应纳增值税	3 531.03			0.00	251.99	546.51	546.51	546.51	546.51	546.51	546.51

附表 12-7　总成本费用估算表(生产要素法)

单位:万元

序号	项　目	合　计	计算期							
			3	4	5	6	7	8	9	10
1	外购原材料费	4 870.09	394.87	526.50	658.12	658.12	658.12	658.12	658.12	658.12
2	外购燃料及动力费	1 322.82	107.26	143.01	178.76	178.76	178.76	178.76	178.76	178.76
3	职工薪酬	2 781.60	347.70	347.70	347.70	347.70	347.70	347.70	347.70	347.70
4	修理费	2 105.95	263.24	263.24	263.24	263.24	263.24	263.24	263.24	263.24
5	其他费用	8 366.58	959.70	1 012.70	1 065.70	1 065.70	1 065.70	1 065.70	1 065.70	1 065.70
5.1	其他管理费	5 563.20	695.40	695.40	695.40	695.40	695.40	695.40	695.40	695.40
5.2	其他制造费	842.38	105.30	105.30	105.30	105.30	105.30	105.30	105.30	105.30
5.3	其他营业费	1 961.00	159.00	212.00	265.00	265.00	265.00	265.00	265.00	265.00
6	经营成本(1+2+3+4+5)	19 447.05	2 072.77	2 293.15	2 513.52	2 513.52	2 513.52	2 513.52	2 513.52	2 513.52
7	折旧费	3 725.55	465.69	465.69	465.69	465.69	465.69	465.69	465.69	465.69
8	摊销费	140.00	20.50	20.50	20.50	20.50	20.50	12.50	12.50	12.50
9	利息支出	638.80	140.60	124.34	106.94	85.70	63.20	39.34	39.34	39.34
10	总成本费用合计(6+7+8+9)	23 951.40	2 699.56	2 903.68	3 106.65	3 085.42	3 062.91	3 031.06	3 031.06	3 031.06
	其中:可变成本	6 192.91	502.13	669.50	836.88	836.88	836.88	836.88	836.88	836.88
	固定成本	17 758.48	2 197.44	2 234.18	2 269.77	2 248.54	2 226.03	2 194.18	2 194.18	2 194.18

附表 12-8　外购原材料费估算表

单位:万元

序号	项　目	合　计	计算期							
			3	4	5	6	7	8	9	10
1	外购原材料费	3 599.36	291.84	389.12	486.40	486.40	486.40	486.40	486.40	486.40
1.1	原材料 A 费用	506.16	41.04	54.72	68.40	68.40	68.40	68.40	68.40	68.40
	单价(不含税,万元/t)		2.28	2.28	2.28	2.28	2.28	2.28	2.28	2.28
	数量(t)	222.00	18.00	24.00	30.00	30.00	30.00	30.00	30.00	30.00
	进项税额	65.80	5.34	7.11	8.89	8.89	8.89	8.89	8.89	8.89
1.2	原材料 B 费用	3 093.20	250.80	334.40	418.00	418.00	418.00	418.00	418.00	418.00
	单价(不含税,万元/t)		0.88	0.88	0.88	0.88	0.88	0.88	0.88	0.88
	数量(t)	3 515.00	285.00	380.00	475.00	475.00	475.00	475.00	475.00	475.00
	进项税额	402.12	32.60	43.47	54.34	54.34	54.34	54.34	54.34	54.34
2	辅助材料费用	1 270.73	103.03	137.38	171.72	171.72	171.72	171.72	171.72	171.72
	进项税额	165.19	13.39	17.86	22.32	22.32	22.32	22.32	22.32	22.32
3	外购原材料费合计	4 870.09	394.87	526.50	658.12	658.12	658.12	658.12	658.12	658.12
4	外购原材料进项税额合计	633.11	51.33	68.44	85.56	85.56	85.56	85.56	85.56	85.56

附表 12-9　外购燃料和动力费估算表

单位:万元

序号	项　目	合　计	计算期							
			3	4	5	6	7	8	9	10
1	水费	27.82	2.26	3.01	3.76	3.76	3.76	3.76	3.76	3.76
	单价(不含税,元/t)		2.35	2.35	2.35	2.35	2.35	2.35	2.35	2.35
	数量(万 t)	11.84	0.96	1.28	1.60	1.60	1.60	1.60	1.60	1.60
	进项税额	2.50	0.20	0.27	0.34	0.34	0.34	0.34	0.34	0.34
2	电费	1 184.00	96.00	128.00	160.00	160.00	160.00	160.00	160.00	160.00
	单价(不含税,元/kWh)		0.80	0.80	0.80	0.80	0.80	0.80	0.80	0.80
	数量(万 kWh)	1 480.00	120.00	160.00	200.00	200.00	200.00	200.00	200.00	200.00
	进项税额	153.92	12.48	16.64	20.80	20.80	20.80	20.80	20.80	20.80
3	蒸汽费	111.00	9.00	12.00	15.00	15.00	15.00	15.00	15.00	15.00
	单价(不含税,元/t)		100.00	100.00	100.00	100.00	100.00	100.00	100.00	100.00
	数量(万 t)	1.11	0.09	0.12	0.15	0.15	0.15	0.15	0.15	0.15
	进项税额	9.99	0.81	1.08	1.35	1.35	1.35	1.35	1.35	1.35
4	外购燃料及动力费合计	1 322.82	107.26	143.01	178.76	178.76	178.76	178.76	178.76	178.76
5	外购燃料及动力进项税额合计	166.41	13.49	17.99	22.49	22.49	22.49	22.49	22.49	22.49

附表 12-10　固定资产折旧费估算表

单位:万元

序号	项　目	合　计	计算期							
			3	4	5	6	7	8	9	10
1	房屋、建筑物									
	原值		917.43							
	当期折旧费	348.62	43.58	43.58	43.58	43.58	43.58	43.58	43.58	43.58
	净值		873.85	830.28	786.70	743.12	699.54	655.96	612.39	568.81
2	机器设备									
	原值		3 079.65							
	当期折旧费	2 340.53	292.57	292.57	292.57	292.57	292.57	292.57	292.57	292.57
	净值		2 787.08	2 494.51	2 201.95	1 909.38	1 616.81	1 324.25	1 031.68	739.12
3	其他									
	原值		1 363.68							
	当期折旧费	1 036.40	129.55	129.55	129.55	129.55	129.55	129.55	129.55	129.55
	净值		1 234.13	1 104.58	975.03	845.48	715.93	586.38	456.83	327.28
4	合计									
	原值		5 360.76							
	当期折旧费	3 725.55	465.69	465.69	465.69	465.69	465.69	465.69	465.69	465.69
	净值		4 895.06	4 429.37	3 963.67	3 497.98	3 032.29	2 566.59	2 100.90	1 635.21

附表 12-11　无形资产及其他资产摊销费估算表

单位:万元

序号	项　目	合　计	计算期							
			3	4	5	6	7	8	9	10
1	无形资产									
	原值		100.00							
	当期摊销费	100.00	12.50	12.50	12.50	12.50	12.50	12.50	12.50	12.50
	净值		87.50	75.00	62.50	50.00	37.50	25.00	12.50	0.00
2	其他资产									
	原值		40.00							
	当期摊销费	40.00	8.00	8.00	8.00	8.00	8.00			
	净值		32.00	24.00	16.00	8.00	0.00			
3	合计(1+2)									
	原值		140.00							
	当期摊销费	140.00	20.50	20.50	20.50	20.50	20.50	12.50	12.50	12.50
	净值		119.50	99.00	78.50	58.00	37.50	25.00	12.50	0.00

附表 12-12　职工薪酬估算表

单位:万元

序号	项　目	合　计	计算期							
			3	4	5	6	7	8	9	10
1	工人									
	人数		25	25	25	25	25	25	25	25
	人均年工资		5.00	5.00	5.00	5.00	5.00	5.00	5.00	5.00
	工资额	1 000.00	125.00	125.00	125.00	125.00	125.00	125.00	125.00	125.00
2	技术人员									
	人数		3	3	3	3	3	3	3	3
	人均年工资		10.00	10.00	10.00	10.00	10.00	10.00	10.00	10.00
	工资额	240.00	30.00	30.00	30.00	30.00	30.00	30.00	30.00	30.00
3	管理人员									
	人数		10	10	10	10	10	10	10	10
	人均年工资		15.00	15.00	15.00	15.00	15.00	15.00	15.00	15.00
	工资额	1 200.00	150.00	150.00	150.00	150.00	150.00	150.00	150.00	150.00
4	工资总额(1+2+3)	2 440.00	305.00	305.00	305.00	305.00	305.00	305.00	305.00	305.00
5	福利费	341.60	42.70	42.70	42.70	42.70	42.70	42.70	42.70	42.70
6	合计(4+5)	2 781.60	347.70	347.70	347.70	347.70	347.70	347.70	347.70	347.70

附表 12-13　项目投资现金流量表

人民币单位:万元

序号	项　目	合计	计算期									
			1	2	3	4	5	6	7	8	9	10
1	现金流入	46 899.64			3 593.40	4 791.20	5 989.00	5 989.00	5 989.00	5 989.00	5 989.00	8 570.04
1.1	营业收入	39 220.00			3 180.00	4 240.00	5 300.00	5 300.00	5 300.00	5 300.00	5 300.00	5 300.00
1.2	销项税额	5 098.60			413.40	551.20	689.00	689.00	689.00	689.00	689.00	689.00
1.3	补贴收入											
1.4	回收资产余值	1 612.20										1 612.20
1.5	回收流动资金	968.84										968.84
2	现金流出	31 856.21	2 367.20	3 550.80	3 325.46	2 939.36	3 332.88	3 268.10	3 268.10	3 268.10	3 268.10	3 268.10
2.1	建设投资	5 918.00	2 367.20	3 550.80								
2.2	流动资金	968.84			839.29	64.78	64.78					
2.3	经营成本	19 447.05			2 072.77	2 293.15	2 513.52	2 513.52	2 513.52	2 513.52	2 513.52	2 513.52
2.4	进项税额	1 567.57			413.4	299.2	142.5	142.5	142.5	142.5	142.5	142.5
2.5	应纳增值税	3 531.03			0.00	251.99	546.51	546.51	546.51	546.51	546.51	546.51
2.6	税金及附加	423.72			0.00	30.24	65.58	65.58	65.58	65.58	65.58	65.58
2.7	维持运营投资											
3	所得税前净现金流量(1−2)	15 043.42	−2 367.20	−3 550.80	267.94	1 851.84	2 656.12	2 720.90	2 720.90	2 720.90	2 720.90	5 301.94
4	累计所得税前净现金流量		−2 367.20	−5 918.00	−5 650.06	−3 798.22	−1 142.10	1 578.80	4 299.69	7 020.59	9 741.49	15 043.42
5	调整所得税	3 889.13			157.54	359.88	560.95	560.95	560.95	562.95	562.95	562.95
6	所得税后净现金流量(3−5)	11 154.29	−2 367.20	−3 550.80	110.40	1 491.96	2 095.17	2 159.94	2 159.94	2 157.94	2 157.94	4 738.98
7	累计所得税后净现金流量		−2 367.20	−5 918.00	−5 807.60	−4 315.64	−2 220.47	−60.53	2 099.42	4 257.36	6 415.31	11 154.29

计算指标	所得税前	所得税后
项目投资财务内部收益率(%):	26.64%	21.02%
项目投资财务净现值(i_c=10 %):	5 428.33	3 392.95
项目投资回收期(从建设期算起):	5.42	6.03

附表 12-14 项目资本金现金流量表

单位:万元

序号	项 目	合计	计算期									
			1	2	3	4	5	6	7	8	9	10
1	现金流入	46 922.65			3 593.40	4 791.20	5 989.00	5 989.00	5 989.00	5 989.00	5 989.00	8 593.05
1.1	营业收入	39 220.00			3 180.00	4 240.00	5 300.00	5 300.00	5 300.00	5 300.00	5 300.00	5 300.00
1.2	销项税额	5 098.60			413.40	551.20	689.00	689.00	689.00	689.00	689.00	689.00
1.3	补贴收入											
1.4	回收资产余值	1 635.21										1 635.21
1.5	回收流动资金	968.84										968.84
2	现金流出	36 302.10	1 678.34	2 560.13	3 313.62	3 678.72	4 280.29	4 266.17	4 271.79	3 858.28	3 858.28	4 536.47
2.1	项目资本金	4 529.12	1 678.34	2 560.13	251.79	19.43	19.43					
2.2	长期借款本金偿还	1 775.40			314.95	333.85	353.88	375.11	397.62	0.00	0.00	0.00
2.3	流动资金借款本金偿还	678.19										678.19
2.4	借款利息支付	638.80			140.60	124.34	106.94	85.70	63.20	39.34	39.34	39.34
2.5	经营成本	19 447.05			2 072.77	2 293.15	2 513.52	2 513.52	2 513.52	2 513.52	2 513.52	2 513.52
2.6	进项税额	1 567.57			413.40	299.21	142.49	142.49	142.49	142.49	142.49	142.49
2.7	增值税	3 531.03			0.00	251.99	546.51	546.51	546.51	546.51	546.51	546.51
2.8	税金及附加	423.72			0.00	30.24	65.58	65.58	65.58	65.58	65.58	65.58
2.9	维持运营投资											
2.10	所得税	3 711.22			120.11	326.52	531.94	537.25	542.88	550.84	550.84	550.84
3	净现金流量(1−2)	10 620.55	−1 678.34	−2 560.13	279.78	1 112.48	1 708.71	1 722.83	1 717.21	2 130.72	2 130.72	4 056.57

计算指标:资本金财务内部收益率(%): 25.57%

资本金财务净现值(i_c=10 %): 3 704.75

附表 12-15　投资各方现金流量表

单位:万元

序号	项目	合计	建设期					
			1	2	3	4	……	n
1	现金流入							
1.1	实分利润							
1.2	资产处置收益分配							
1.3	租赁费收入							
1.4	技术转让或使用收入							
1.5	其他现金流入							
2	现金流出							
2.1	实缴资本							
2.2	租赁资产支出							
2.3	其他现金流出							
3	净现金流量(1－2)							
计算指标:投资各方内部收益率(%):								

附表 12-16 利润与利润分配表

单位:万元

序号	项 目	合 计	计算期							
			3	4	5	6	7	8	9	10
1	营业收入	39 220.00	3 180.00	4 240.00	5 300.00	5 300.00	5 300.00	5 300.00	5 300.00	5 300.00
2	税金及附加	423.72	0.00	30.24	65.58	65.58	65.58	65.58	65.58	65.58
3	总成本费用	23 951.40	2 699.56	2 903.68	3 106.65	3 085.42	3 062.91	3 031.06	3 031.06	3 031.06
4	补贴收入									
5	利润总额(1－2－3＋4)	14 844.88	480.44	1 306.08	2 127.77	2 149.00	2 171.51	2 203.36	2 203.36	2 203.36
6	弥补以前年度亏损									
7	应纳税所得额(5－6)	14 844.88	480.44	1 306.08	2 127.77	2 149.00	2 171.51	2 203.36	2 203.36	2 203.36
8	所得税	3 711.22	120.11	326.52	531.94	537.25	542.88	550.84	550.84	550.84
9	净利润(5－8)	11 133.66	360.33	979.56	1 595.83	1 611.75	1 628.63	1 652.52	1 652.52	1 652.52
10	期初未分配利润									
11	可供分配利润(9＋10)	11 133.66	360.33	979.56	1 595.83	1 611.75	1 628.63	1 652.52	1 652.52	1 652.52
12	提取法定盈余公积金	1 113.37	36.03	97.96	159.58	161.17	162.86	165.25	165.25	165.25
13	可供投资者分配的利润(11－12)	10 020.29	324.29	881.60	1 436.24	1 450.57	1 465.77	1 487.27	1 487.27	1 487.27
14	应付优先股股利									
15	提取任意盈余公积金	556.68	18.02	48.98	79.79	80.59	81.43	82.63	82.63	82.63
16	应付普通股股利(13－14－15)	9 463.61	306.28	832.63	1 356.45	1 369.99	1 384.34	1 404.64	1 404.64	1 404.64
17	各投资方利润分配:									
	其中:××方									
	××方									
18	未分配利润(13－14－15－17)	9 463.61	306.28	832.63	1 356.45	1 369.99	1 384.34	1 404.64	1 404.64	1 404.64
19	息税前利润(利润总额＋利息支出)	15 483.68	621.04	1 430.42	2 234.70	2 234.70	2 234.70	2 242.70	2 242.70	2 242.70
20	息税折旧摊销前利润(息税前利润＋折旧＋摊销)	19 349.23	1 107.23	1 916.61	2 720.90	2 720.90	2 720.90	2 720.90	2 720.90	2 720.90

附表 12-17　财务计划现金流量表

单位:万元

序号	项　目	合计	计算期									
			1	2	3	4	5	6	7	8	9	10
1	经营活动净现金流量(1.1−1.2)	16 151.12			1 315.02	1 775.31	2 188.96	2 183.65	2 178.02	2 170.06	2 170.06	2 170.06
1.1	现金流入	44 318.60			3 593.40	4 791.20	5 989.00	5 989.00	5 989.00	5 989.00	5 989.00	5 989.00
1.1.1	营业收入	39 220.00			3 180.00	4 240.00	5 300.00	5 300.00	5 300.00	5 300.00	5 300.00	5 300.00
1.1.2	增值税销项税额	5 098.60			413.40	551.20	689.00	689.00	689.00	689.00	689.00	689.00
1.1.3	补贴收入											
1.1.4	其他流入											
1.2	现金流出	28 167.48			2 278.38	3 015.89	3 800.04	3 805.35	3 810.98	3 818.94	3 818.94	3 818.94
1.2.1	经营成本	19 447.05			2 072.77	2 293.15	2 513.52	2 513.52	2 513.52	2 513.52	2 513.52	2 513.52
1.2.2	增值税进项税额	1 054.46			85.50	114.00	142.49	142.49	142.49	142.49	142.49	142.49
1.2.3	税金及附加	423.72			0.00	30.24	65.58	65.58	65.58	65.58	65.58	65.58
1.2.4	增值税	3 531.03			0.00	251.99	546.51	546.51	546.51	546.51	546.51	546.51
1.2.5	所得税	3 711.22			120.11	326.52	531.94	537.25	542.88	550.84	550.84	550.84
1.2.6	其他流出											
2	投资活动净现金流量(2.1−2.2)	−6 886.84	−2 367.20	−3 550.80	−839.29	−64.78	−64.78					
2.1	现金流入											
2.2	现金流出	6 886.84	2 367.20	3 550.80	839.29	64.78	64.78					
2.2.1	建设投资	5 918.00	2 367.20	3 550.80	0.00	0.00	0.00					
2.2.2	维持运营投资											

（续表）

序号	项　目	合计	计算期									
			1	2	3	4	5	6	7	8	9	10
2.2.3	流动资金	968.84			839.29	64.78	64.78					
2.2.4	其他流出											
3	筹资活动净现金流量(3.1－3.2)	3 794.46	2 367.20	3 550.80	383.74	－393.41	－396.04	－460.81	－460.81	－39.34	－39.34	－717.53
3.1	现金流入	6 982.71	2 388.50	3 625.37	839.29	64.78	64.78	0.00	0.00	0.00	0.00	0.00
3.1.1	项目资本金投入	4 529.12	1 678.34	2 560.13	251.79	19.43	19.43					
3.1.2	建设投资借款	1 775.40	710.16	1 065.24								
3.1.3	流动资金借款	678.19			587.50	45.34	45.34					
3.1.4	债券											
3.1.5	短期借款											
3.1.6	其他流入											
3.2	资金流出	3 188.26	21.30	74.57	455.55	458.19	460.81	460.81	460.81	39.34	39.34	717.53
3.2.1	各种利息支出	734.67	21.30	74.57	140.60	124.34	106.94	85.70	63.20	39.34	39.34	39.34
3.2.2	偿还长期借款本金	1 775.40			314.95	333.85	353.88	375.11	397.62			
3.2.3	偿还流动资金借款本金	678.19										678.19
3.2.4	应付利润(股利分配)											
3.2.5	股利分配											
4	净现金流量(1＋2＋3)	13 058.74	0.00	0.00	859.47	1 317.12	1 728.14	1 722.83	1 717.21	2 130.72	2 130.72	1 452.53
5	累计盈余资金		0.00	0.00	859.47	2 176.59	3 904.74	5 627.57	7 344.78	9 475.49	11 606.21	13 058.74

附表 12-18　资产负债表

单位:万元

序号	项　目	计算期									
		1	2	3	4	5	6	7	8	9	10
1	资产	2 388.50	6 013.87	7 368.18	8 311.13	9 665.10	10 901.74	12 132.75	13 785.27	15 437.80	16 412.13
1.1	流动资产	205.25	513.11	2 353.62	3 782.76	5 622.92	7 345.76	9 062.96	11 193.68	13 324.40	14 776.93
1.1.1	货币资金			970.15	2 292.26	4 025.39	5 748.22	7 465.43	9 596.15	11 726.86	13 179.39
	其中:现金			110.67	115.66	120.65	120.65	120.65	120.65	120.65	120.65
	累计盈余资金			859.47	2 176.59	3 904.74	5 627.57	7 344.78	9 475.49	11 606.21	13 058.74
1.1.2	应收账款			539.57	601.79	664.00	664.00	664.00	664.00	664.00	664.00
1.1.3	预付账款										
1.1.4	存货			330.79	375.60	420.41	420.41	420.41	420.41	420.41	420.41
1.1.5	其他	205.25	513.11	513.11	513.11	513.11	513.11	513.11	513.11	513.11	513.11
1.2	在建工程	2 183.26	5 500.76								
1.3	固定资产净值			4 895.06	4 429.37	3 963.67	3 497.98	3 032.29	2 566.59	2 100.90	1 635.21
1.4	无形及其他资产净值			119.50	99.00	78.50	58.00	37.50	25.00	12.50	0.00
2	负债及所有者权益	2 388.50	6 013.87	7 368.18	8 311.13	9 665.10	10 901.74	12 132.75	13 785.27	15 437.80	16 412.13
2.1	流动负债总额	0.00	0.00	469.64	702.10	749.35	749.35	749.35	749.35	749.35	749.35
2.1.1	短期借款										
2.1.2	应付账款			141.74	188.98	236.23	236.23	236.23	236.23	236.23	236.23
2.1.3	预收账款										

（续表）

序号	项　目	计算期									
		1	2	3	4	5	6	7	8	9	10
2.1.4	其他			327.90	513.11	513.11	513.11	513.11	513.11	513.11	513.11
2.2	建设投资借款	710.16	1 775.40	1 460.45	1 126.60	772.73	397.62	0.00			
2.3	流动资金借款			587.50	632.85	678.19	678.19	678.19	678.19	678.19	
2.4	负债小计	710.16	1 775.40	2 517.60	2 461.55	2 200.26	1 825.15	1 427.54	1 427.54	1 427.54	749.35
2.5	所有者权益	1 678.34	4 238.47	4 850.59	5 849.58	7 464.84	9 076.59	10 705.22	12 357.74	14 010.26	15 662.78
2.5.1	资本金	1 678.34	4 238.47	4 490.26	4 509.69	4 529.12	4 529.12	4 529.12	4 529.12	4 529.12	4 529.12
2.5.2	资本公积金										
2.5.3	累计盈余公积金			54.05	200.98	440.36	682.12	926.41	1 174.29	1 422.17	1 670.05
2.5.4	累计未分配利润			306.28	1 138.90	2 495.36	3 865.34	5 249.68	6 654.32	8 058.97	9 463.61
计算指标：1. 资产负债率(%)：				34.17%	29.62%	22.77%	16.74%	11.77%	10.36%	9.25%	4.57%
2. 流动比率：				5.01	5.39	7.50	9.80	12.09	14.94	17.78	19.72
3. 速动比率：				4.31	4.85	6.94	9.24	11.53	14.38	17.22	19.16

附表 12-19　借款还本付息计划表

单位:万元

序号	项　目	合计	计算期									
			1	2	3	4	5	6	7	8	9	10
1	借款 1											
1.1	期初借款余额				1 775.40	1 460.45	1 126.60	772.73	397.62			
1.2	当期还本付息	2 107.37			421.47	421.47	421.47	421.47	421.47			
	其中:还本	1 775.40			314.95	333.85	353.88	375.11	397.62			
	付息	331.97			106.52	87.63	67.60	46.36	23.86			
1.3	期末借款余额				1 460.45	1 126.60	772.73	397.62	0.00			
2	借款 2											
2.1	期初借款余额											
2.2	当期还本付息				131.99	115.66	98.20	76.97	54.46			
	其中:还本											
	付息											
2.3	期末借款余额											
3	还本资金来源	8 607.06			846.52	1 465.75	2 082.02	2 097.94	2 114.82			
3.1	当年可用于还本的未分配利润	6 176.09			360.3	979.6	1 595.8	1 611.7	1 628.6			
3.2	当年可用于还本的折旧和摊销	2 430.97			486.2	486.2	486.2	486.2	486.2			
计算指标	利息备付率				4.42	11.50	20.90	26.07	35.36			
	偿债备付率				2.17	3.47	4.75	4.74	4.73			

附　录

附表 1　相关系数临界值 r_{cr} 表

$n-2$	α				
	0.10	0.05	0.02	0.01	0.001
1	0.987 69	0.996 92	0.999 507	0.999 877	0.999 998 8
2	0.900 0	0.950 0	0.980 0	0.990 0	0.999 0
3	0.805 1	0.878 3	0.934 3	0.958 7	0.991 2
4	0.729 3	0.811 4	0.882 2	0.917 2	0.974 1
5	0.669 1	0.751 5	0.832 9	0.874 5	0.950 7
6	0.621 5	0.706 7	0.788 7	0.834 3	0.924 9
7	0.582 2	0.666 4	0.749 8	0.797 7	0.893 2
8	0.549 1	0.631 9	0.715 5	0.764 6	0.872 1
9	0.521 4	0.602 1	0.685 1	0.734 8	0.847 1
10	0.497 3	0.576 9	0.658 1	0.707 9	0.823 3
11	0.476 2	0.552 9	0.633 9	0.683 5	0.801 0
12	0.457 5	0.532 4	0.612 0	0.661 4	0.780 0
13	0.440 9	0.513 9	0.592 3	0.641 1	0.760 3
14	0.425 9	0.497 3	0.574 2	0.622 6	0.742 0
15	0.412 4	0.482 1	0.557 7	0.605 5	0.724 6
16	0.400 0	0.468 3	0.542 5	0.589 7	0.708 4
17	0.388 7	0.455 5	0.528 5	0.575 1	0.693 2
18	0.378 3	0.443 8	0.515 5	0.561 4	0.678 7
19	0.368 7	0.432 9	0.503 4	0.548 7	0.665 2
20	0.359 8	0.422 7	0.492 1	0.536 8	0.652 4
25	0.323 3	0.380 9	0.445 1	0.486 9	0.597 4
30	0.296 0	0.349 4	0.409 3	0.448 7	0.559 1
35	0.274 6	0.324 6	0.381 0	0.418 2	0.518 9
40	0.257 3	0.304 4	0.357 8	0.393 2	0.489 6
45	0.242 8	0.287 5	0.338 4	0.372 1	0.464 3
50	0.230 6	0.273 2	0.321 8	0.354 1	0.443 3
60	0.210 8	0.250 0	0.291 8	0.324 3	0.407 8
70	0.195 4	0.231 9	0.273 7	0.301 7	0.379 9
80	0.182 9	0.217 2	0.256 5	0.283 0	0.356 8
90	0.172 6	0.205 0	0.242 2	0.267 3	0.337 5
100	0.163 8	0.194 6	0.230 1	0.254 0	0.321 1

附表 2 t 分布表

$$P\{t(n) > t_\alpha(n)\} = \alpha$$

n	α=0.25	0.10	0.05	0.025	0.01	0.005
1	1.000 0	3.077 7	6.313 8	12.706 2	31.820 7	63.657 4
2	0.816 5	1.885 6	2.920 0	4.302 7	6.964 6	9.924 8
3	0.764 9	1.637 7	2.353 4	3.182 4	4.540 7	5.840 9
4	0.740 7	1.533 2	2.131 8	2.776 4	3.746 9	4.604 1
5	0.726 7	1.475 9	2.015 0	2.570 6	3.364 9	4.032 2
6	0.717 6	1.439 8	1.943 2	2.446 9	3.142 7	3.707 4
7	0.711 1	1.414 9	1.894 6	2.364 6	2.998 0	3.499 5
8	0.706 4	1.396 4	1.859 5	2.306 0	2.896 5	3.355 4
9	0.702 7	1.383 0	1.833 1	2.262 2	2.821 4	3.249 8
10	0.699 8	1.372 2	1.812 5	2.228 1	2.763 8	3.169 3
11	0.697 4	1.303 4	1.795 9	2.201 0	2.718 1	3.102 8
12	0.695 5	1.356 2	1.782 3	2.178 8	2.681 0	3.054 5
13	0.693 8	1.350 2	1.770 9	2.160 4	2.650 3	3.012 3
14	0.692 4	1.345 0	1.761 3	2.144 8	2.624 5	2.976 8
15	0.691 2	1.340 6	1.753 1	2.131 5	2.602 5	2.946 7
16	0.690 1	1.336 8	1.745 9	2.119 9	2.583 5	2.920 8
17	0.689 2	1.333 4	1.739 6	2.109 8	2.566 9	2.898 2
18	0.688 4	1.330 4	1.734 1	2.100 9	2.552 4	2.878 4
19	0.687 6	1.327 7	1.729 1	2.093 0	2.539 5	2.860 9
20	0.687 0	1.3 253	1.724 7	2.086 0	2.528 0	2.845 3
21	0.686 4	1.323 2	1.720 7	2.079 6	2.517 7	2.831 4
22	0.685 8	1.321 2	1.717 1	2.073 9	2.508 3	2.818 8
23	0.685 3	1.315 9	1.713 9	2.068 7	2.499 9	2.807 3
24	0.684 8	1.317 8	1.710 9	2.063 9	2.492 2	2.796 9
25	0.684 4	1.316 3	1.708 1	2.059 5	2.485 4	2.774
26	0.684 0	1.315 0	1.705 6	2.055 5	2.478 6	2.778 7
27	0.683 7	1.313 7	1.703 3	2.051 8	2.472 7	2.770 7
28	0.683 4	1.312 5	1.701 1	2.048 4	2.467 1	2.763 3
29	0.683 0	1.311 4	1.699 1	2.045 2	2.462 0	2.756 4
30	0.682 8	1.310 4	1.697 3	2.042 3	2.457 3	2.750 0
31	0.682 5	1.309 5	1.695 5	2.039 5	2.452 8	2.744 0

（续表）

n	α=0.25	0.10	0.05	0.025	0.01	0.005
32	0.682 2	1.308 6	1.693 9	2.036 9	2.448 7	2.738 5
33	0.682 0	1.307 7	1.692 4	2.034 5	2.444 8	2.733 3
34	0.681 8	1.307 0	1.690 9	2.032 2	2.441 1	2.728 4
35	0.681 6	1.306 2	1.689 6	2.030 1	2.437 7	2.723 3
36	0.681 4	1.305 5	1.688 3	2.028 1	2.434 5	2.719 5
37	0.681 2	1.304 9	1.687 1	2.026 2	2.431 4	2.715 4
38	0.681 0	1 3 042	1.686 0	2.024 4	2.428 6	2.711 6
39	0.680 0	1.303 6	1.684 9	2.027 7	2.425 8	2.707 9
40	0.680 7	1.303 1	1.683 9	2.021 1	2.423 3	2.704 5
41	0.680 5	1.302 5	1.682 9	2.019 5	2.420 8	2.701 2
42	0.680 4	1.302 0	1.682 0	2.018 1	2.418 5	2.698 1
43	0.680 2	1.301 6	1.681 1	2.016 7	2.416 3	2.695 1
44	0.680 1	1.301 1	1.680 2	2.015 4	2.414 1	2.692 3
45	0.680 0	1.300 6	1.697 4	2.014 1	2.412 1	2.689 6

附表 3 复利系数表

$i = 1\%$

N	F/P	P/F	P/A	A/P	F/A	A/F	A/G	P/G
1	1.010	0.990 1	0.990 1	1.010 0	1.000	1.000 0	0.000 0	0.000
2	1.020	1.970 4	1.970 4	0.507 5	2.010	0.497 5	0.497 5	0.980
3	1.030	2.941 0	2.941 0	0.340 0	3.030	0.330 0	0.993 4	2.921
4	1.041	3.902 0	3.902 0	0.256 3	4.060	0.246 3	1.487 6	5.804
5	1.051	4.853 4	4.853 4	0.206 0	5.101	0.196 0	1.980 1	9.610
6	1.062	5.795 5	5.795 5	0.172 5	6.152	0.162 5	02.471 0	14.321
7	1.072	6.728 2	6.728 2	0.148 6	7.214	0.138 6	2.960 2	19.917
8	1.083	7.651 7	7.651 7	0.130 7	8.826	0.120 7	3.447 8	26.381
9	1.094	8.566 0	8.566 0	0.116 7	9.369	0.106 7	3.933 7	33.696
10	1.105	9.471 3	9.471 3	0.105 6	10.462	0.095 6	4.417 9	41.843
11	1.116	10.367 6	10.367 6	0.096 5	11.567	0.086 5	4.900 5	50.807
12	1.127	11.255 1	11.255 1	0.088 8	12.683	0.078 8	5.381 5	60.569
13	1.138	12.133 7	12.133 7	0.082 4	13.809	0.072 4	5.860 7	71.113
14	1.149	13.003 7	13.003 7	0.076 9	14.947	0.066 9	6.338 4	82.422
15	1.161	13.865 1	13.865 1	0.072 1	16.097	0.062 1	6.814 3	94.481

(续表)

N	F/P	P/F	P/A	A/P	F/A	A/F	A/G	P/G
16	1.173	14.717 9	14.717 9	0.067 9	17.258	0.057 9	7.288 6	107.273
17	1.184	15.562 3	15.562 3	0.064 3	18.420	0.054 3	7.761 3	120.783
18	1.196	16.398 3	16.398 3	0.061 0	19.615	0.051 0	8.232 3	134.996
19	1.208	17.226 0	17.226 0	0.058 1	20.811	0.048 1	8.701 7	149.895
20	1.220	18.045 6	18.045 6	0.055 4	22.019	0.045 4	9.169 4	165.466

$i=3\%$

N	F/P	P/F	P/A	A/P	F/A	A/F	A/G	P/G
1	1.030	0.970 9	0.970 9	1.030 0	1.000	1.000 0	0.000 0	0.000
2	1.061	0.942 6	1.913 5	0.522 6	2.030	0.492 6	0.492 6	0.943
3	1.093	0.915 1	2.828 6	0.353 5	3.091	0.323 5	0.980 3	2.773
4	1.126	0.888 5	3.717 1	0.269 0	4.184	0.239 0	1.463 1	5.438
5	1.159	0.862 6	4.579 7	0.218 4	5.309	0.188 4	1.940 9	8.889
6	1.194	0.837 5	5.417 2	0.184 6	6.468	0.154 6	2.413 8	13.076
7	1.230	0.813 1	6.230 3	0.160 5	7.662	0.130 5	2.881 9	17.955
8	1.267	0.789 4	7.019 7	0.142 5	8.892	0.112 5	3.345 0	23.481
9	1.305	0.766 4	7.786 1	0.128 4	10.159	0.098 4	3.803 2	29.612
10	1.344	0.744 1	8.530 2	0.117 2	11.464	0.087 2	4.256 5	36.309
11	1.384	0.722 4	9.262 5	0.108 1	12.808	0.078 1	4.704 9	43.533
12	1.426	0.701 4	9.954 0	0.100 5	14.192	0.070 5	5.148 5	51.248
13	1.469	0.681 0	10.635 0	0.094 0	15.618	0.064 0	5.587 2	59.420
14	1.513	0.661 1	11.296 1	0.088 5	17.086	0.058 5	6.021 0	68.014
15	1.558	0.641 9	11.937 9	0.083 8	18.599	0.053 8	6.450 0	77.000
16	1.605	0.623 2	12.561 1	0.079 6	20.157	0.049 6	6.874 2	86.348
17	1.653	0.605 0	13.166 1	0.076 0	21.762	0.046 0	7.293 6	96.028
18	1.702	0.587 4	13.753 5	0.072 7	23.414	0.042 7	7.708 1	106.014
19	1.754	0.570 3	14.323 8	0.069 8	25.117	0.039 8	8.117 9	116.279
20	1.806	0.553 7	14.877 5	0.067 2	26.870	0.037 2	8.522 9	126.799

$i=5\%$

N	F/P	P/F	P/A	A/P	F/A	A/F	A/G	P/G
1	1.050	0.952 4	0.952 4	1.050 0	1.000	1.000 0	0.000 0	0.000
2	1.103	0.907 0	1.859 4	0.537 8	2.050	0.487 8	0.487 8	0.907

（续表）

N	F/P	P/F	P/A	A/P	F/A	A/F	A/G	P/G
3	1.158	0.863 8	2.723 2	0.367 2	3.152	0.317 2	0.967 5	2.635
4	1.216	0.822 7	3.546 0	0.282 0	4.310	0.232 0	0.439 1	5.103
5	1.276	0.783 5	4.329 5	0.231 0	5.526	0.181 0	1.902 5	8.237
6	1.340	0.746 2	5.075 7	0.197 0	6.802	0.140 7	2.357 9	11.968
7	1.407	0.710 7	5.786 4	0.172 8	8.142	0.122 8	2.805 2	16.232
8	1.477	0.676 8	6.463 2	0.154 7	9.549	0.104 7	3.244 5	20.870
9	1.551	0.644 6	7.107 8	0.140 7	11.027	0.090 7	3.675 8	26.167
10	1.629	0.613 9	7.721 7	0.129 5	12.578	0.079 5	4.099 1	31.652
11	1.710	0.584 7	8.306 4	0.120 4	14.207	0.070 4	4.514 4	37.499
12	1.796	0.556 8	8.863 3	0.112 8	15.917	0.062 8	4.921 9	43.624
13	1.886	0.530 3	93 936	0.106 5	17.713	0.056 5	5.321 5	49.988
14	1.980	0.505 1	9.898 6	0.101 0	19.599	0.510	5.713 3	56.554
15	2.079	0.481 0	10.379 7	0.096 3	21.579	0.046 3	6.097 3	63.288
16	2.183	0.458 1	10.837 8	0.092 3	23.657	0.042 3	6.473 6	70.160
17	2.292	0.436 3	11.274 1	0.088 7	25.840	0.038 7	6.842 3	77.140
18	2.407	0.415 5	11.689 6	0.085 5	28.132	0.035 5	7.203 4	84.204
19	2.527	0.395 7	12.085 3	0.082 7	30.536	0.032 7	7.556 9	91.328
20	2.653	0.376 9	12.462 2	0.080 2	33.066	0.030 2	7.903 0	98.488

$i=8\%$

N	F/P	P/F	P/A	A/P	F/A	A/F	A/G	P/G
1	1.080	0.925 9	0.925 9	1.800	1.000	1.000 0	0.000 0	0.000
2	1.166	0.857 3	1.783 8	0.560 8	2.080	0.480 8	0.480 8	0.857
3	1.260	0.793 8	2.577 1	0.388 0	3.246	0.308 0	0.948 7	2.445
4	1.360	0.735 0	3.312 0	0.301 9	4.506	0.221 9	1.404 0	4.650
5	1.469	0.680 6	3.992 7	0.250 5	5.867	0.170 5	1.846 5	7.372
6	1.587	0.630 2	4.622 9	0.216 3	7.336	0.136 3	2.276 3	10.523
7	1.714	0.583 5	5.206 4	0.192 1	8.923	0.112 1	2.693 7	14.024
8	1.851	0.540 3	5.746 6	0.174 0	10.637	0.094 0	3.098 5	17.806
9	1.999	0.500 2	0.6.246 9	0.160 1	12.488	0.080 1	3.491 0	21.808
10	2.159	0.463 2	6.710 1	0.149 0	14.487	0.069 0	3.871 3	25.977
11	2.332	0.428 9	7.139 0	0.140 1	16.645	0.060 1	4.239 5	30.266

(续表)

N	F/P	P/F	P/A	A/P	F/A	A/F	A/G	P/G
12	2.518	0.397 1	7.539 1	0.132 7	18.977	0.052 7	4.595 7	34.634
13	2.720	0.367 7	7.903 8	0.126 5	21.495	0.046 5	4.940 2	39.646
14	2.937	0.340 5	8.244 2	0.121 3	24.215	0.041 3	5.273 1	43.472
15	3.172	0.315 2	8.555 95	0.116 8	27.152	0.036 8	5.594 5	47.886
16	3.426	0.291 9	8.851 4	0.113 0	30.324	0.033 0	5.904 6	52.264
17	3.700	0.270 3	9.121 6	0.109 6	33.750	0.029 6	6.203 7	56.588
18	3.996	0.250 2	9.371 9	0.106 7	37.450	0.026 7	6.492 0	60.843
19	4.316	0.231 7	9.603 6	0.104 1	41.446	0.024 1	6.769 6	65.013
20	4.661	0.214 5	9.818 1	0.101 9	45.762	0.021 9	7.036 9	69.090

$i=10\%$

N	F/P	P/F	P/A	A/P	F/A	A/F	A/G	P/G
1	1.100	0.909 1	0.909 1	1.100 0	1.000	1.000 0	0.000 0	0.000
2	1.210	0.826 4	0.1.735 5	0.576 2	2.100	0.476 2	0.476 2	0.826
3	1.331	0.751 3	2.486 9	0.402 1	3.310	0.302 1	0.936 6	2.329
4	1.464	0.683 0	3.169 9	0.315 5	4.641	0.215 5	1.381 2	4.378
5	1.611	0.620 9	3.790 8	0.263 8	6.105	0.163 8	1.810 1	6.862
6	1.772	0.564 5	4.355 3	0.229 6	7.716	0.129 6	2.223 6	9.684
7	1.949	0.513 2	4.868 4	0.205 4	9.487	0.105 4	2.621 6	12.763
8	2.144	0.466 5	5.334 9	0.187 4	11.436	0.087 4	3.004 5	16.029
9	2.358	0.424 1	5.759 0	0.173 6	13.579	0.073 0	3.372 4	19.421
10	2.594	0.385 5	6.144 6	0.162 7	15.937	0.062 7	3.725 5	22.891
11	2.853	0.350 5	6.495 1	0.154 0	18.531	0.054 0	4.064 1	26.396
12	3.138	0.318 6	6.813 7	0.146 8	21.384	0.046 8	4.388 4	29.901
13	3.452	0.289 7	7.103 4	0.140 8	24.523	0.040 8	4.698 8	33.377
14	3.797	0.263 3	7.366 7	0.135 7	27.975	0.035 7	4.995 5	36.800
15	4.177	0.239 4	7.606 1	0.131 5	31.773	0.031 5	5.278 9	40.152
16	4.595	0.217 6	7.823 7	0.127 8	35.950	0.027 8	5.549 3	43.416
17	5.054	0.197 8	8.021 6	0.124 7	40.545	0.024 7	5.807 1	46.582
18	5.560	0.179 9	8.201 4	0.121 9	45.599	0.021 9	6.052 6	49.640
19	6.116	0.163 5	8.364 9	0.119 5	51.159	0.019 5	6.286 1	52.583
20	6.727	0.148 6	8.513 6	0.117 5	57.275	0.017 5	6.508 1	55.407

$i=12\%$

N	F/P	P/F	P/A	A/P	F/A	A/F	A/G	P/G
1	1.120	0.892 9	0.892 9	1.120 0	1.000	1.000 0	0.000 0	0.000
2	1.254	0.797 2	0.690 1	0.591 7	2.120	0.471 7	0.471 7	0.797
3	1.405	0.711 8	2.401 8	0.416 3	3.374	0.296 3	0.924 6	2.221
4	1.574	0.635 5	3.037 3	0.329 2	4.778	0.209 2	1.358 9	4.127
5	1.762	0.567 4	3.604 8	0.277 4	6.353	0.157 1	1.774 6	6.397
6	1.974	0.506 6	4.111 4	0.243 2	8.115	0.123 2	2.172 0	8.930
7	2.211	0.452 3	4.563 8	0.219 1	10.089	0.099 1	2.551 5	11.644
8	2.476	0.403 9	4.967 6	0.201 3	12.300	0.081 3	2.913 1	14.471
9	2.773	0.360 6	5.328 2	0.187 7	14.776	0.067 7	3.257 4	16.356
10	3.106	0.322 0	5.650 2	0.177 0	17.549	0.057 0	3.584 7	20.254
11	3.479	0.287 5	5.937 7	0.168 4	20.655	0.048 4	3.895 3	23.129
12	3.896	0.256 7	6.194 4	0.161 4	24.133	0.041 4	4.189 7	25.952
13	4.363	0.229 2	6.423 5	0.155 7	28.029	0.035 7	4.468 3	28.702
14	4.887	0.204 6	6.628 2	0.150 9	32.393	0.030 9	4.731 7	31.362
15	5.474	0.182 7	6.810 9	0.146 8	37.280	0.026 8	4.980 3	33.920
16	6.130	0.163 1	6.974 0	0.143 4	42.753	0.023 4	5.214 7	36.367
17	6.866	0.145 6	7.119 6	0.140 5	48.884	0.020 5	5.435 3	38.697
18	7.690	0.130 0	7.249 7	0.137 9	55.750	0.017 9	5.643 7	40.908
19	8.813	0.116 1	7.365 8	0.135 8	63.440	0.015 8	5.837 5	42.998
20	8.646	0.103 7	7.469 4	0.133 9	72.052	0.013 9	6.020 2	44.968

$i=15\%$

N	F/P	P/F	P/A	A/P	F/A	A/F	A/G	P/G
1	1.150	0.869 6	0.869 6	0.150 0	1.000	1.000 0	0.000 0	0.000
2	1.323	0.756 1	1.625 7	0.615 1	2.150	0.465 1	0.465 1	0.756
3	1.521	0.657 5	2.283 2	0.438 0	3.472	0.288 0	0.907 1	2.071
4	1.749	0.571 8	2.855 0	0.350 3	.4.993	0.200 3	1.326 3	3.786
5	2.011	0.497 5	3.352 2	0.298 3	6.472	0.148 3	1.722 8	5.775
6	2.313	0.432 3	3.784 5	0.264 2	.8.754	0.114 2	2.097 2	7.937
7	2.660	0.375 9	4.160 4	0.240 4	11.067	0.090 4	2.449 8	10.192
8	3.059	0.326 9	4.487 3	0.222 9	13.727	0.072 9	2.781 3	12.481
9	3.518	0.284 3	4.771 6	0.209 6	16.786	0.059 6	3.092 2	14.755

（续表）

N	F/P	P/F	P/A	A/P	F/A	A/F	A/G	P/G
10	4.046	0.247 2	5.018 8	0.199 3	20.304	0.049 3	3.383 2	16.979
11	4.652	0.214 9	5.233 7	0.191 1	24.349	0.041 1	3.654 9	19.129
12	5.350	0.186 9	5.420 6	0.184 5	29.002	0.034 5	3.908 2	21.185
13	6.153	0.162 5	5.583 1	0.179 7	34.352	0.029 1	4.143 8	23.135
14	7.076	0.141 3	5.724 5	0.174 7	40.505	0.024 7	4.362 4	24.972
15	8.137	0.122 9	5.847 4	0.171 0	47.580	0.021 0	4.565 0	26.693
16	9.538	0.106 9	5.954 2	0.167 9	55.717	0.017 9	4.752 2	28.296
17	10.761	0.092 9	6.047 2	0.165 4	65.075	0.015 4	4.925 1	29.783
18	12.375	0.080 8	6.128 0	0.163 2	75.836	0.013 2	5.084 3	31.156
19	14.232	0.070 3	6.198 2	0.161 3	88.212	0.011 3	5.230 7	32.421
20	16.367	0.061 1	6.259 3	0.159 8	102.444	0.009 8	5.365 1	33.582

$i=25\%$

N	F/P	P/F	P/A	A/P	F/A	A/F	A/G	P/G
1	1.250	0.800 0	0.800 0	1.250 0	1.000	1.000 0	0.000 0	0.000
2	1.563	0.640 0	1.440 0	0.694 4	2.250	0.444 4	0.444 4	0.640
3	1.953	0.512 0	1.952 0	0.512 3	3.812	0.262 3	0.852 5	1.664
4	2.441	0.409 6	2.361 6	0.423 4	5.766	0.173 4	1.224 9	2.893
5	3.052	0.327 7	0.689 3	0.371 8	8.207	0.121 8	1.563 1	4.204
6	3.815	0.262 1	0.951 4	0.338 8	11.259	0.088 8	1.868 3	5.514
7	4.768	0.209 7	3.161 1	0.316 3	15.073	0.066 3	2.142 4	6.773
8	5.960	0.167 8	3.328 9	0.300 4	19.842	0.050 4	2.387 2	7.947
9	7.451	0.134 2	3.463 1	0.288 8	25.802	0.038 8	2.604 8	9.021
10	9.313	0.107 4	3.570 5	0.281 0	33.253	0.030 1	2.797 1	9.987
11	11.642	0.085 9	3.656 4	0.273 5	42.566	0.023 5	2.966 3	10.846
12	14.552	0.068 7	3.725 1	0.264 8	54.208	0.018 4	3.114 5	11.602
13	18.190	0.055 0	3.780 1	0.264 5	68.760	0.014 5	3.243 7	12.626
14	22.737	0.044 0	3.824 1	0.261 5	86.949	0.011 5	3.355 9	12.833
15	28.422	0.035 2	3.859 3	0.259 1	109.687	0.009 1	3.453 0	13.326
16	35.527	0.028 1	3.887 4	0.257 2	138.109	0.007 2	3.536 6	13.748
17	44.409	0.022 5	3.909 9	0.255 8	176.636	0.005 8	3.608 4	14.108
18	55.511	0.018 0	3.927 9	0.254 6	218.045	0.004 6	3.669 8	14.415
19	69.389	0.014 4	3.942 4	0.253 7	273.556	0.003 7	3.722 2	14.674
20	86.736	0.011 5	3.953 9	0.252 9	342.945	0.002 9	3.766 7	14.893

参考文献

[1] 全国咨询工程师(投资)职业资格考试参考教材编写委员会.项目决策分析与评价(2019 版)[M].北京:中国统计出版社,2018.

[2] 全国咨询工程师(投资)职业资格考试参考教材编写委员会.现代咨询方法与实务(2019 版)[M].北京:中国统计出版社,2018.

[3] 国家发展改革委,建设部.建设项目经济评价方法与参数[M].3 版.北京:中国计划出版社,2006.

[4] 徐向阳.实用技术经济学教程(修订版)[M].南京: 东南大学出版社,2013.